KB142684

python™

파이썬
기초와 활용

한정란 지음

Python

21세기사

PREFACE

컴퓨터에서 작업을 수행하다 보면 다양한 응용 소프트웨어를 만날 수 있다. 이러한 소프트웨어들은 프로그래머의 기술에 따라 사용자가 효율적으로 편리하게 이용할 수 있게 작성할 수 있다.

파이썬은 프로그래밍 언어를 처음 접하는 초보자가 배우기 쉬운 언어로 문법이 간단하고 문장단위로 실행해 결과를 바로 알 수 있는 인터프리터식 대화형 언어이다. 사용자의 플랫폼에 관계없이 파이썬을 실행할 수 있어 플랫폼 독립적인 특성을 갖고 있다.

무엇보다 프로그램에 사용하는 변수에 대해 자료형을 선언하지 않고 다양한 자료 값을 갖도록 코딩할 수 있어 초보자가 프로그래밍하기 쉬운 언어이다. 파이썬은 문법이 간단하고 직관적이라 교육용 프로그래밍 언어로 각광받고 있다.

파이썬은 클래스를 정의해 객체를 생성할 수 있어 객체지향 프로그래밍이 가능하고 라이브러리(모듈)가 풍부하여, 대학을 비롯한 교육 기관, 연구소 및 산업계에서 많이 이용하고 있고, 풍부한 라이브러리가 있어 전문가까지 사용하는 대중적인 언어이다. 유니코드를 지원해서 다양한 언어의 문자 처리도 가능하여 전 세계적으로 널리 사용하는 언어이다.

파이썬은 C나 C++ 등의 언어에 비해 수행 속도가 느리다는 단점이 있지만 일반적인 컴퓨터 응용분야에서는 속도가 그리 중요하지 않고, 빠른 속도를 요하는 프로그램의 경우에도 필요한 부분만 골라서 C 언어 등으로 모듈화 할 수 있다.

터틀 모듈에서 그래픽 기능을 제공하고 tkinter를 사용해 GUI 프로그래밍이 가능하고 외부 모듈을 활용하면 이미지 관련 다양한 기능을 사용할 수 있다. Pyrex, NumPy 등을 이용하면 수치 자료를 빠르게 계산할 수 있어 과학, 공학 분야에서도 많이 사용하고 있다. 파이썬은 중요성이 강조되어 활용도가 점점 커지고 있다.

파이썬의 기능을 다양한 예제를 통해 다루고, 파이썬을 처음 접하는 초보자에게 파이썬을 쉽게 사용할 수 있도록 간단한 예제 위주로 파이썬의 각 기능들을 자세하게 설명하고 파이썬을 다양한 분야에 응용할 수 있도록 예제 중심으로 기능을 익힌다.

1장에서는 파이썬을 프로그래밍하기 위한 통합개발도구를 다운받고 설치하는 방법과 구문 오류나 실행 오류를 해결하는 방법에 대해 기술한다. 2장에서는 프로그램에서 사용하는 변수와 자료형, 다양한 연산자에 대해 설명하고 터틀 모듈을 소개한다. 3장에서는 조건에 따라 문장을 다르게 실행하는 if 조건문을 예제를 통해 기능을 익힌다. 4장에서는 문장을 반복해서 실행하는 반복문인 for 문과 while 문에 대해 기술한다. 5장에서는 파이썬 문장들을 모아 함수로 정의하고 함수를 실행하는 다양한 예제와 터틀 모듈에서 이벤트를 처리하는 함수와 함수를 활용해 이벤트를 처리하는 방법을 소개한다. 6장에서는 파이썬에서 제공하는 리스트, 튜플, 집합, 딕셔너리에 대해 설명하고 예제를 통해 그 기능을 익힌다. 7장에서는 tkinter를 사용해 다양한 그래픽 기능을 활용하고 이벤트를 처리하는 GUI 프로그램을 작성한다. 8장에서는 파일을 사용해 자료를 처리하는 예제들을 소개하고, 9장에서는 클래스를 정의하고 객체를 생성하는 예제를 통해 객체지향 프로그래밍 기능을 익힌다. 10장에서는 모듈과 패키지에 대해 다루고, 파이썬에서 제공하는 내부 모듈과 설치해서 사용하는 외부 모듈을 활용하는 방법을 소개한다. 11장에서는 실행시간에 발생하는 예외를 처리하는 방법과 파이썬에서 제공하는 예외처리문인 try 문의 기능을 소개한다.

파이썬을 사용해 다양한 프로그래밍 기능을 익히고 여러 응용분야에 적용해 능숙한 프로그래머로 훈련되길 바라며 이 책이 나오기까지 도움을 주신 분들에게 감사하고 책을 제작하는 과정에 협조하여 주신 21세기사 출판사 여러분에게 깊이 감사드린다.

2023.2

한정란

CONTENTS

## CHAPTER 1

파이썬 소개

파이썬은 문법이 간단하고 배우기 쉬운 초보자용 프로그래밍 언어로, 1991년에 귀도 반 로섬 (Guido van Rossum)이 개발한 언어이다. 프로그래밍 언어는 컴퓨터에서 작업을 처리할 수 있도록 만든 언어로 C, C++, C#, 자바 등이 있다. 파이썬은 사용자가 한 줄의 문장을 입력해 실행 결과를 바로 알 수 있어 초보자가 쉽게 배울 수 있는 대중적인 언어이다.

1.1 파이썬이란?

컴퓨터로 문제를 해결하고 처리하기 위해 프로그램을 작성하는데, **프로그램**은 컴퓨터에서 필요한 작업을 처리하는 문장들을 모아놓은 것으로, 컴퓨터에서 처리할 작업을 기술하는 작업 명령서라고 할 수 있다. 사람과 대화를 하려면 언어를 배워야 하듯이, 컴퓨터와 대화를 하려면 컴퓨터에서 사용하는 프로그래밍 언어를 알아야 한다. 많이 사용하는 프로그래밍 언어에는 파이썬, C, C++, C#, 자바 등이 있다.

컴퓨터에서 처리할 작업을 프로그램으로 작성하는데, 프로그램은 컴퓨터에서 처리할 문장(코드)을 특정한 프로그래밍 언어를 사용해 언어 문법에 맞게 작성한 것이고, 프로그램을 작성하는 것을 **코딩**이라 한다.

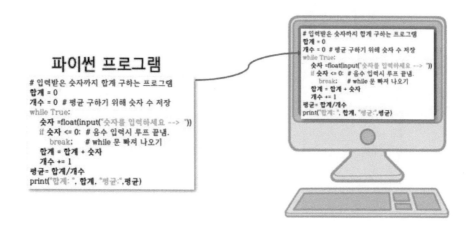

마이크로소프트 회장인 빌 게이츠는 "코딩 능력은 사고력과 문제 해결 능력을 향상시킨다."고 했다. 사용자가 다양한 프로그램을 작성하다보면 자연스럽게 사고력과 문제해결능력을 향상시킬 수 있다. 메타(페이스북)의 CEO인 마크 저커버그는 "읽기와 쓰기만큼 코딩이 중요하다."고 하며 코딩의 중요성을 강조하고 있다. 컴퓨터로 다양한 문제를 해결하기 위해 프로그램을 작성하며 코딩하는 작업을 수행한다.

사용자가 작성한 프로그램의 결과를 확인하려면 프로그램을 실행시켜야 한다. 그런데 컴퓨터에서 프로그램을 실행시키려면 컴퓨터가 이해할 수 있는 **기계어(machine language)**로 번역해야 한다. 한국인이 다른 나라 사람과 만나서 대화하려면 번역기나 통역사가 필요하듯이 컴퓨터가 이해하는 기계어로 번역해야 컴퓨터에서 프로그램을 실행시킬 수 있다. 기계어는 컴퓨터에서 바로 실행할 수 있는 이진수(binary digit)로 쓰인 컴퓨터 언어이다.

프로그램을 기계어로 번역할 때 두 가지 방식이 있다. 프로그램 전체를 번역해서 실행하는 **컴파일 방식**이 있고, 한 문장씩 해석해 결과를 바로 확인할 수 있는 **인터프리팅 방식**이 있다. 컴퓨터에서 실행 결과를 확인할 때 컴파일 방식은 프로그램 전체를 한꺼번에 번역해서 문법상의 오류가 없으면 그 결과를 확인할 수 있는 반면 인터프리팅 방식은 한 줄씩 문장을 해석하고 실행하여 결과를 바로 확인할 수 있다.

파이썬은 사용자가 한 줄의 문장을 입력해 실행 결과를 바로 알 수 있는 **인터프리터 언어**이다. 파이썬은 운영체제에 관계없이 사용가능하여 플랫폼 독립적이고, 클래스를 정의하고 객체를 생성하는 객체지향 프로그래밍이 가능하다.

파이썬은 대중적으로 널리 사용하는 인기 있는 언어인데, 비전공자도 쉽게 배울 수 있는 단순한 문법을 가지고 있어 누구나 쉽게 배울 수 있고 다양한 분야에서 파이썬을 활용할 수 있다. 기본적인 데스크탑 애플리케이션부터 웹 서버, IoT(Internet of Things), 인공지능 등 다양한 영역에서 파이썬을 활용할 수 있다.

파이썬은 쉽게 배워 사용할 수 있는 반면 C 언어보다 실행 속도가 느린 단점이 있다.

1.2 파이썬 설치하기

파이썬을 설치해서 사용하는 방법은 여러 가지가 있는데, 그 중에서 파이썬 공식홈페이지에서 파이썬 설치 프로그램을 다운받아 **통합개발 환경인 IDLE**를 사용하거나 Visual Studio Code를 설치해 파이썬 프로그램을 작성할 수 있다.

전문적인 개발자일 경우 수학/과학 라이브러리를 포함하고, 오픈 소스 배포판인 **아나콘다(anaconda)** 를 사용해 파이썬 프로그램을 작성할 수 있고, https://www.anaconda.com에서 아나콘다를 다운받을 수 있다.

1.2.1 파이썬 공식홈페이지 파이썬 설치

파이썬 공식홈페이지(https://www.python.org)에 접속해서 [Downloads]를 클릭하고 윈도우가 설치된 컴퓨터일 경우, 윈도우 전용 파이썬 다운로드 화면에서 [Downloads Python 3.11.0]을 클릭해 파이썬 설치 프로그램을 다운로드한다.

크롬인 경우, 맨 아래 좌측에 다운받은 파일을 클릭하고, 엣지인 경우 [파일열기]를 클릭해 설치한다.

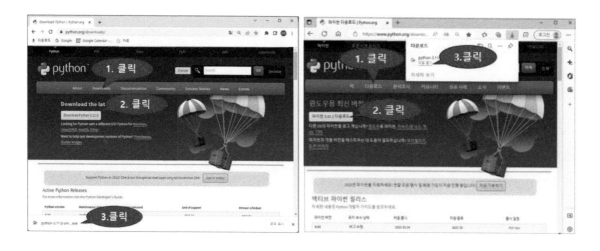

아래 [다운로드]에서 다운받은 python-3.11.0-amd64 파일을 확인할 수 있고, 더블클릭해 설치할 수 있다.

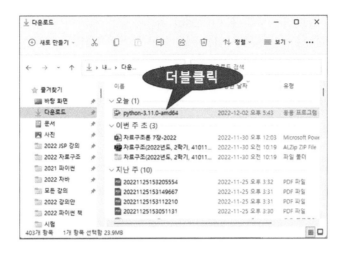

(1) 파이썬 설치 방법

❶ 설치 프로그램을 실행하면 다음 화면이 나타나고 맨 아래 [Add python.exe to PATH]를 체크
한 후 [Install Now]를 클릭해 파이썬을 설치한다. [Add python.exe to PATH]는 프로그램의
실행경로(path)에 파이썬을 추가해 주는 것으로 파이썬 프로그램이 저장된 위치(폴더)와 상관
없이 파이썬 프로그램을 실행하는 것이다. 파워셸이나 명령프롬프트(cmd)에서 [python]이라
입력해도 파이썬 프로그램을 실행할 수 있다.

❷ 설치가 완료되면 다음 화면이 나타나고 [Close] 버튼을 클릭해 파이썬 설치 프로그램을 종료한다.

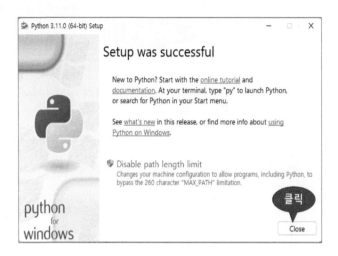

❸ 프로그램 설치가 완료되면 윈도우 11의 ⊞ 시작 아이콘을 클릭해서 [Python 3.11.0] 프로그램을 확인할 수 있다. 이 중 첫 번째 나오는 IDLE (Python 3.11.0 64-bit)를 클릭하면 통합개발 환경에서 파이썬 프로그램을 작성할 수 있고 IDLE 쉘(Shell)에서 한 줄씩 입력해 결과를 확인할 수 있다.

IDLE를 찾는 다른 방법은 오른쪽 위 [모든 앱 >]을 눌러 설치된 앱을 확인할 수도 있고, 설치된 모든 앱들은 알파벳 순으로 나타나고, [Python 3.11] 폴더를 클릭하면 앱들이 나타나고 그 중 첫 번째를 선택한다.

가장 간단한 방법은 위에서 찾은 **IDLE (Python 3.11.0 64-bit)**를 드래그해서 바탕화면에 끌어 다 놓으면 **바로가기** 가 생성되고 바탕화면에서 IDLE 아이콘을 클릭해 사용할 수 있다.

윈도우 10에서는 시작 아이콘을 누르면 최근에 추가한 앱부터 위에 표시하고 맨 위에 있는 IDLE (Python 3.11.0 64-bit)를 클릭하거나, 추가한 앱들은 알파벳 순서대로 나타나므로 [Python 3.11] 폴더를 클릭하면 앱들이 나타나고 그 중 첫 번째를 선택한다.

❹ 두 번째 Python 3.11.0 (64-bit)를 선택하면 파이썬 인터렉티브 쉘이 실행돼 한 줄씩 입력해서
결과를 확인할 수 있다. 가급적 IDLE를 선택해 파이썬을 사용하는 것이 편리하다. 설치한 프
로그램에 따라 IDLE (Python 3.11.0 32-bit)로 표시할 수 있다.

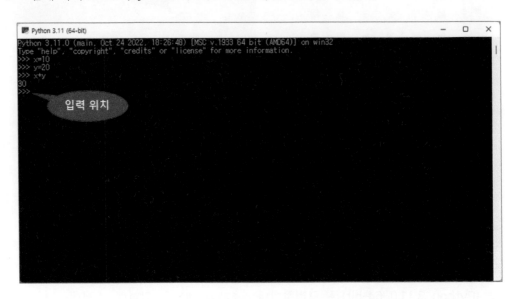

파이썬 프로그램을 작성할 때 쉘에서 한 문장씩 작성해서 결과를 확인할 수 있고, 모든 문장을
한꺼번에 파일로 작성한 후 실행해 전체 프로그램의 결과를 확인해 볼 수 있다.

[2] 파이썬 프로그램 작성과 실행 방법

IDLE 쉘에서 파일을 작성해서 실행하는 방법은 다음과 같다.

❶ [파일] 메뉴에서 [New File]을 선택하면 새로운 파일을 작성할 수 있는 편집창이 열린다.

기존에 작성한 파일을 여는 경우 [파일] 메뉴에서 [Open...]을 선택한다.

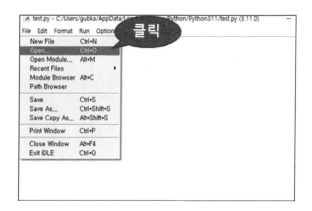

❷ 파일을 작성한 후 저장하는 경우, [파일] 메뉴의 [Save]나 [Save As...]를 눌러 파일명(test)만 입력하면 작성한 내용을 확장자가 py인 파이썬 파일(test.py)로 저장한다.

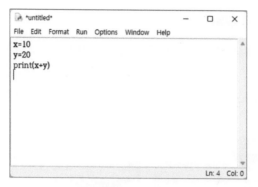

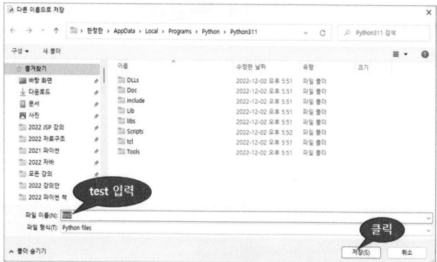

❸ 작성한 파일의 실행 결과를 확인하려면 [Run] 메뉴에서 [Run Module]을 선택하거나 F5키를 누르면 작성한 프로그램을 실행할 수 있다.

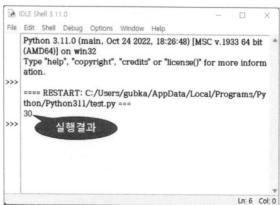

❹ 파이썬 IDLE를 끝낼 때 [파일] 메뉴에서 [Exit IDLE]를 선택한다.

1.2.2 Visual Studio Code에서 파이썬 사용

Visual Studio Code 공식 홈페이지에서 Visual Studio Code를 다운받고 설치해 파이썬을 사용할 수 있다.

(1) Visual Studio Code 다운로드

❶ Visual Studio Code를 설치하는 공식홈페이지(https://code.visualstudio.com)에서 Windows용 다운로드 안정적인 빌드 를 클릭하거나, ↓ 다운로드 를 클릭한 후 윈도우용 ↓ 윈도우 (창) 윈도우 7, 8, 10 을 클릭해서 비주얼 스튜디오 코드 설치 프로그램을 다운받는다.

❷ 다음과 같이 다운로드가 완료되면 [파일 열기]를 클릭해 프로그램을 설치하거나 [다운로드]에서
  설치 프로그램을 더블클릭해 설치한다.

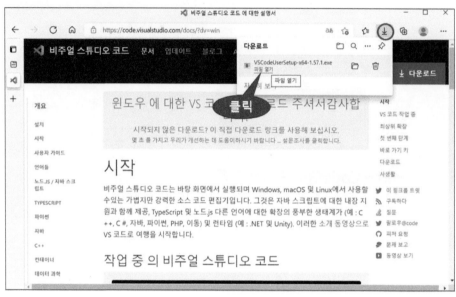

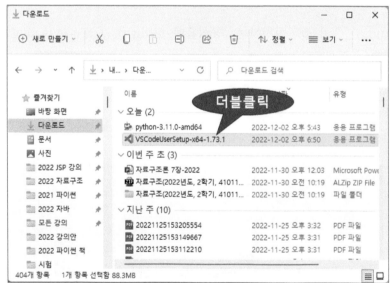

(2) Visual Studio Code 프로그램 설치 방법

❶ 다운받은 Visual Studio Code 프로그램을 실행한 후 나타나는 화면에서 **'동의합니다(A)'**를 클릭한 후 **[다음]**을 클릭하고, 새로운 창이 열리면 **[다음]**을 순서대로 두 번 클릭한다.

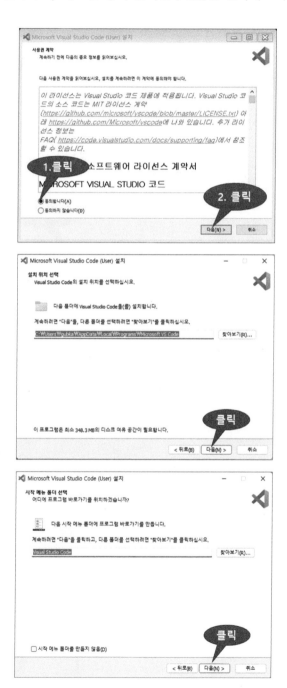

❷ '바탕화면에 바로가기 만들기' 클릭하고 아래 두 항목도 체크하고 [다음]을 클릭한다. Visual Studio Code 바로가기 아이콘 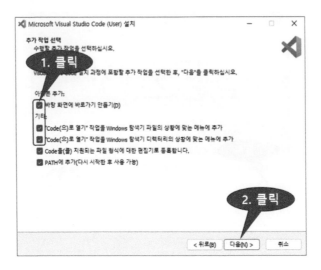을 바탕화면에 만들면 바탕화면에 있는 아이콘을 더블클릭해서 Visual Studio Code 프로그램을 실행할 수 있다.

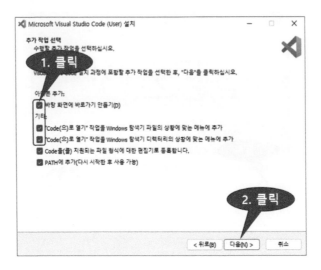

❸ [설치] 버튼을 클릭해 Visual Studio Code 프로그램을 설치한다.

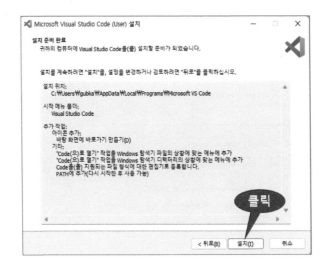

❹ 설치가 완료된 후 [종료] 버튼을 누르면 Visual Studio Code 프로그램이 열린다.

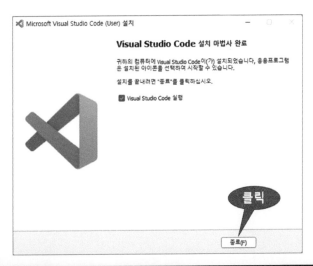

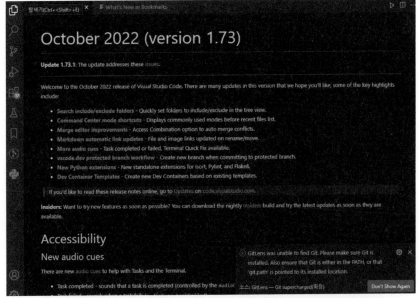

예를 들면 1-1.py 프로그램 파일을 Visual Studio Code 프로그램에서 열 수 있는데, "Open Folder"를 클릭해서 지정된 폴더에서 원하는 파일(1-1.py)을 열 수 있다. [File] 메뉴에서 [Open File...]이나 [Open Folder...]를 클릭해도 원하는 파일을 열 수 있다. 폴더를 여는 경우 그 폴더 안에 있는 모든 파일을 왼쪽 [Explorer] 탐색기 창에 표시하고, 그 중에서 원하는 파일을 클릭해서 사용할 수 있다.

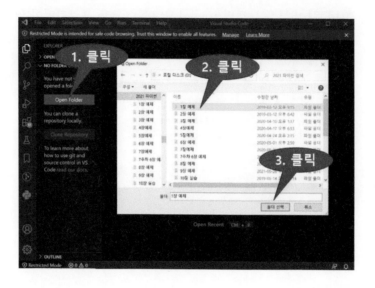

[3] Visual Studio Code 프로그램의 한글 메뉴 변경 방법

❶ 메뉴를 한글로 변경하는 경우, 왼쪽 중간쯤에서  확장 아이콘을 클릭해 "korean"이라 입력하면 한국어로 변경하는 Korean Language pack for Visual Studio Code 프로그램이 맨 위에 나오고, [Install] 버튼을 클릭해서 Korean Language pack for Visual Studio Code 프로그램을 설치한다.

❷ 설치 후 [Restart] 버튼을 누르면 한국어로 메뉴가 변경돼 다음과 같이 나타난다.

❸ 왼쪽 창에서 1-1.py 파일을 클릭하면 오른쪽 편집창에 파일 내용을 확인할 수 있다.

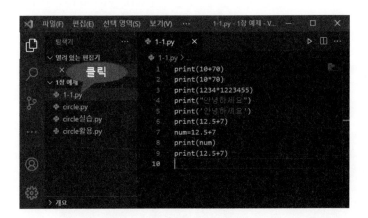

(4) Visual Studio Code 파이썬 프로그램 실행 방법

❶ 파이썬 프로그램을 실행시키려면 Python for VSCode 프로그램을 별도로 설치해야 한다. 왼쪽 중간쯤에서 ▦ **확장 아이콘**을 클릭해 "python"이라 입력하고, Python for VSCode의 [설치] 버튼을 클릭하고, 오른쪽 [설치] 버튼을 클릭해 VSCode용 파이썬을 설치하면 파이썬 프로그램을 Visual Studio Code에서 바로 실행할 수 있다.

❷ 1-1.py 파일을 Visual Studio Code에서 실행하려면 오른쪽 상단의 ▷ 버튼 옆 ⌄을 클릭해 두 번째 [Python 파일 실행]을 선택하면 아래에 터미널 창이 열리면서 프로그램의 실행 결과를 확인할 수 있다. 버전에 따라 ▷ 버튼을 클릭한 후 [Run Python File in Terminal]을 선택해 실행할 수도 있다.

1.2.3 아나콘다

아나콘다를 사용해 파이썬 프로그램을 작성할 수 있다.

(1) 아나콘다 다운로드

❶ 아나콘다는 https://www.anaconda.com/ 접속하여 Anaconda Individual Edition 64버전을 다운받는다.

❷ 설치파일 다운이 완료되면 [파일 열기]를 눌러 설치한다.

[다운로드]에서 다운받은 파일을 더블클릭해 설치할 수도 있다.

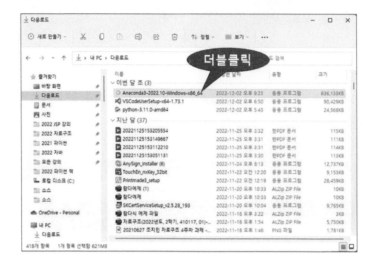

(2) 아나콘다 설치

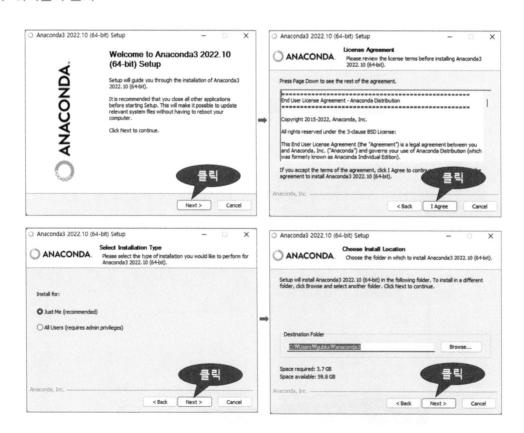

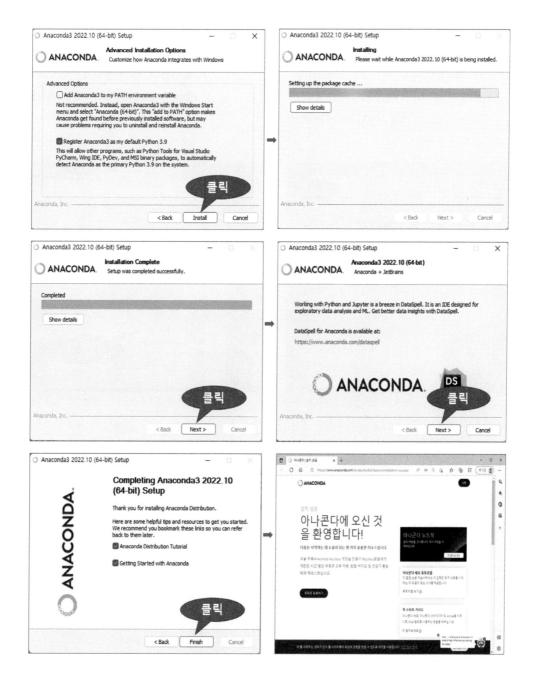

아나콘다에는 스파이더와 비주얼스튜디오코드를 비롯한 다양한 프로그램 개발 환경이 있는데 그중 **스파이더(Spider)**를 사용한다. 스파이더는 통합개발 환경으로 최신 버전이 아닌 파이썬 3.9 버전을 사용하고 IDLE처럼 파이썬 프로그램을 개발할 수 있다. 아나콘다 네비게이터를 실행해 여러 개발 환경을 사용할 수 있다.

(3) 아나콘다 네비게이터 실행

윈도우 11에서 ■ 시작 아이콘을 누르고 오른쪽 위 [모든 앱 >]을 클릭하면 알파벳 순서대로 앱을 표시하는데, 이 중에서 [Anaconda3 (64bit)] 폴더를 클릭하고 맨 위 Anaconda Navigator(Anaconda3)를 선택한다.

윈도우 10에서는 ■ 시작 아이콘을 누르면 최근에 추가한 앱부터 위에 표시하고 Anaconda Navigator(Anaconda3)를 클릭한다. 다른 방법은 앱 목록에서 선택할 수 있는데, 추가한 앱들은 알파벳 순서대로 나타나므로 [Anaconda3 (64bit)] 폴더를 클릭하면 앱들이 나타나고 그 중 Anaconda Navigator(Anaconda3)를 선택한다.

아나콘다 네비게이터에 여러 종류의 개발 환경을 표시하는데, 그 중에서 원하는 것의 (Launch) Launch 버튼을 클릭해 실행할 수 있다. 스파이더의 (Launch) 버튼을 눌러 바로 실행할 수 있고 윈도우에서 스파이더를 찾아 실행할 수도 있다. 만일 컴퓨터에 설치가 안 된 경우 (Install) Install 버튼을 눌러 설치한다.

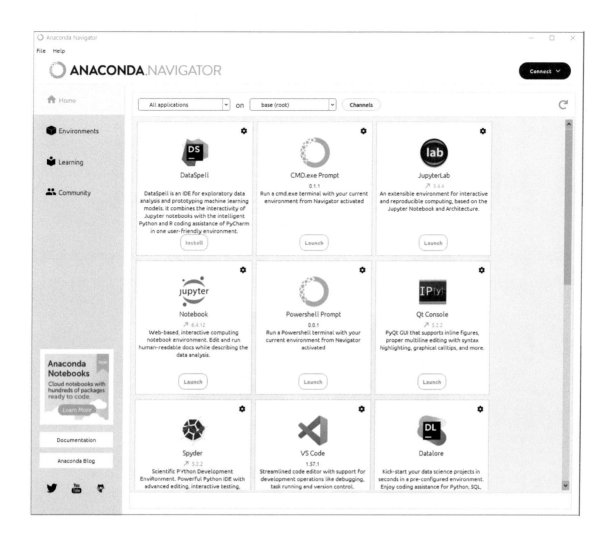

아나콘다에서 실행하는 것 보다 스파이더 앱을 찾아 바로가기를 만들어 직접 실행하는 것이 더 편리하다.

(4) 스파이더 실행

윈도우 11에서 ▦ **시작 아이콘**을 누르고 오른쪽 위 **[모든 앱 >]**을 클릭하면 알파벳 순서대로 앱을 표시하는데, [Anaconda3 (64bit)] 폴더를 클릭하고 맨 아래 Spider(anaconda3)를 클릭한다.

윈도우 10에서는  **시작 아이콘**을 누르면 최근에 추가한 앱부터 위에 표시하고 Spider(anaconda3)를 클릭해 사용하거나, **[Anaconda3 (64bit)]** 폴더를 클릭하고 Spider(anaconda3)를 클릭해 사용한다.

가장 간단한 방법은 Spider(anaconda3)를 드래그해서 바탕화면에 끌어다 놓으면 바탕화면에서 스파이더 아이콘을 바로 더블클릭해 실행할 수 있다.

[5] 스파이더 사용 방법

오른쪽 아래 콘솔 창에서 파이썬 문장을 입력하는데, **In [1]:** 은 **프롬프트**로 파이썬 문장을 입력하는 위치이다. 문장을 입력하고 엔터키 를 누르면 바로 아래 실행 결과가 나타난다.

"Hello Python!!"을 출력하여 보자.
파이썬에서는 출력할 때 print()문을 사용한다.

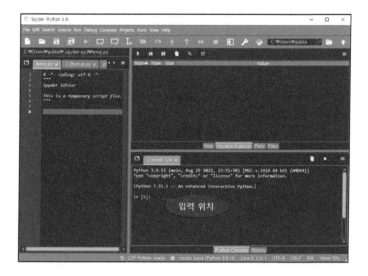

print("Hello Python!!")이라 입력하고 엔터키 ⏎를 누르면 다음처럼 Hello Python!!이라 출력한다.

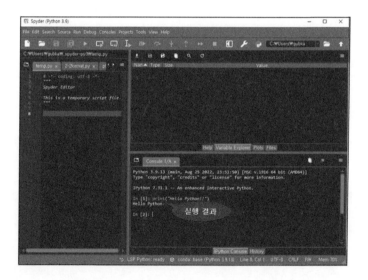

다음 문장을 차례대로 입력하면 x와 y를 더한 30을 출력한다. print(x+y)를 사용해 합계를 출력할 수도 있다.

```
x=10 ⏎
y=20 ⏎
x+y ⏎
```

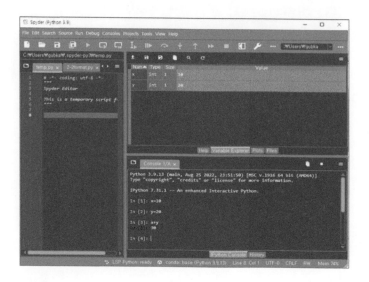

엔터키 ←┘를 눌러 문장을 실행하는 모드를 **대화형 모드**라고 하고, 이 모드에서는 한 문장씩 입력
해 실행 결과를 바로 확인할 수 있고, print() 함수를 사용하지 않아도 값을 출력한다. 반면, 모든
문장을 하나의 파이썬 파일로 작성해 한꺼번에 실행할 수 있는데, 이 경우 print() 함수를 사용해
값을 출력해야 한다.

(6) 파이썬 파일 작성

[File] 메뉴에서 [New file..]을 선택해서 파일 작성 창을 열어 파이썬 문장을 작성한다.

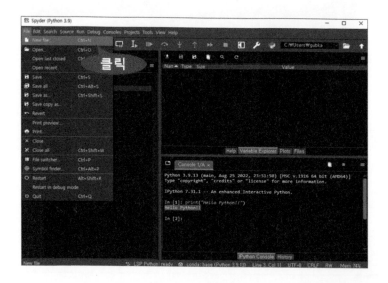

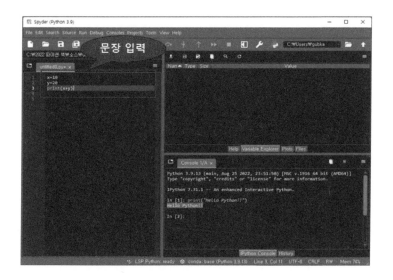

문장을 다 작성한 후 [File] 메뉴에서 [Save]나 [Save as...]를 선택해서 파일이름(test)을 입력하면
test.py로 저장한다.

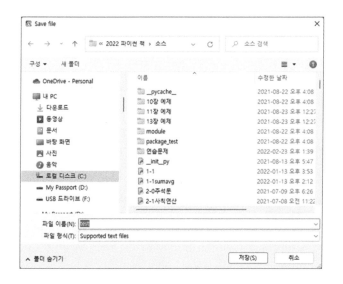

[7] 파이썬 파일 실행

test.py 파일을 실행시킬 때 [Run] 메뉴에서 [Run]을 선택하거나 ▶ 아이콘을 누르면 오른쪽 아
래 콘솔 창에서 **30**을 출력한 **실행 결과**를 확인할 수 있다.

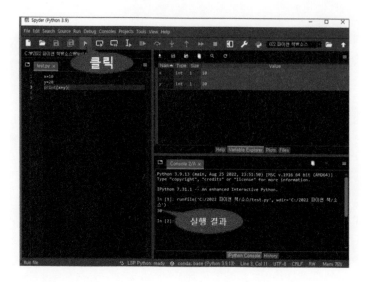

이 책에서는 편의상 표준 IDLE 모드로 In [1]:을 >>> 로 바꿔서 다음과 같이 명령문과 실행 결과를 나타낸다.

```
>>> x=10
>>> y=20
>>> x+y
30
```

1.3 프로그램 오류

파이썬 프로그램을 파이썬 언어 문법에 따라 작성하지 않는 경우, 프로그램을 실행할 때 다양한 오류가 발생하는데, 파이썬 버전에 따라 오류 메시지는 약간 차이가 나고 Python 3.11.0의 오류 메시지를 표시한다.

IDLE 셀에서는 한 문장 단위로 오류가 있는지 바로 확인할 수 있다.

(1) 구문 오류

print 문에서 내용을 출력할 때 " " 큰따옴표나 ' ' 작은따옴표를 사용해 출력할 내용을 나타내야 하는데 다음처럼 마지막 따옴표를 생략했을 때 SyntaxError(구문 오류)가 발생한다.

```
>>> print("안녕하세요?)
SyntaxError: unterminated string literal (detected at line 1)
```

다음처럼 수식을 제대로 작성하지 않는 경우도 **SyntaxError(구문 오류)**가 발생한다.

```
>>> 1+2+3+
SyntaxError: invalid syntax
>>> 1+/3
SyntaxError: invalid syntax
```

프로그램을 파일로 작성해 실행할 때 구문 오류가 있으면 다음과 같이 **SyntaxError** 창이 나타난다.

구문 오류(SyntaxError)가 발생하면, **print(1+2+3)**로 고쳐야 프로그램을 실행할 수 있다.

[2] 실행 오류

구문 오류가 없으면 프로그램을 실행시킬 수 있는데 **실행 오류**는 프로그램을 실행할 때 발생하는 오류이고 실행 중에 나타나는 오류는 **예외**라고 한다. 예외가 발생하면 그 문장부터 프로그램의 실행을 중지시킨다.

프로그램을 파일로 작성해 실행할 때 구문 오류가 없으면 프로그램을 실행할 수 있다. 만일 예외가 발생하면 예외 발생 바로 앞 문장까지는 실행 결과를 확인할 수 있다.

```
File  Edit  Format  Run  Options  Window  Help
print("안녕하세요?")
print("파이썬에서 수식을 계산할 수 있어요.")
print("1+2+3 = "+6)
```

프로그램을 실행하면 두 번째 print 문까지 실행해 다음과 같이 결과를 출력한다.

```
안녕하세요?
파이썬에서 수식을 계산할 수 있어요.
```

그런데, 세 번째 print 문에서 **TypeError**가 발생해 프로그램의 실행을 중지한다.

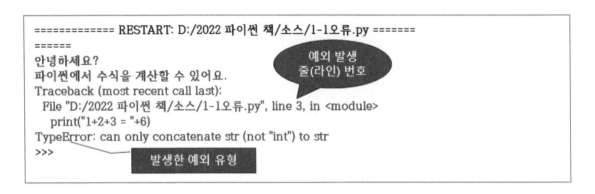

3 라인에서 예외가 발생했고 예외 유형은 TypeError이다. TypeError는 자료형이 서로 맞지 않을 때 발생하는데, print("1+2+3 = ", 6)로 변경해야 TypeError를 방지할 수 있다. "1+2+3 = "은 문자열이고 6은 숫자라서 문자와 숫자는 +로 연결할 수 없고 ,(콤마)를 사용해야 한다.

자료형은 자료 값의 유형으로 문자나 숫자 등이 있다. 문자열의 자료형은 str로 나타내고, 숫자의 자료형은 정수 값일 때 int로 나타낸다. 특별히, 파이썬에서는 한 문자나 여러 문자를 나타내는 문자열의 자료형은 동일하고 str로 나타낸다.

print 문을 사용해 내용을 출력할 때 print의 철자를 "prnt"로 잘못 사용하면 NameError가 발생하고 "print"라고 수정해야 프로그램을 실행할 수 있다.

```
>>> print("안녕하세요?")
안녕하세요?
>>> prnt("안녕하세요?")
Traceback (most recent call last):
  File "<pyshell#2>", line 1, in <module>
    prnt("안녕하세요?")
NameError: name 'prnt' is not defined. Did you mean: 'print'?
```

NameError는 정의하지 않은 식별자(명칭)를 사용했을 경우 발생하는 예외이고, 주로 변수에 초깃값을 대입하지 않고 사용했을 경우 발생한다.

1. 다음과 같이 학과와 학번과 이름을 출력하는 프로그램을 작성하시오.

> Hint　　print("안녕하세요?")
> 　　　　…
> 　　　　print("홍길동")

> 안녕하세요?
> 컴퓨터공학과　2210001학번
> 홍길동

2. 다음과 같이 수식을 계산해서 출력하는 프로그램을 작성하시오.

> Hint　　…
> 　　　　print("2 + 5 * 17 =" , 2+5*17)
> 　　　　…

> 수식을 계산해 봅시다.
> 2 + 5 * 17 = 87
> 파이썬으로 수식을 계산할 수 있어요.

CHAPTER 2

변수와 자료형

사용자가 프로그램을 작성하면서 숫자나 문자 자료를 사용하는데, 프로그램에서 자료를 사용하는 경우 **변수**에 저장해서 사용한다. 자료가 나타내는 값의 종류가 **자료형**이고, 프로그램에서 많이 처리하는 자료에는 숫자 값을 나타내는 **숫자 자료**, 문자를 나타내는 **문자 자료**, 참(True)과 거짓(False)을 나타내는 **논리 자료** 등이 있다.

2.1 변수와 식별자

프로그램에서 다양한 자료들을 사용하면서 작업을 처리하는데, 자료들을 어디에 저장해서 사용할 수 있을까요? 사람이 각 자료를 머리에 기억하듯이 컴퓨터에서도 메모리에 기억하는데, **변수(Variable)**를 사용해 서로 다른 자료 값을 저장해서 사용한다. 변수는 이름으로 구분하는데, 컴퓨터의 메모리의 특정 공간에 자료 값을 저장하고, 저장된 값을 사용할 때 **변수이름**으로 저장된 자료를 가져와 사용할 수 있다.

프로그램에서 각 자료를 저장하기 위해 이름(변수이름)을 지정하고 변수에 자료를 저장하고 사용하게 된다. 변수에 자료를 저장하면 자료가 필요한 경우 변수 값을 가져와 계산하거나 계산한 결과를 출력할 수 있다.

변수는 프로그램에서 문자나 숫자 등 다양한 종류의 값을 저장하고 필요할 경우 다른 값으로 변경할 수 있다. 점수를 나타내는 score라는 변수에 90이라는 값을 대입해서 저장할 경우 score = 90으로 작성한다. 90이라는 값을 score에 저장하는 것이다. 즉, 90점이라는 점수를 프로그램에서 사용할 경우 score라는 변수에 값을 넣어서 사용한다.

```
>>> score=90
>>> print(score)
90
>>> 문자="파이썬"
>>> print(문자)
파이썬
```

변수에는 숫자자료, 문자자료, 논리자료를 저장할 수 있다. score 변수에 저장한 자료를 프로그램에서 출력할 경우 print() 함수를 사용한다. print()는 ( ) 안에 출력할 변수나 수식이나 메시지를 넣어주고 출력하는 함수이다. 함수는 수학의 함수처럼 특정한 기능을 수행하는 것이고 print() 함수는 자료를 출력하는 기능을 수행한다.

IDLE 셀에서 문장을 작성할 때 주의할 점은 >>> 뒤에 빈칸 없이 문장을 작성한다. >>> 뒤에 문장을 입력하기 때문에 >>> 를 프롬프트라 부른다. 한 칸이라도 빈칸을 넣으면 다음과 같이 SyntaxError(구문 오류)가 발생하므로, 모든 문장은 들여쓰기 없이 작성해야 한다.

(1) 식별자(identifier)

식별자는 프로그램에서 사용하는 용어로 변수의 이름, 함수의 이름 등 명칭을 지칭하는 용어이다. 사용자가 임의로 지정해 프로그램에 사용하고, 이름만 보아도 식별자의 의미와 뜻을 알 수 있도록 지정하는 것이 좋다. 예를 들면 점수를 저장하는 경우 score라는 이름을 사용한다.

■ 식별자 작성 규칙

- 식별자는 소문자(a ~ z)나 대문자 (A ~ Z)나 숫자나 밑줄 (_)로 이뤄지고 한글 이름을 사용할 수 있다.
- 식별자의 첫 글자는 영문자(한글)나 밑줄(_)로 시작하고 숫자로 시작할 수 없다.
- 식별자 안에 공백(빈칸)을 사용할 수 없다.
- !, @, #, $, % 등 특수 기호는 식별자에서 사용할 수 없다.
- 파이썬은 대소문자를 구별하고, Score와 score는 서로 다른 변수이다.

■ 유효한 식별자

myCar, num_s, score1, score2, 점수1, 점수2

■ **잘못된 식별자**

• 2sum   → 숫자로 시작
• sum of score   → 공백 사용, sum_of_score나 sumOfScore로 지정
• 점수#   → 특수문자 # 사용

(2) 키워드(Keyword)

키워드는 파이썬에서 용도와 의미가 미리 지정된 것으로, 다른 용도로 사용할 수 없고, 특별히 식별자 이름으로 키워드를 사용할 수 없다.

파이썬에서 사용하는 키워드는 다음과 같다.

and	as	assert	break	class
continue	def	del	elif	else
except	False	finally	for	from
global	if	import	in	is
lambda	None	nonlocal	not	or
pass	raise	return	True	try
while	with	yield		

식별자 이름으로 키워드를 사용하면 다음과 같이 **SyntaxError(구문 오류)**가 발생한다.

```
>>> if=10
SyntaxError: invalid syntax
>>> and=10
SyntaxError: invalid syntax
```

■ **리터럴(liternal)**

리터럴(liternal)은 자료의 "값"을 나타내는 것으로, 프로그램 안에 나오는 고정된 값을 표현하는 것이다. 파이썬에는 다양한 유형의 리터럴이 있는데 **숫자 리터럴, 문자열 리터럴,** True(참)와 False(거짓)를 나타내는 **논리 리터럴**이 있다.

```
>>> score = 10
```

10은 숫자 값을 나타내는 정수 리터럴이고, 그 외 변수 값으로 실수 리터럴 12.5, 문자열 리터럴 **"안녕하세요"**, 논리 리터럴 **True** 등 다양한 값을 가질 수 있다.

정수 리터럴의 경우, 일반적으로 사용하는 십진수 외에, 2진수, 8진수, 16진수를 사용할 수 있다. 숫자 0으로 시작해서 b(2진수), o(8진수), x(16진수)를 붙여 십진수가 아닌 수를 나타내는데, 0b 로 시작하면 2진수, 0o로 시작하면 8진수, 0x로 시작하면 16진수이다. 16진수의 경우 0부터 9까지는 그대로 사용하고 10부터 16까지는 a(A), b(B), c(C), d(D), e(E), f(F)로 나타낸다.

- 0b11은 2진수 11_2이고, 표시하는 값은 십진수로 나타내서 $3(1*2^1 + 1*2^0)$이다.
- 0o12는 8진수 12_8이고, 십진수로 나타내서 $10(1*8^1 + 2*8^0)$이다.
- 0x10은 16진수 10_{16}이고, 십진수로 나타내서 $16(1*16^1 + 0*16^0)$이다.

```
>>> x=0b11 # 2진수 11  --> 3
>>> x
3
>>> x=0o12 # 8진수 12  --> 10
>>> x
10
>>> x=0x10 # 16진수 10  --> 16
>>> x
16
```

num=12.5+7에서 num은 변수이고, 12.5와 7은 리터럴이다. **"안녕하세요"** 같은 문자열을 나타낼 때 " "(큰따옴표)나 ' '(작은따옴표) 중 하나를 사용할 수 있다. 다른 언어와 달리 파이썬에서는, 한 문자나 여러 문자를 나타내는 문자열은 서로 구분 없이 " "(큰따옴표)나 ' '(작은따옴표) 중 하나를 사용한다.

```
>>> num = 12.5+7
>>> num
19.5
>>> str1 = "안녕하세요"
>>> str1
'안녕하세요'
>>> str1 = '안녕하세요'
>>> str1
'안녕하세요'
```

쎌에서 변수 값을 표시할 경우, 변수이름을 사용하면 변수 값을 확인할 수 있다.

숫자 자료일 경우 **사칙연산자(+ - * /)**를 사용해 수식을 계산할 수 있다. 덧셈과 뺄셈은 그대로 사용하고, 곱셈은 *로, 나눗셈은 /를 사용한다. 변수 값이나 수식의 값을 출력할 때 print()를 사용하고 ( ) 안에 출력할 내용을 명시한다. 수식을 넣으면 수식을 계산한 값을 출력하고 변수를 넣으면 변수 값을 출력한다.

```
>>> 10+70
80
>>> 10*70
700
>>> 1234*123456789
152345677626
>>> "안녕하세요"
'안녕하세요'
>>> '안녕하세요'
'안녕하세요'
>>> 12.5+7
19.5
>>> num=12.5+7
>>> num
19.5
>>> print(12.5+7)
19.5
```

실행 결과를 확인하는 방법은 두 가지가 있다.

쎌에서 한 문장씩 작성해 실행 결과를 바로 확인하는 방법이 있고, 모든 문장을 파이썬 프로그램으로 작성한 후 파일에 저장한 다음, 모든 문장의 실행 결과를 한꺼번에 확인하는 방법이 있다.

print()는 ( )안에 출력할 내용을 표시하면 변수 값이나 수식의 계산 결과 값을 출력하는 기능을 갖는 함수이다.

쉘에서 테스트한 내용을 파일로 작성할 때는 다음과 같이 print()를 사용해서 수식의 값을 출력해야 하고 들여쓰기 없이 첫 칸부터 작성해야 오류가 발생하지 않는다.

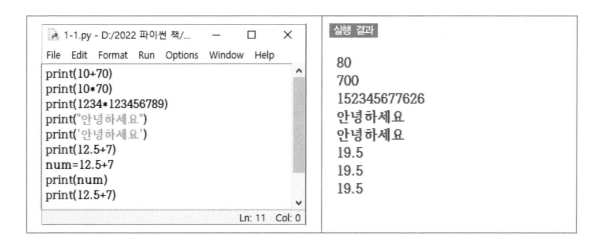

2.2 자료형

사용자는 파이썬 프로그램 안에 다양한 자료를 변수에 저장해서 사용하고, 저장하는 값의 유형을 **자료형**이라 한다. 가장 많이 사용하는 기본 자료형에는 숫자, 문자열, 논리(bool) 자료형이 있다.

- **숫자**: 정수나 실수 자료로 17, 21.5 등이 있다.
- **문자열**: 문자로 이뤄진 자료로 큰따옴표(" ")나 작은따옴표(' ')를 사용해 한 개 이상의 문자를 표시하고 "자", "안녕하세요", "Hello", '안녕', 'Hi!!' 등이 있다.
- **논리**: 참과 거짓을 나타내는 자료로 참은 **True**, 거짓은 **False**로 표시한다.

프로그램에서 자료를 저장하기 위해 변수를 사용하는데, 파이썬에서는 다음처럼 여러 종류의 자료를 같은 변수 x에 저장할 수 있다. 변수 x에 10을 저장하고 x의 값을 출력할 때 print(x) 문을 사용해 변수 값을 표시한다. 변수 x에는 정수, 실수, 문자열, 논리 자료를 저장해 그 값을 출력한다.

```
>>> x = 10          변수 x에 10이라는 값 저장
>>> print(x)
10                  변수 x 값 출력(표시)
>>> x = 17.3
>>> print(x)
17.3
>>> x = '안녕하세요'
>>> print(x)
안녕하세요
>>> x = True
>>> print(x)
True
```

파이썬에서 변수의 자료형을 확인할 때 type() 함수를 사용한다. 수학의 함수처럼 특정한 기능을 수행하는 것이 파이썬의 함수이다. 함수의 기능을 사용하는 것을 함수를 호출한다고 표현하는데, 함수를 호출할 때 함수이름 뒤에 ()를 붙인다.

x에 정수 값을 저장한 경우 <class 'int'>로 표시해 x에 저장한 값이 정수형(int)이라는 것을 나타낸다. 실수인 경우 float이고, 문자열인 경우 str, True나 False인 경우 자료형은 bool이다. 파이썬은 다른 언어와 달리 한 문자를 나타내는 자료형도 str이다.

```
>>> x = 10
>>> type(x)
<class 'int'>
>>> x = 7.5
>>> type(x)
<class 'float'>
>>> x = '안녕하세요'
>>> type(x)
<class 'str'>
>>> x = True
>>> type(x)
<class 'bool'>
```

한 문자나 문자열인 경우 큰따옴표(" ")나 작은따옴표(' ')를 사용할 수 있다.

문자열을 나타낼 때 "문자' 나 '문자"처럼 큰 따옴표나 작은따옴표를 혼용해서 사용하면 구문 오류가 발생한다.

```
>>> "문자"
'문자'
>>> '문자'
'문자'
>>> 문자"
SyntaxError: unterminated string literal (detected at line 1)
>>> 문자'
SyntaxError: unterminated string literal (detected at line 1)
```

변수는 상황에 따라 필요할 때 값을 변경할 수 있고 저장된 변수 값에 다양한 연산을 사용할 수 있다. 두 수의 합을 구하려면 두 수를 n1과 n2에 넣고 합한 값을 출력하면 된다. **print(num1+num2)** 처럼 ( ) 안에 두 변수를 더한 값을 바로 출력할 수 있고, **hap = num1 + num2** 처럼 hap에 합계를 저장한 후 출력할 수도 있다. print() 함수 안에 **print(num1+num2)** 처럼 숫자 값을 갖는 변수를 사용하면 두 변수 값을 더해서 합계를 출력한다.

```
>>> num1 = 10
>>> num2 = 70
>>> print(num1+num2)
80
>>> hap = num1 + num2
>>> print(hap)
80
```

chr1과 chr2에 문자열이 들어간 경우, '+'를 사용하면 두 문자열을 연결해 '1070'이 된다.

```
>>> chr1 = '10'
>>> chr2 = '70'
>>> print(chr1+chr2)
1070
```

정수 값을 갖는 num1과 num2 값을 출력하면서 ( ) 안에 변수 이름을 나타낼 때 **print("num1 = ",** **num1, "num2 = ", num2)** 처럼 ,(콤마)로 표시해야 TypeError가 발생하지 않는다. "num1 ="은 문자열이고, num1은 숫자 값을 갖는 변수라서 자료형이 서로 다른 경우 +를 사용하면 오류가 발생하므로 ,(콤마)로 작성해야 한다.

```
>>> num1 = 10
>>> num2 = 70
>>> print(num1, num2)
10 70
>>> print("num1 = "+num1+"num2 = "+ num2)
Traceback (most recent call last):
  File "<pyshell#35>", line 1, in <module>
    print("num1 = "+num1+"num2 = "+ num2)
TypeError: can only concatenate str (not "int") to str
>>> print("num1 = ", num1, "num2 = ", num2)
num1 =  10 num2 =  70
```

■ **이스케이프 문자(\) 사용한 출력문**

프로그램에서 출력할 때 출력하는 내용에 따옴표("", ' ')를 포함시켜 출력하거나, Tab 키를 사용한 것처럼 일정 간격을 유지해 출력하거나, 줄을 바꾸어 출력하는 경우가 있다. 이때 이스케이프 문자(\)를 사용해 원하는 형태로 출력할 수 있다.

\다음에 "(큰따옴표)나 '(작은따옴표)를 사용하면 큰따옴표나 작은따옴표를 출력할 수 있고, \t를 사용하면 Tab 키를 사용한 것처럼 일정 간격을 띄워서 출력하고, \n을 사용하면 줄을 바꿔서 다음 줄에 출력한다. \는 ↓ 키를 누르면 나타나고, 사용하는 글꼴에 따라 \대신 ₩로 표시하기도 한다.

```
>>> print("파이썬 \"Python\" \'Python\'")
파이썬 "Python" 'Python'
>>> print("파이썬 \t C \t Java")
파이썬 	 C 	 Java
>>> print("파이썬 \t C \t Java \n파이썬 \t C \t Java")
파이썬 	 C 	 Java
파이썬 	 C 	 Java
```

문자열 사용	기능
\"	" 표시
\'	' 표시
\t	Tab 문자
\n	줄바꿈 문자
\\	\ 표시

- **여러 줄 출력: 세 개의 따옴표 사용**

여러 줄의 내용을 하나의 print 문에서 ( ) 안에, 표시한 내용 그대로 출력할 때 세 개의 큰따옴표 """나 세 개의 작은따옴표 '''를 출력문에 사용한다.

다음 예제처럼 ( ) 안에 표시한 내용 그대로 여러 줄 내용을 하나의 출력문을 사용해 한꺼번에 출력할 수 있다.

```
>>> print("""파이썬 \t C \t Java
파이썬 \t C \t Java
파이썬 \t C \t Java""")
파이썬     C      Java
파이썬     C      Java
파이썬     C      Java
>>> print('''파이썬 \t C \t Java
파이썬 \t C \t Java
파이썬 \t C \t Java''')
파이썬     C      Java
파이썬     C      Java
파이썬     C      Java
```

2.3 문자열 연산자

숫자의 경우 사칙연산(+ − * /)이 가능하지만, 문자열에 사용하는 연산자에는 문자열을 연결하는 **+ 연산자**와 문자열을 반복하는 *** 연산자**가 있다.

(1) 문자열 연결 연산자 +

문자열을 연결할 때 + 연산자를 사용해 두 문자열을 연결할 수 있다.

한글 이름의 변수인 문자1, 문자2를 사용해서 출력문에 print(문자1+문자2)처럼 사용하거나 **문자=문자1+문자2**처럼 문자 변수에 저장한 다음 출력할 수 있다.

```
>>> 문자1="파이썬: "
>>> 문자2="인터프리터 언어"
>>> print(문자1+문자2)
파이썬: 인터프리터 언어
>>> 문자=문자1+문자2
>>> print(문자)
파이썬: 인터프리터 언어
```

(2) 문자열 반복 연산자 *

특정 문자열을 반복할 때 *를 사용해 반복 횟수를 지정하면 문자열을 반복해 새로운 문자열을 만든다.

```
>>> 문자1="파이썬 "*5
>>> print(문자1)
파이썬 파이썬 파이썬 파이썬 파이썬
>>> print("파이썬 "*5)
파이썬 파이썬 파이썬 파이썬 파이썬
```

(3) 문자열 선택 연산자 []

문자열은 각 문자의 위치를 지정하는 인덱스를 사용해 문자열 안에서 특정 인덱스의 문자를 선택할 수 있다.

인덱스는 0부터 순서대로 1씩 증가하고, "파이썬"[0]은 "파"를 선택하는 것이다.

[0]	[1]	[2]
파	이	썬

```
>>> 문자0="파이썬"[0]
>>> 문자1="파이썬"[1]
>>> print(문자0)
파
>>> print(문자0,문자1,"파이썬"[2])
파 이 썬
```

(4) 문자열 범위 선택 연산자(슬라이싱) [:]

문자열에서 특정 범위의 문자열을 선택할 때 :(콜론)을 사용한다. [n1:n2]는 n1부터 n2-1까지 선택하는 것이다. [0:2]일 경우 인덱스 0부터 1(2-1)까지 선택한다.

```
>>> 문자1="파이썬"[0:2]
>>> print(문자1)
파이
```

범위를 나타낼 때 [n:], [:n]처럼 시작 범위나 끝나는 범위 중 하나를 생략해서 나타낼 수 있는데, 시작 범위를 생략하면 0부터 선택하는 것이고, 끝 범위를 생략하면 마지막 문자까지 선택하는 것이다.

```
>>> 문자2="파이썬"[0:]
>>> print(문자2)
파이썬
>>> print("파이썬"[:3])
파이썬
```

(5) IndexError 발생

문자열을 선택할 때 주의할 점은 해당 인덱스의 범위를 초과해서 사용할 경우, IndexError가 발생한다.

```
>>> print("파이썬"[4])
Traceback (most recent call last):
  File "<pyshell#55>", line 1, in <module>
    print("파이썬"[4])
IndexError: string index out of range
```

(6) 문자열 길이 구하기: len() 함수

문자열의 길이를 구할 때 len() 함수를 사용한다. ( ) 안에 문자열이나 문자열 변수이름을 넣어 해당 문자열의 길이를 구할 수 있다.

```
>>> print(len("파이썬"))
3
>>> 문자="파이썬"
>>> print(len(문자))
3
```

2.4 숫자

프로그램에서 정수나 실수 같은 수치자료를 사용하는데, 소수점이 없는 숫자를 정수(integer)라 하고, 소수점이 있거나 지수를 갖는 경우 실수(floating point)라 한다.

- 정수: −15, 0, 723
- 실수: 12.7, 0.0, −71.5, 12.3e3

```
>>> print(-15)
-15
>>> print(12.7)
12.7
>>> print(type(-15))
<class 'int'>
>>> print(type(12.7))
<class 'float'>
```

type() 함수를 사용해 숫자 자료의 자료형을 알 수 있는데, −15의 자료형은 int이고 12.7의 자료형은 float이다. int는 integer(정수)에서 앞 세 자리를 취한 것이고, float는 floating point(실수)에서 나온 것이다.

파이썬에서는 자료형 구분 없이 하나의 변수에 다양한 자료를 넣을 수 있어 자료형을 구분할 필요는 없지만, [] 연산자 안에 넣는 경우 정수형 숫자만 사용한다.

2.5 산술 연산자

수치자료를 갖는 변수를 사용해 계산하는 경우 **사칙연산자(+ - * /)**외에 나눠서 몫을 취하는 **정수 나누기 연산자(//)**, 나눠서 나머지를 취하는 **나머지 연산자(%)**, 값을 제곱하는 **제곱 연산자(**)**를 사용한다.

[1] 사칙연산자: + − * /

사칙연산자는 덧셈(+), 뺄셈(−), 곱셈(*), 나눗셈(/)이 있다. 파이썬 3 버전의 경우 /는 실수 나눗셈이다.

```
>>> n1=2+7
>>> n2=2-7
>>> n3=2*7
>>> n4=2/7
```

```
>>> print(n1,n2,n3,n4)
9 -5 14 0.2857142857142857
>>> print("n1 =",n1,", n2 =",n2,", n3 =",n3,", n4 =",n4)
n1 = 9 , n2 = -5 , n3 = 14 , n4 = 0.2857142857142857
>>> print("2+7 =",n1,", 2-7 =",n2,", 2*7 =",n3,", 2/7 =",n4)
2+7 = 9 , 2-7 = -5 , 2*7 = 14 , 2/7 = 0.2857142857142857
```

[2] 정수 나누기 연산자(//)

정수 나누기 연산자(//)는 두 수를 나눠 정수 부분의 몫을 취하는 나눗셈이다.

```
>>> print("5 / 3 =", 5/3)
5 / 3 = 1.6666666666666667
>>> print("5 // 3 =", 5//3)
5 // 3 = 1
```

[3] 나머지 연산자(%)

나머지 연산자(%)는 두 수를 나눠 나머지를 취하는 연산자이다.

```
>>> print("5 % 3 =", 5%3)
5 % 3 = 2
```

$$
\begin{array}{r}
1 \\
3{\overline{\smash{\big)}\,5}} \\
-3 \\
\hline
② \\
\end{array}
$$

[4] 제곱 연산자(**)

제곱 연산자(**)는 숫자를 제곱하는 연산자이다. 파이썬에서 2^3은 2**3으로 작성한다.

```
>>> print("2 ** 3 =",2**3)
2 ** 3 = 8
>>> print("3 ** 3 =",3**3)
3 ** 3 = 27
```

(5) 복합 연산자

복합 연산자는 = 기호 앞에 다른 연산자를 합친 연산자로 +=, -=, *=, /=, %= 등이 있다.

동일한 변수에 대해 계산할 때 간결하게 만들어 유용하게 사용할 수 있다.

변수 x에 10을 대입한 후 x 값에 10을 더할 경우 **x=x+10**처럼 사용할 수도 있지만, 복합연산자를 사용해 **x+=10**으로 나타내면 훨씬 간결하게 작성할 수 있다.

```
>>> x=10
>>> x=x+10
>>> print(x)
20
>>> x=10
>>> x+=10
>>> print(x)
20
```

수식에서 다양한 연산자를 조합해 복합연산자를 사용할 수 있다.

복합연산자	의미
x += 10	x = x + 10
x -= 10	x = x - 10
x *= 10	x = x * 10
x /= 10	x = x / 10
x %= 10	x = x % 10

[6] 연산자 우선순위

수학에서 곱셈(*)이나 나눗셈(/)이 덧셈(+)이나 뺄셈(−) 보다 우선순위가 높듯이, 파이썬에서도 동일하게 곱셈이나 나눗셈을 덧셈이나 뺄셈보다 먼저 계산하고 괄호가 있는 경우 ( ) 안의 수식을 먼저 계산한다.

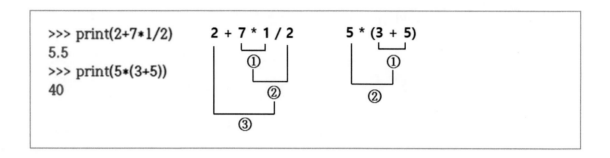

파이썬에서 많이 사용하는 연산자의 우선순위를 나타내면 다음과 같다.

순위	연산자	설명
1	**	제곱 연산자
2	~ + −	단항 연산자
3	* / % //	곱셈, 나눗셈, 나머지, 정수나눗셈
4	+ −	덧셈, 뺄셈
5	〈 〉 〈= 〉=	비교 연산자
6	== !=	상등 연산자
7	not	논리 연산자
8	and	논리 연산자
9	or	논리 연산자

[7] TypeError 발생

파이썬의 수식에서 같은 종류의 자료를 연산하면 오류없이 계산하지만, 서로 다른 종류의 자료를 연산할 경우 TypeError가 발생한다. 숫자와 문자를 혼용해서 수식에 사용할 경우 TypeError가 발생한다.

숫자(정수) 자료형은 int이고 문자열 자료형은 str인데, 서로 자료형이 다르므로 수식에 같이 사용할 경우, TypeError가 발생한다.

```
>>> 문자="파이썬"
>>> 숫자=10
>>> 혼용=문자+숫자
Traceback (most recent call last):
  File "<pyshell#42>", line 1, in <module>
    혼용=문자+숫자
TypeError: can only concatenate str (not "int") to str
```

수식을 작성할 때 숫자 자료만 사용하거나, 아니면 문자열만 사용한다. 문자열의 +(연결 연산자)는 문자열을 연결하는 것이다.

```
>>> 숫자1=10
>>> 숫자2=20
>>> 덧셈=숫자1+숫자2
>>> print(덧셈)
30
>>> 문자1="파이썬 "
>>> 문자2="재밌다"
>>> 문자=문자1+문자2
>>> print(문자)
파이썬 재밌다
```

다음 문자열의 연산에서 *(반복 연산자)를 사용하는 경우, *가 +보다 우선순위가 높아서 먼저 반복하고 문자열을 연결한다.

```
>>> print("파이썬 "+"재밌다 "*3)
파이썬 재밌다 재밌다 재밌다
```

2.6 입력

변수에 특정한 값을 지정할 경우, 그 값 하나만 사용하게 되고, 다른 값을 사용하려면 변수 값을 변경해서 사용해야 한다. 그런데 프로그램을 작성하다 보면 어떤 값인지 결정되지 않는 임의의 값을 받아 계산해야 하는 경우가 있다. 이런 경우 **입력** 기능을 사용해 원하는 값을 입력받아 사용한다.

예를 들어 두 수의 합을 구하는 프로그램을 작성할 때 두 변수에 특정한 값을 대입해 합을 계산한다. 이 경우 10과 20이 아닌 다른 숫자에 대해서 합을 계산하려면 변수의 값을 변경하고 다시 합을 계산해야 한다.

```
>>> n1 = 10
>>> n2 = 20
>>> hap =n1 + n2
>>> print("10 + 20 =",hap)
10 + 20 = 30
```

두 수의 합을 계산할 때 사용자가 원하는 값을 입력해서 계산하면 프로그램을 실행할 때마다 서로 다른 숫자의 합계를 계산할 수 있다.

두 수의 사칙연산을 수행할 경우, 변수에 값을 대입하면 그 값의 사칙연산만 수행하는 고정된 프로그램이지만, 입력하는 기능을 활용해서 임의의 값을 입력하면 프로그램을 실행할 때마다 다른 숫자에 대해 연산을 수행할 수 있다.

input() 함수를 사용해 프로그램을 실행하면서 변수에 원하는 값을 넣을 수 있다. input() 함수는 프로그램을 실행하면서 사용자가 변수에 특정한 값을 입력할 수 있다.

(1) 자료 입력: input() 함수

input() 함수를 사용해 프로그램을 실행하면서 사용자가 변수에 원하는 값을 넣을 수 있다. 입력받을 때 주의할 점은 수치자료를 입력하더라도 문자열로 입력받게 된다.

input() 함수를 사용해 12를 입력받아 변수 **입력**에 대입하는 것인데 숫자 12가 아니라 문자열 "12"를 입력받게 된다. **type(입력)** 함수를 사용해 입력받은 변수 **입력**의 자료형이 문자열(str)인 것을 확인할 수 있다.

```
>>> 입력=input("자료를 입력하세요 --> ")
자료를 입력하세요 --> 12
>>> type(입력)
<class 'str'>
```

입력하는 방법은 **자료를 입력하세요 -->**가 나타나면 **12**를 누른다. 문자열인 경우 사칙연산을 수행할 수 없으므로 숫자자료로 변환하는 과정이 필요하고 문자열을 숫자(정수)로 바꾸는 함수가 int()이다. ( ) 안에 수치자료로 변경할 변수를 넣으면 변수 값을 정수로 변경한다. 정수가 아닌 실수로 입력받는 경우 float() 함수를 사용해 문자자료를 실수로 변경해야 한다.

```
>>> 입력=input("자료를 입력하세요 --> ")
자료를 입력하세요 --> 12
>>> 숫자=int(입력)
>>> type(숫자)
<class 'int'>
>>> 입력=input("자료를 입력하세요 --> ")
자료를 입력하세요 --> 12.7
>>> 실수=float(입력)
>>> type(실수)
<class 'float'>
```

다음과 같이 int() 함수의 ( ) 안에 input() 함수를 바로 넣으면, 입력받은 자료를 정수로 바로 변환한다. 정수로 변환한 값 12를 변수 **숫자1**에 대입하여 사칙연산을 수행할 수 있다.

두 수를 입력받아 합을 구하는 과정이다.

```
>>> 숫자1 =int(input("첫번째 숫자를 입력하세요 --> "))
첫번째 숫자를 입력하세요 --> 12
>>> 숫자2 =int(input("두번째 숫자를 입력하세요 --> "))
두번째 숫자를 입력하세요 --> 23
>>> 덧셈=숫자1+숫자2
>>> print(덧셈)
35
```

int() 함수를 사용하지 않는 경우, **덧셈**을 출력하면 다음처럼 "12"와 "23" 두 문자열을 연결해서 "1223"을 출력한다.

```
>>> 숫자1 = input("첫번째 숫자를 입력하세요 --> ")
첫번째 숫자를 입력하세요 --> 12
>>> 숫자2 = input("두번째 숫자를 입력하세요 --> ")
두번째 숫자를 입력하세요 --> 23
>>> 덧셈=숫자1+숫자2
>>> print(덧셈)
1223
```

■ **한줄 주석문: # 주석문**

첫 글자가 #으로 시작할 경우 주석문이고, 문장 끝까지 한 줄의 내용이 주석을 나타내는 글이다. 주석문은 프로그램의 문장들을 설명하는 글로 실행 결과와는 상관없이 프로그램을 설명해 주는 것이다.

■ **여러 줄 주석문: 세 개의 따옴표 사이에 주석 내용 표시**

큰따옴표(")나 작은따옴표(') 세 개를 사용해 여러 줄 주석을 넣을 수 있다. 여러 줄 주석을 시작할 때 세 개의 """나 '''를 사용해 주석 내용을 넣고 주석을 끝낼 때 """나 '''를 사용하면 주석 내용으로 여러 줄을 넣을 수 있다. 주석의 시작과 끝 부분에 """나 '''를 사용한다.

다음 예제는 두 수를 입력받아 합계를 계산해 출력하는 프로그램이다. '''를 사용해 프로그램을 설명하는 여러 줄 주석문을 넣었고 #을 사용해 한 줄 주석문을 넣었다. 실행 결과를 통해 알 수 있듯이 주석문은 실행 결과와는 무관하고 실행 결과에는 주석 내용을 표시하지 않는다.

예제 주석문.py

```
'''두 수를 정수(int)로  입력받아
    두 수의 합계를 계산하고
    합계를 출력하는 프로그램'''
```

```
# 두 수를 정수형으로 입력받기
숫자1 = int(input("첫번째 숫자를 입력하세요 --> ")) # 첫번째 수 입력
숫자2 = int(input("두번째 숫자를 입력하세요 --> ")) # 두번째 수 입력
합계=숫자1+숫자2
print(숫자1,"+",숫자2,"=",합계 )  # 합계 출력
```

```
첫번째 숫자를 입력하세요 --> 12
두번째 숫자를 입력하세요 --> 73
12 + 73 = 85
```

다음 예제는 두 수를 입력받아 사칙연산을 수행하고 그 결과를 출력하는 프로그램이다.

예제 사칙연산.py

```
# 두 수를 정수(int)로  입력받기
숫자1 = int(input("첫번째 숫자를 입력하세요 --> "))
숫자2 = int(input("두번째 숫자를 입력하세요 --> "))
print(숫자1,"자료형 :",type(숫자1)) # 숫자1 자료형 출력
print(숫자2,"자료형 :",type(숫자2)) # 숫자2 자료형 출력
덧셈=숫자1+숫자2
뺄셈=숫자1-숫자2
곱셈=숫자1*숫자2        # 곱셈
나눗셈=숫자1/숫자2      # 나눗셈
print(숫자1,"+",숫자2,"=",덧셈)   # 덧셈 출력
print(숫자1,"-",숫자2,"=",뺄셈)
print(숫자1,"*",숫자2,"=",곱셈)
print(숫자1,"/",숫자2,"=",나눗셈)
```

```
첫번째 숫자를 입력하세요 --> 12
두번째 숫자를 입력하세요 --> 5
12 자료형 : <class 'int'>
5 자료형 : <class 'int'>
12 + 5 = 17
12 - 5 = 7
12 * 5 = 60
12 / 5 = 2.4
```

■ ValueError 발생

파이썬에서 변수는 자료 값에 따라 자료형이 결정되는데, 가령 변수에 저장된 값을 다른 자료형으로 변환할 때 변환이 불가능한 자료형으로 변환할 경우 ValueError가 발생한다. 예를 들어 숫자가 아닌 문자 자료를 숫자 자료형로 변환할 때나 소숫점이 있는 문자열을 int()함수로 변환할 경우 ValueError가 발생한다.

- int() 함수나 float() 함수 안에 수치 자료가 아닌 문자열을 사용할 경우 ValueError 발생

```
>>> int("파이썬")
Traceback (most recent call last):
  File "<pyshell#98>", line 1, in <module>
    int("파이썬")
ValueError: invalid literal for int() with base 10: '파이썬'
>>> float("파이썬")
Traceback (most recent call last):
  File "<pyshell#99>", line 1, in <module>
    float("파이썬")
ValueError: could not convert string to float: '파이썬'
```

- 소수점이 있는 문자열을 int() 함수로 변환할 경우 ValueError 발생

```
>>> int(12.7)
12
>>> int("12.7")
Traceback (most recent call last):
  File "<pyshell#101>", line 1, in <module>
    int("12.7")
ValueError: invalid literal for int() with base 10: '12.7'
```

자료를 입력받을 때, int() 함수를 사용한 경우는 반드시 정수 자료를 입력해야 하고, 만일 소수점이 있는 자료를 입력하는 경우 ValueError가 발생하니 주의해야 한다. 정수나 실수 관계없이 어떤 수치 자료도 오류 없이 입력받게 하려면 float() 함수를 사용하는 것이 바람직하다.

```
>>> 숫자 =int(input("숫자를 입력하세요 --> "))
숫자를 입력하세요 --> 12.7
Traceback (most recent call last):
  File "<pyshell#103>", line 1, in <module>
    숫자 =int(input("숫자를 입력하세요 --> "))
ValueError: invalid literal for int() with base 10: '12.7'
```

```
>>> 숫자 =float(input("숫자를 입력하세요 --> "))
숫자를 입력하세요 --> 12.7
>>> 숫자 =float(input("숫자를 입력하세요 --> "))
숫자를 입력하세요 --> 12
```

■ **str() 함수: 숫자를 문자열로 바꾸는 함수**

문자열을 숫자로 바꾸는 함수가 int(), float()이고, 반대로 숫자를 문자열로 바꾸는 함수가 str()이다.

```
>>> str(12)
'12'
>>> str(12.7)
'12.7'
>>> type(str(12))
<class 'str'>
```

■ **format() 함수**

format() 함수는 하나 이상의 숫자를 동일한 수의 문자열로 바꾸는 경우 사용하는데, 중괄호 { }가 사용된 각 위치에 숫자를 문자열로 변환할 수 있는 함수이다. 사용형식은 "" 안에 변환할 숫자 수만큼 { }를 넣어 주고 format()의 ( )안에 동일한 수만큼 숫자를 나열한다. 나열할 때 가능하면 { }의 개수와 format()의 ( )안에 나열한 개수가 일치하도록 작성하는 것이 바람직하다. 특별히, print() 문에 사용하는 경우 다양한 형태로 출력할 수 있어 유용한 함수이다.

```
>>> "{}".format(12)
'12'
>>> "{} {}".format(12, 23)
'12 23'
>>> "{} {} {}".format(12, 23, 78)
'12 23 78'
```

다음 예제는 format() 함수를 사용해 두 수의 합을 출력하는 프로그램이고, 두 번 실행한 결과이다.

예제 format.py

```
# format() 함수 활용해 두 실수의 합계를 출력하기
숫자1 =float(input("숫자를 입력하세요 --> "))
숫자2 =float(input("숫자를 입력하세요 --> "))
합계=숫자1+숫자2
# 숫자1 + 숫자2 = 합계  형식으로 세 변수값 출력
print("{} + {} = {}".format(숫자1, 숫자2, 합계))
```

실행 결과

```
숫자를 입력하세요 --> 27
숫자를 입력하세요 --> 12.5
27.0 + 12.5 = 39.5

숫자를 입력하세요 --> -12
숫자를 입력하세요 --> 50.7
-12.0 + 50.7 = 38.7
```

■ **format() 함수의 다양한 출력기능**

정수나 실수를 출력할 때 각 자료의 자리수를 지정해 출력할 수 있다. 정수의 경우 d를 사용하고, 실수인 경우 f나 g를 사용한다. g의 경우 실수의 의미없는 0를 제거하고 표시한다.

```
>>> "{:5d}".format(12)  #5칸
'   12'
>>> "{:05d}".format(-12) #5칸 빈자리는 0으로 채우기
'-0012'
>>> "{:10.1f}".format(12.3)  #총 10칸에 소수점 이하 한자리 표시
'      12.3'
>>> "{:g}".format(12.30)  #0을 제거하고 표시
'12.3'
>>> "{:g}".format(012.30)  #0을 제거하고 표시
'12.3'
```

■ IndexError 발생

{ }의 개수가 format 함수의 ( ) 안에 나열한 개수보다 많은 경우 IndexError가 발생한다.

```
>>> "{} {}".format(12, 23, 78, 120)
'12 23'
>>> "{} {} {} ".format(12, 23)
Traceback (most recent call last):
  File "<pyshell#114>", line 1, in <module>
    "{} {} {} ".format(12, 23)
IndexError: Replacement index 2 out of range for positional args tuple
```

다음 예제는 두 정수를 입력받아 나눗셈을 구한 다음 format() 함수를 사용해 출력하는 프로그램이다.

예제 format2.py

```
# format() 함수 활용해 정수의 나눗셈을 출력하기
숫자1 =int(input("숫자를 입력하세요 --> "))
숫자2 =int(input("숫자를 입력하세요 --> "))
나눗셈=숫자1/숫자2
print("두 정수: {:3d}, {:3d}".format(숫자1,숫자2))
print("나눗셈: {}".format(나눗셈))
# 숫자1 / 숫자2 = 나눗셈  형식으로 출력
print("{} / {} = {:5.1f}".format(숫자1, 숫자2, 나눗셈))
```

실행 결과

```
숫자를 입력하세요 --> 127
숫자를 입력하세요 --> 25
두 정수: 127,  25
나눗셈: 5.08
127 / 25 =   5.1
```

2.7 터틀 모듈

터틀은 파이썬에서 제공하는 모듈이고, 터틀 모듈을 활용하면 그래픽 환경에서 프로그래밍을 쉽게 배울 수 있다. **모듈**은 여러 가지 다양한 기능을 모아놓은 것이다. 터틀에서 기본적으로 제공하는 펜 모양은 사각형, 삼각형, 거북이 모양 등이 있고, 펜을 이동하면서 선이 그려진다. 앞으로 이동 (forward), 뒤로 이동(backward)하는 등의 동작을 실행할 수 있고, 펜을 이동하면서 선을 그려 줘서 다양한 형태의 그림을 그릴 수 있다.

터틀 모듈을 사용하려면 다음처럼 터틀 모듈을 불러와 프로그램에 포함시켜서 터틀 모듈을 활용할 수 있다.

```
import turtle          # 터틀 모듈을 프로그램에 포함시키기
t = turtle.Turtle()    # 터틀 모듈을 t로 사용, 터틀 객체 t 생성
```

터틀 모듈에는 shape(), forward(), left(), right() 등의 다양한 그래픽 기능의 메서드들이 만들어 져 있다. 메서드는 클래스 안에 선언된 함수이다. 객체지향프로그래밍에서 클래스는 객체를 생성하 는 설계도(틀)이고, 클래스를 만들고 클래스 타입의 객체를 생성할 수 있다. 클래스는 9장에 자세 하게 나와 있다.

펜 모양을 거북이 모양으로 변경할 때 shape("turtle")을 사용하고 터틀 모듈에 있는 터틀 객체 t 의 메서드이므로 t.shape("turtle")로 작성한다.

```
>>> import turtle
>>> t=turtle.Turtle()
>>> t.shape("turtle")
```

터틀 그래픽 윈도우가 나타나고 펜 모양을 거북이 모양으로 바꾼다. 거북이가 처음 위치하는 좌표 는 (0, 0)이다.

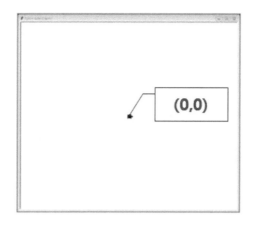

■ t.forward(): 거북이 전진

거북이를 앞으로 이동할 경우, ( ) 안에 이동할 값을 넣어준다. t.forward(100)은 거북이가 바라보는 방향(✱)에서 100만큼 전진하면서 선이 그려진다. 거북이가 이동할 값의 단위는 픽셀이고, 1 픽셀은 점(.) 하나를 찍는 크기이다. t.forward()는 간단히 축약해 t.fd()로 사용할 수 있다.

현재 거북이가 바라보는 방향에서 앞으로 100만큼 이동할 경우, t.forward(100)이라 작성한다.

```
>>> t.forward(100)
```

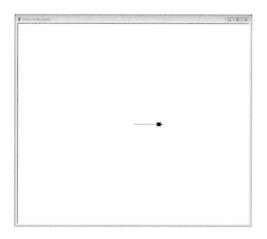

거북이는 방향을 조절할 수 있고, 터틀 그래픽 윈도우가 처음 열리면 거북이 방향(✱)은 0도이다. 0 ~ 360도까지 각도를 조절해 거북이가 바라보는 방향을 바꿀 수 있다.

■ **t.left(): 왼쪽으로 방향 변경**

t.left()는 거북이가 현재 바라보는 방향에서 왼쪽으로 회전하는 것이고, 회전할 각도를 ( ) 안에 넣어준다. 90도 회전하는 경우 **t.left(90)**이고, 거북이 방향(🐢) 0도에서 **t.left(90)**을 수행하면 거북이가 위쪽(🐢)을 바라보게 된다.

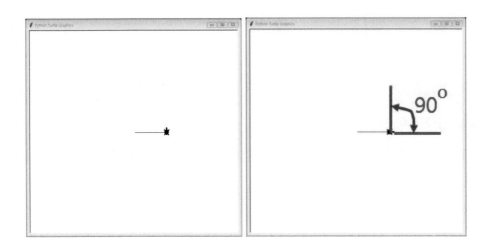

```
>>> t.forward(100)
```

t.forward(100)을 적용하면 거북이가 바라보는 방향에서 100만큼 이동하므로 위쪽 방향으로 선이 그려지게 된다.

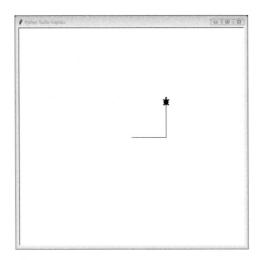

■ t.right(): 오른쪽으로 방향 변경

t.right()는 거북이가 현재 바라보는 방향에서 오른쪽으로 회전하는 것이고, 오른쪽으로 90도 회전할 경우, t.right(90)이다. 거북이 방향(✸) 0도에서 t.right(90)을 하면 거북이가 아래쪽(✸)을 바라보게 된다.

터틀에서 다음과 같이 거북이가 바라보는 방향을 각도로 조절해 사각형을 그릴 수 있다. (0, 0)에서 t.left(90)을 사용해 위쪽으로 사각형을 그리게 된다.

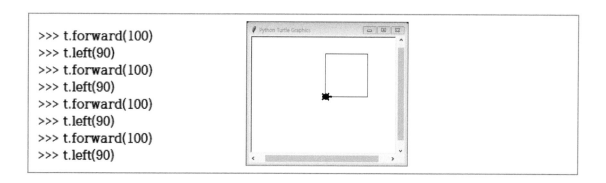

■ t.clear(): 모든 그림 삭제

화면을 지우고 다시 그릴 경우, t.clear()를 사용한다.

■ t.color(): 펜 색상 지정

t.color()를 사용해 색상을 변경할 수 있고 ( ) 안에 색상 이름을 넣어준다. 색을 파란색으로 지정해 그릴 경우, t.color("blue")를 사용한다.

■ t.circle(): 원 그리기

원을 그릴 경우, t.circle()을 사용하고 ( ) 안에 반지름을 넣어준다.

다음처럼 화면을 지우고 새로운 그림을 그릴 경우, t.clear()를 사용한다. #을 사용해 주석문을 넣을 수 있고, 주석문은 문장을 설명하는 것이고 실행 결과와는 무관하다.

```
>>> t.clear()    # 화면 지우기
>>> t.color("blue") # 펜 색을 파란색으로 지정
>>> t.circle(50) # 반지름이 50인 원 그리기
```

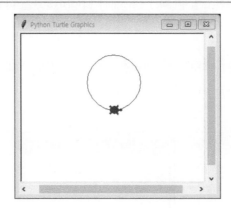

삼각형을 그릴 경우, 각도를 120도로 조정하면 그릴 수 있다.

```
>>> t.forward(100)
>>> t.left(120)
>>> t.forward(100)
>>> t.left(120)
>>> t.forward(100)
>>> t.left(120)
```

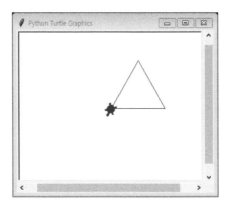

■ t.begin_fill(), t.end_fill(): 색상채우기

지정한 색상으로 도형을 채울 경우, t.begin_fill()과 t.end_fill()을 사용한다. 도형을 그리기 전에 t.begin_fill()을 사용하고 도형을 그린 다음 t.end_fill()을 사용한다.

```
>>> t.color("green")
>>> t.begin_fill()
>>> t.circle(50)
>>> t.end_fill()
```

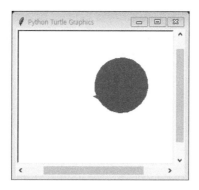

■ turtle.Terminator 발생

터틀을 사용하면서 터틀 그래픽 윈도우를 닫았을 때 다음과 같이 turtle.Terminator가 발생한다. 이 경우 같은 문장을 한 번 더 입력하면 터틀 윈도우가 다시 나타난다.

```
>>> t.shape("turtle")
Traceback (most recent call last):
  File "<pyshell#11>", line 1, in <module>
    t.shape("turtle")
  File "<string>", line 5, in shape
turtle.Terminator
>>> t.shape("turtle")
```

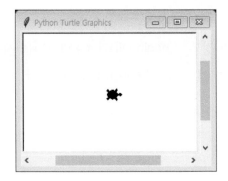

다음 예제는 터틀의 각도를 조절해 다섯 개의 원을 그리는 프로그램이다. t.circle(100)으로 원을 그린 후, t.left(72)를 사용해 터틀의 각도를 72도로 바꿔 다른 원을 그린다. 두 동작을 5번 사용하면, 5개의 원을 그릴 수 있다.

터틀 모듈을 포함시킬 때, import turtle as t처럼 사용하면, 객체를 생성하는 문장 t=turtle.Turtle()을 생략하고 터틀 모듈을 t로 사용할 수 있다.

```
import turtle as t
```

예제 circleDraw.py

```python
import turtle as t # 터틀 모듈을 프로그램에 포함시켜 t로 사용
t.color("blue")
t.circle(100)
t.left(72)
t.circle(100)
t.left(72)
t.circle(100)
t.left(72)
t.circle(100)
t.left(72)
t.circle(100)
```

실행 결과

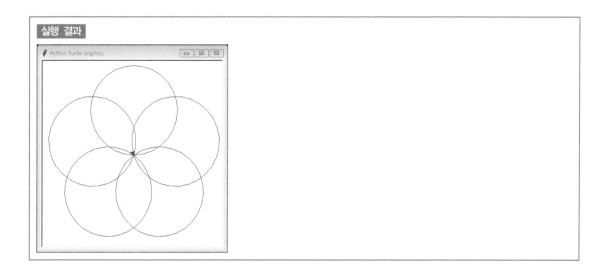

다섯 개의 원을 그리는 동작을 실행할 때 반복문(for 문)을 사용해, 원을 그리고 각도를 조절하는 두 문장을 작성하면 간단하게 다섯 개의 원을 그릴 수 있다. 반복문은 4장에 자세하게 나와 있다.

```
>>> import turtle
>>> t=turtle.Turtle()
>>> t.shape("turtle")
>>> t.color("blue")
>>> for i in range(5):
        t.circle(100)
        t.left(72)

>>>
```

■ 터틀 펜 모양

터틀은 기본 펜 모양인 "classic"(➤) 외에 펜 모양을 다양하게 변경할 수 있는데, "arrow"(▶), "circle"(●), "square"(■), "triangle"(▶), "turtle"(🐢) 등의 모양이 가능하다. 펜을 터틀 모양으로 변경할 경우, t.shape("turtle")을 사용한다.

- print() 함수는 출력할 내용을 ( ) 안에 넣어주면 해당 내용을 출력한다. 변수 값이나 수식이나 메시지를 출력할 수 있다. 여러 가지 내용을 출력하면서 자료형이 서로 다른 경우 **콤마(,)**를 사용한다.

- **이스케이프 문자**(\) 사용한 출력문

문자열 사용	기능
\"	" 표시
\'	' 표시
\t	Tab 문자
\n	줄바꿈 문자
\\	\ 표시

- 사칙연산자에는 **덧셈(+), 뺄셈(-), 곱셈(*), 나눗셈(/)**이 있고, **정수 나누기 연산자(//)**와 **나머지 연산자(%)**와 **제곱 연산자(**)**가 있다.

- input() 함수를 사용해 사용자가 자료를 입력할 수 있고, ( ) 안에 입력 메시지를 넣는다. input() 함수로 입력받은 자료는 문자열(str)이다.

- int()나 float() 함수를 사용해 입력받은 자료를 정수나 실수로 변환한다.

- 한줄 주석문은 #을 사용하고 여러 줄 주석문은 큰 따옴표나 작은 따옴표 세 개를 사용해 그 사이에 주석 내용을 표시한다.

- str() 함수는 숫자를 문자열로 바꾸는 것이다.

- format() 함수는 하나 이상의 숫자를 동일한 수의 문자열로 바꾸는 경우 사용한다.

- **import 문**을 사용해 터틀 모듈을 포함시키면 forward(), left(), right(), circle(), color(), clear(), shape() 등의 그래픽 기능을 활용해 다양한 그림을 그릴 수 있다.

1. 다음과 같이 이름과 나이를 입력받아 출력하는 프로그램을 작성하시오.

> Hint
> ```
> ...
> age = int(input("나이를 입력하세요 -->  "))
> print(name + "님은 " + str(age) + "입니다.")
> ```

```
이름을 입력하세요 -->  홍길동
나이를 입력하세요 -->  22
홍길동님은 22입니다.
```

2. 원의 반지름을 입력받아 원의 면적과 둘레를 계산해서 출력하는 프로그램을 작성하시오.

> Hint
> ```
> radius = int(input("반지름을 입력하세요 -->  "))
> area = 3.141592 * radius * radius
> ...
> ```

```
반지름을 입력하세요 -->  10
반지름이 10 인 원의 넓이 = 314.1592
반지름이 10 인 원의 둘레 = 62.83184
```

3. 세 개의 숫자를 입력받아 합계와 평균을 계산해 출력하는 프로그램을 작성하시오.

> Hint
> ```
> n1 = int(input("첫 번째 숫자를 입력하세요 -->  "))
> ...
> tot = n1 + n2 + n3
> print(n1, n2, n3,"의 합계는", tot, "입니다.")
> ...
> ```

```
첫 번째 숫자를 입력하세요 -->  12
두 번째 숫자를 입력하세요 -->  23
세 번째 숫자를 입력하세요 -->  75
12 23 75 의 합계는 110 입니다.
12 23 75 의 평균은 36.666666666666664 입니다.
```

4. 두 개의 숫자를 입력받아 사칙연산을 계산해 출력하는 프로그램을 작성하시오.

```
Hint    mul = n1 * n2
        div = n1 / n2
        ...
        print("{} * {} = {:.0f}".format(n1, n2, mul ))
        print("{} / {} = {:.1f}".format(n1, n2, div ))
```

```
숫자를 입력하세요 --> 72
숫자를 입력하세요 --> 15
72 + 15 = 87
72 - 15 = 57
72 * 15 = 1080
72 / 15 = 4.8
```

5. 문자열을 입력받아 문자열의 처음 한 문자와 마지막 한 문자를 연결해 출력하는 프로그램을 작성하시오.

```
Hint    sub = str[0:1] + str[-1:]
        ...
```

```
문자열을 입력하시오: 파이썬공부
파부
```

6. 터틀 그래픽에서 width()를 사용해 두께가 5인 사각형을 그리는 프로그램을 작성하시오.

```
Hint    import turtle as t # 터틀 모듈을 프로그램에 포함시켜 t로 사용
        t.color("blue")
        t.width(5)
        ...
```

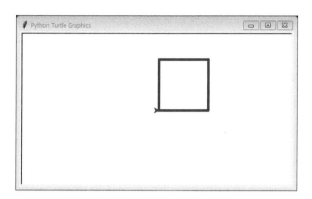

7. 터틀 모듈을 사용해 세 개의 원을 그리는 프로그램을 작성하시오.

Hint
```
import turtle as t # 터틀 모듈을 프로그램에 포함시켜 t로 사용
t.color("blue")
t.width(2)
t.circle(100)
t.left(120)
...
```

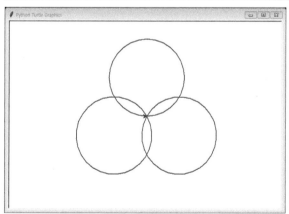

CHAPTER 3

조건문

프로그램에서 각 문장은 위에서부터 아래로 작성한 순서대로 각 문장들을 실행하는데, 프로그램을 작성하다 보면 조건에 따라서 실행 순서를 변경해야 하는 경우도 있다. 프로그램을 작성하면서 조건에 따라 서로 다른 문장을 실행할 때, **if 문**을 사용해 조건에 따라서 필요한 문장을 실행한다.

3.1 불(bool) 자료형과 연산자

불리언은 참과 거짓을 의미하는 자료형으로 파이썬에서는 **bool**로 표기한다. 파이썬에서 참인 경우 **True**로 표시하고, 거짓인 경우 **False**로 표시한다. 자료의 크기를 비교할 때 **bool** 자료형을 사용해 크기를 비교한 결과를 나타낸다.

(1) bool 자료형

파이썬에서 **True**와 **False** 값을 갖는 자료형은 **bool**이다.

type() 함수를 사용해 True와 False의 자료형을 확인할 수 있다.

```
>>> type(True)
<class 'bool'>
>>> type(False)
<class 'bool'>
```

(2) 비교 연산자: ==, !=, <, >, <=, >=

계산을 하면서 두 자료를 서로 비교할 때 **비교 연산자**(==, !=, <, >, <=, >=)를 사용한다. 두 자료가 같은지 비교할 때 ==를 사용하고, 서로 다른지를 비교할 때 !=를 사용한다. 그 외 나머지(<, >, <=, >=)는 두 자료의 크기를 비교하는 것이다. 비교할 대상은 숫자나 문자열이고 문자열인 경우 알파벳 순서나 가나다 순서로 문자열의 크기를 비교한다.

사칙연산자와 비교연산자를 같이 사용한 경우, 사칙연산자가 비교연산자보다 우선순위가 높아서 사칙연산자를 먼저 계산한다.

연산자	의미	연산자	의미
==	같다	!=	다르다
>	크다	>=	크거나 같다
<	작다	<=	작거나 같다

```
>>> 12==12
True
>>> 12!=12
False
>>> 12>=12
True
>>> 12>6
True
>>> "가">="가나"
False
>>> "apple"<"fruit"
True
```

(3) 범위로 표시하기

파이썬에서는 num이 0 ~ 15 사이의 값인지 나타낼 때, 0 <= num <= 15처럼 작성할 수 있다.

```
>>> num = 10
>>> print(0 <= num <= 15)
True
```

3.2 논리 연산자

비교 연산자를 사용해 조건을 나타내기 위해, 변수 값을 서로 비교한 후 True와 False로 나타낸다. 만일 두 가지 이상의 조건을 나타낼 경우, 각 조건에 **논리 연산자**(and, or, not)를 사용해 표시한다.

여러 종류의 연산자를 같이 사용한 경우, 연산자 우선순위는 사칙연산자 > 비교연산자 > 논리연산자 순이다.

연산자	의미	사용 예
not	True나 False를 반대로 전환	not True, not x==10
and	두 조건이 참인 경우만 True, 그 외는 모두 False	x >= 10 and y >= 10
or	두 조건이 거짓인 경우만 False, 그 외는 모두 True	x >10 or y > 10

```
>>> x=10
>>> y=10
>>> x==10
True
>>> x>=10 and y>=10
True
>>> x >10 or y > 10
False
>>> not True
False
```

x가 0일 때, 숫자 0은 False로 변환하기 때문에 not x는 True가 되고, x가 1일 때, 숫자 1은 True로 변환하기 때문에 not x는 False가 된다.

```
>>> x=0
>>> not x
True
>>> x=1
>>> not x
False
```

3.3 if 문

프로그램의 문장들은 위에서부터 아래로 작성된 순서대로 실행하는데, 프로그램을 작성하다 보면 조건에 따라서 실행 순서를 변경해야 하는 경우도 있다. 양자택일 형식으로 두 가지 유형의 문장 중 하나를 선택해서 실행해야 하는 경우도 있고, 조건에 따라 다른 문장을 실행하는 경우도 있다. 이런 경우 if 문을 사용하고 조건에 따라 해당 문장을 실행하므로 조건문이라 부른다.

■ if 문: 조건이 참인 경우에만 실행

```
if 조건식:
    문장
다음문장
```

조건식이 참인 경우에만 문장을 실행할 때 if 조건문을 사용하고, 조건식 다음에 :(콜론)을 사용해 if 문이 끝나지 않았음을 나타낸다. 조건식이 참인 경우에만 문장을 실행하고 거짓이면 **문장**을 실행하지 않고 if 문을 종료하고 **다음문장**으로 바로 넘어간다.

```
>>> 점수=90
>>> if 점수>=90:
        print("점수:",점수,", 등급은 A입니다.")


점수: 90 , 등급은 A입니다.
```

■ if 조건식이 참인 경우, 실행할 문장이 여러 문장인 경우

```
if 조건식:
    문장1
    문장2
    ....
    문장n
다음문장
```

파이썬에서 조건식이 참인 경우에 실행할 문장이 여러 문장인 경우, 같은 들여쓰기로 각 문장을 나타낸다. 일반적으로 4칸을 들여쓰기해서 작성하고 동일한 칸으로 들여쓰기한 문장들을 **블록**이라 부른다. 조건식이 참인 경우, 문장1부터 문장n을 실행하고 들여쓰기가 끝나면 조건문을 종료하고 **다음문장**을 실행한다.

조건식이 거짓이면 문장1부터 문장n을 실행하지 않고 조건문을 종료하고 **다음문장**으로 넘어간다. 조건식이 참인지 판별할 때 조건식에 숫자를 사용한 경우, 0은 거짓(False)이고 그 외의 숫자는 참(True)이고, 문자열인 경우 빈문자열("")만 거짓이다.

```
>>> 점수=90
>>> if 점수>=90:
        print("점수:",점수,", 등급은 A입니다.")
        print("Very good!!")


점수: 90 , 등급은 A입니다.
Very good!!
```

다음 예제는 정수를 입력받고, 양수인지 0인지 음수인지 출력하는 프로그램이다. 양수일 때와 0일 때 두 번 실행한 결과이다.

예제 ifEx.py

```python
num = int(input('정수를 입력하세요 --> '))
if num < 0:
    print('{}은 음수입니다.'.format(num))
if num == 0:
    print('{}은 "Zero"입니다.'.format(num))
if num > 0:
    print('{}은 양수입니다.'.format(num))
```

실행 결과

```
정수를 입력하세요 --> 17
17은 양수입니다.

정수를 입력하세요 --> 0
0은 "Zero"입니다.
```

다음 예제는 점수를 입력받고, 합격인지 불합격인지 출력하는 프로그램이다. 세 가지 유형의 값을 입력받아 세 번 실행한 결과이다.

예제 pass.py

```
num = int(input('점수를 입력하세요(0-100) --> '))
if num < 0 or num > 100:
    print('0 ~ 100 사이 올바른 점수가 아닙니다.')
if 0 < num < 60:
    print('점수가 {}점이라 "불합격"입니다.'.format(num))
if 100 >= num >= 60:
    print('점수가 {}점이라 "합격"입니다.'.format(num))
```

실행 결과

```
점수를 입력하세요(0-100) --> 87
점수가 87점이라 "합격"입니다.

점수를 입력하세요(0-100) --> 34
점수가 34점이라 "불합격"입니다.

점수를 입력하세요(0-100) --> -2
0 ~ 100 사이 올바른 점수가 아닙니다.
```

다음 예제는 1부터 3까지 학과 코드를 입력받고 학과 이름을 출력하는 프로그램이다. 코드 값 1과 4에 대해 두 번 실행한 결과이다.

예제 codeIf.py

```
# 학과 코드를 입력받고 학과이름을 출력하는 프로그램

code=int(input("학과 코드를 입력하세요 (1-3) --> "))

if code==1:    # 컴퓨터공학과 출력
    print("학과 코드:",code,"학과이름 : 컴퓨터공학과")
if code==2:  # 소프트웨어공학과 출력
    print("학과 코드:",code,"학과이름 : 소프트웨어공학과")
if code==3:  # 전자공학과 출력
    print("학과 코드:",code,"학과이름 : 전자공학과")
if code<1 or code >3 :            # 1-3이 아닌 경우
    print("올바른 학과 코드를 입력하세요")
```

학과 코드를 입력하세요 (1-3) --> 1
학과 코드: 1 학과이름 : 컴퓨터공학과

학과 코드를 입력하세요 (1-3) --> 4
올바른 학과 코드를 입력하세요

■ if ~ else 문: 참일 때와 거짓일 때 서로 다른 문장 실행

조건식에 따라 참인 경우와 거짓인 경우, 서로 다른 문장을 실행할 때 if ~ else 문을 사용한다. 조건식에 따라 참일 때 실행할 문장은 동일한 들여쓰기인 블록으로 나타내고, 거짓일 때 실행할 문장도 블록으로 나타낸다.

조건식이 참인 경우 **문장1**부터 **문장n**을 실행한 후 **다음문장**을 실행하고, 거짓인 경우 **문장f1**부터 **문장fn**을 실행하고 **다음문장**을 실행한다. 참이든지, 거짓이든지 들여쓰기가 끝나면 조건문을 종료한다.

조건식 다음에 :(콜론)을 사용하고 else 다음에 :(콜론)을 사용해 if 문이 진행 중이고 실행할 문장이 있음을 나타낸다.

```
if 조건식:
    문장1
    문장2
     ....
    문장n
else:
    문장f1
    문장f2
     ....
    문장fn
다음문장
```

```
>>> score = 90
>>> if 0 < score < 60:
        print("점수가 {}점이라 불합격입니다.".format(score))
else:
    print("점수가 {}점이라 합격입니다.".format(score))


점수가 90점이라 합격입니다.
```

■ if ~ elif ~ else 문: 다중 조건 실행

조건이 여러 개일 때 if ~ elif ~ else 문을 사용한다. **조건식1**부터 **조건식n**에 따라 실행할 문장은 동일한 들여쓰기인 **블록**으로 나타낸다.

조건식1이 참인 경우 **문장1**을 실행한 후 **다음문장**을 실행하고, **조건식1**이 거짓이고 **조건식2**가 참인 경우 **문장2**를 실행한 후 **다음문장**을 실행하고, 동일하게 마지막 **조건식n**만 참인 경우 **문장n**을 실행한 후 **다음문장**을 실행하고, 나열한 모든 조건식이 거짓인 경우 else: 이하 **문장m**을 실행하고 **다음문장**을 실행한다.

각 조건에서 실행할 문장이 여러 문장일 경우 같은 들여쓰기인 블록으로 나타내고 블록이 끝나면 조건문을 종료하고 **다음문장**을 실행한다.

각 조건식 다음에 :(**콜론**)을 사용하고 else 다음에 :(**콜론**)을 사용해 실행할 문장이 있음을 나타낸다.

```
if  조건식1:
    문장1
elif  조건식2:
    문장2
 …
elif  조건식n:
    문장n
else:
    문장m
다음문장
```

```
>>> num = int(input('정수를 입력하세요. --> '))
정수를 입력하세요. --> -7
>>> if num == 0:
    print('{}: "Zero"'.format(num))
elif num < 0:
    print('{}: 음수'.format(num))
else:
    print('{}: 양수'.format(num))

-7: 음수
```

■ 불(bool) 자동 변환

if 조건식에서 불이 아닌 값이 들어있는 경우, 조건식의 참 거짓을 판별해야 하므로 불로 자동 변환해서 처리한다. False로 변환하는 값은 숫자 0과 0.0이고, 빈 문자열이나 공백 리스트([]) 등은 False로 변환한다. 0이나 0.0이 아닌 숫자일 경우 True가 된다.

```
>>> if 0:
        print("숫자 0은 False를 변환되어  출력하지 않습니다")
else:
        print("숫자 0은 False로 변환되어 출력합니다")


숫자 0은 False로 변환되어 출력합니다
>>> if 1.2:
        print("숫자 1.2는 True로 변환되어  출력합니다")
else:
        print("숫자 1.2은 True로 변환되어 출력하지 않습니다")


숫자 1.2는 True로 변환되어  출력합니다
```

자료가 없는 상태를 나타내는 None도 False로 변환하는데, None의 자료형은 NoneType이다.

```
>>> x=None
>>> print(type(x))
<class 'NoneType'>
>>> if x:
        print("x is not None")
else:
        print("x is None")


x is None
>>>
```

■ 중첩 if 문

중첩 if 문은 if 문 안에 다른 if 문을 사용한 것으로 복잡한 조건을 나타낼 때 사용한다.

다음 예제는 양수를 입력받아 홀수인지 짝수인지 판별해 출력하는 프로그램이다.
홀수와 짝수에 대해 두 번 실행한 결과이다.

예제 odd.py

```
num = int(input('정수를 입력하세요 --> '))
if num > 0:
  if num%2:
    print('{}은 홀수입니다.'.format(num))
  else:
    print('{}은 짝수입니다.'.format(num))
else:
  print("정수 값 중 양수로 입력합니다.")
```

실행 결과

```
정수를 입력하세요 --> 9
9은 홀수입니다.

정수를 입력하세요 --> 6
6은 짝수입니다.
```

다음 예제는 점수를 입력받아 학점을 출력하는 프로그램이다.

세 가지 점수에 대해 실행한 결과이다.

예제 grade.py

```python
num = int(input('점수를 입력하세요(0-100) --> '))
if num < 0 or num > 100:
  print('올바른 점수가 아닙니다.')
else:
    # 학점 구하기
    if num >= 90:
        grade = 'A'
    elif num >= 80:
        grade = 'B'
    elif num >= 70:
        grade = 'C'
    elif num >= 60:
        grade = 'D'
    else:
        grade = 'F'
    print('성적은 {}점이고, 학점은 "{}"입니다.'.format(num, grade))
```

실행 결과

점수를 입력하세요(0-100) --> 78
성적은 78점이고, 학점은 "C"입니다.

점수를 입력하세요(0-100) --> 35
성적은 35점이고, 학점은 "F"입니다.

점수를 입력하세요(0-100) --> -45
올바른 점수가 아닙니다.

■ **날짜/시간 활용**

날짜와 시간을 활용하는 프로그램을 작성할 경우, 파이썬에서 제공하는 기능을 사용해 시스템 날짜와 시간을 가져올 수 있다. time이나 datetime 모듈을 사용하면 시스템의 현재 시간과 날짜를 가져올 수 있다. 모듈은 다양한 기능을 모아놓은 것으로, 필요할 때 불러와서 프로그램에 포함시키면 사용할 수 있다.

import를 사용해 모듈을 포함시키면 프로그램에서 사용할 수 있다.

---

import 모듈이름

시스템의 현재 시간을 가져올 경우, datetime.datetime.now()을 사용하고, 실행한 시간을 표시한다.

```
>>> import datetime
>>> now=datetime.datetime.now()
>>> print(now)
2022-07-12 12:04:02.816192
>>> print(now.year)
2022
>>> print(now.month)
7
>>> print(now.day)
12
>>> print(now.hour)
12
>>> print(now.minute)
4
>>> print(now.second)
2
```

현재 날짜를 가져오면 연도, 월, 일, 시간을 사용할 수 있다. 현재 날짜를 now에 저장한 경우, now.year는 연도를 가져오는 것이고, now.month는 월, now.day는 일, now.hour는 시, now.minute는 분, now.second는 초를 가져오는 것이다.

time 모듈을 활용해 time.time() 함수를 사용하면 현재 시간을 초 단위로 가져올 수 있다. 현재 날짜를 계산할 경우, 가져온 초 값을 사용해 현재 년도를 계산해야 한다.

```
>>> import time
>>> now=time.time()
>>> print(now)
1657595349.1094193
>>> year=int(1970+now//(365*24*60*60))
>>> print(year)
2022
```

다음 예제는 시스템 날짜를 가져와서 날짜를 두 가지 형식으로 출력하는 프로그램이다.

예제 time.py

```
import datetime
now=datetime.datetime.now()
print("현재 날짜와 시간 :", now)  # 현재 날짜 출력

#다른 형식으로 날짜 출력
print("{}년 {}월 {}일 {}시".format(now.year,now.month, now.day,now.hour))
```

실행 결과

현재 날짜와 시간 : 2022-07-12 12:21:22.192575
2022년 7월 12일 12시

다음 예제는 datetime 모듈을 사용해 현재 날짜를 가져온 후 계절을 구분해 출력하는 프로그램이다.

import datetime as dt 처럼 as를 사용하면 datetime 모듈 이름을 간단히 줄여서 dt로 사용해, datetime.datetime.now() 대신 dt.datetime.now()로 사용할 수 있다.

```python
import datetime as dt        # datetime 모듈을 dt로 사용
now=dt.datetime.now()        # 맨 앞 datetime 대신 dt로 사용
print("현재 날짜와 시간 :", now)  # 현재 날짜 출력

#계절 출력
if 3<=now.month<=5:
   print("현재 {}월 :봄입니다".format(now.month))
elif 6<=now.month<=8:
    print("현재 {}월 :여름입니다".format(now.month))
elif 9<=now.month<=11:
    print("현재 {}월 :가을입니다".format(now.month))
else:
    print("현재 {}월 :겨울입니다".format(now.month))
```

실행 결과

```
현재 날짜와 시간 : 2022-07-12 12:35:27.965512
현재 7월 :여름입니다
```

다음 예제는 if ~ elif 문을 사용해서 1부터 3까지 학과 코드를 입력받고 학과 이름을 출력하는 프로그램이다. 학과 코드 1과 4를 입력해 두 번 실행한 결과이다.

예제 codeDept.py

```python
# 학과 코드를 입력받고 학과이름을 출력하는 프로그램

code=int(input("학과 코드를 입력하세요 (1-3) --> "))

if code==1:    # 컴퓨터공학과 출력
    print("학과 코드:",code,"학과이름 : 컴퓨터공학과")
elif code==2:  # 소프트웨어공학과 출력
    print("학과 코드:",code,"학과이름 : 소프트웨어공학과")
elif code==3:  # 전자공학과 출력
    print("학과 코드:",code,"학과이름 : 전자공학과")
else:           # 1-3이 아닌 경우
    print("올바른 학과 코드를 입력하세요")
```

학과 코드를 입력하세요 (1-3) --> 1
학과 코드: 1 학과이름 : 컴퓨터공학과

학과 코드를 입력하세요 (1-3) --> 4
올바른 학과 코드를 입력하세요

■ **터틀 모듈 불러오기**

터틀 모듈을 포함시키고 여러 가지 도형을 그릴 수 있다.

```
import turtle as t
```

■ **t.textinput(), t.numinput()**

터틀 그래픽에서 입력 윈도우(창)를 열어 자료를 입력받는 경우, t.textinput(), t.numinput()을 사용한다.

t.textinput()은 문자열을 입력받는 경우 사용하고, t.numinput()은 숫자로 입력받는 경우 사용한다. ( ) 안에 두 개의 값(실인수)이 들어가고, 첫 번째는 윈도우에 표시할 제목이고 두 번째는 입력 메시지를 넣는다.

다음처럼 t.numinput("숫자 입력", "숫자를 입력하시오.")의 경우, 윈도우 제목에 "숫자 입력"이 들어가고, 윈도우 안에 "숫자를 입력하시오." 입력 메시지가 나타난다.

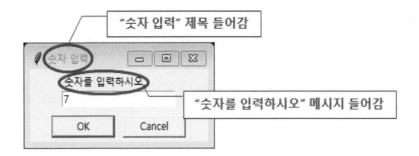

```
>>> import turtle as t
>>> n = t.numinput("", "숫자를 입력하시오.")
>>> n
7.0
```

첫 번째를 빈문자열 ""로 지정할 경우, 기본 제목인 "Python Turtle Graphics"를 표시한다. 입력란에 7을 입력하면 n에 7.0이 들어간다.

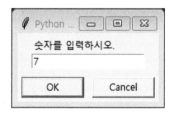

정수로 변환할 경우, int() 함수를 사용한다.

```
>>> n = int(t.numinput("", "숫자를 입력하시오."))
>>> n
7
```

t.numinput의 ( ) 안에, 첫 번째에 "숫자 입력"을 넣는 경우, 윈도우에 "숫자 입력"이 제목으로 들어가고, 두 번째에 "숫자를 입력하시오."를 넣는 경우, "숫자를 입력하시오." 입력 메시지가 윈도우 안에 나타난다.

```
>>> n = t.numinput("숫자 입력", "숫자를 입력하시오.")
```

만일 import turtle을 사용해 터틀 모듈을 포함시킬 경우에는 turtle.numinput("", "숫자를 입력하시오. ")로 사용해야 한다.

```
>>> import turtle
>>> n = turtle.numinput("", "숫자를 입력하시오. ")
```

■ t.write()

터틀 그래픽 윈도우에 메시지를 출력할 때 t.write()를 사용한다. 출력할 내용을 ( ) 안에 표시한다.

■ t.ht(), t.st()

터틀 그래픽 윈도우에서 펜을 숨기거나 숨긴 펜을 다시 표시해야 하는 경우가 있다. t.ht()는 펜을 숨길 때 사용하고, 펜을 다시 표시할 때 t.st()를 사용한다.

다음 예제는 터틀 모듈을 사용해서 0(원), 3(삼각형), 4(사각형)를 입력받고 도형을 그리는 프로그램이다. 0을 입력하면 원이 그려지고 0, 3, 4가 아닌 다른 숫자를 입력하면 "올바른 숫자를 입력하세요."를 터틀 그래픽 윈도우에 출력한다. 메시지를 출력할 때 t.ht()를 사용해 거북이 펜 모양을 숨기고 메시지를 출력한다.

예제 drawPol.py

```
# 도형 그리기 예제
import turtle as t
import random as r  # 난수 생성
t.shape("turtle")   # 펜 모양 거북이로 변경
t.color("blue")     # 펜 색 파란색으로 변경
```

```
n = t.numinput("", "도형을 그릴 숫자를 입력하시오. 0(원), 3(삼각형), 4(사각형)")
if n==0 or 3<=n<=4:    # 0,3,4 입력한 경우
  l=r.randint(70, 100)  # 도형길이 70-100 난수로 생성
  if n==4:        # 사각형 그리기
    for i in range(4):
        t.forward(l)
        t.left(90)
  elif n==3:   # 삼각형 그리기
    for i in range(3):
        t.forward(l)
        t.left(120)
  elif n==0:    # 원 그리기
    t.circle(l)
else:  # 0,3,4 입력하지 않은  경우
    t.ht()  # 거북이 펜 모양 숨기기, 펜 다시 표시할 때 t.st() 사용
    t.write("올바른 숫자를 입력하세요.")  # 터틀 창에 출력
```

실행 결과

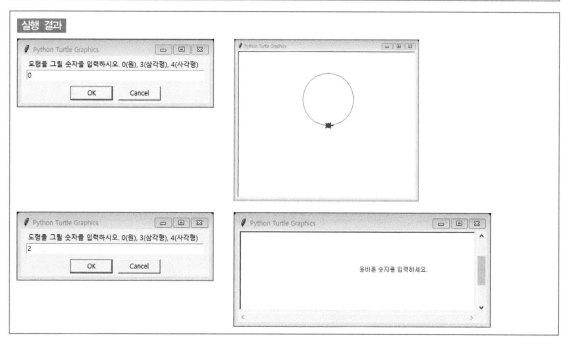

다음 예제는 터틀 모듈을 사용해서 원, 삼각형, 사각형을 입력받고 도형을 그리는 프로그램이다. 원, 삼각형, 사각형 외에 도형이름을 잘못 입력한 경우, "올바른 도형이름을 입력하세요."를 터틀 그래픽 윈도우에 출력한다.

```
# 도형 그리기 예제2
import turtle as t

t.shape("turtle")   # 펜 모양 거북이로 변경
t.color("blue")     # 펜 색 파란색으로 변경

n = t.textinput("", "도형 이름을 입력하시오. 원, 삼각형, 사각형")
if n=="원" or n=="삼각형" or n=="사각형":  # 원, 삼각형, 사각형 입력한 경우
  l=t.numinput("", "도형을 그릴 길이(반지름)를 입력하시오.")
  if n=="사각형":     # 사각형 그리기
    for i in range(4):
      t.forward(l)
      t.left(90)
  elif n=="삼각형":  # 삼각형 그리기
    for i in range(3):
      t.forward(l)
      t.left(120)
  elif n=="원":       # 원 그리기
    t.circle(l)
else:  # 원, 삼각형, 사각형을 입력하지 않은 경우
    t.ht()  # 거북이 펜 모양 숨기기, 펜 다시 표시할 때 t.st() 사용
    t.write("올바른 도형이름을 입력하세요.")  # 터틀 창에 출력
```

실행 결과

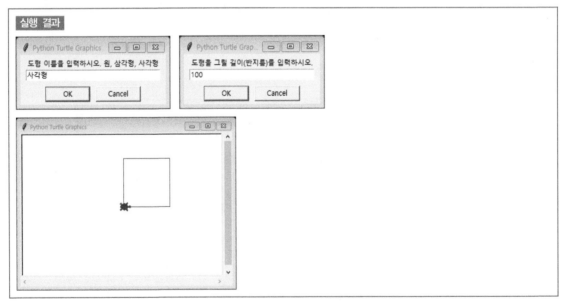

파이썬의 경우, C나 자바처럼 다양한 조건을 나타내는 switch 문을 사용할 수 없다.

■ 비교 연산자(==, !=, <, >, <=, >=)를 사용해 변수 값을 비교한다.

연산자	의미	연산자	의미
==	같다	!=	다르다
〉	크다	〉=	크거나 같다
〈	작다	〈=	작거나 같다

■ 논리 연산자(and, or, not)를 사용해 두 가지 불(bool)로 조건을 표시한다.

연산자	의미	사용 예
not	True나 False를 반대로 전환	not True, not x==10
and	두 조건이 참인 경우만 True, 그 외는 모두 False	x >= 10 and y >= 10
or	두 조건이 거짓인 경우만 False, 그 외는 모두 True	x >10 or y > 10

■ if ~ else 문을 사용해 불 조건식에 따라 실행할 문장을 선택한다.

```
if  조건식:
    문장1
    ....
    문장n
else:
    문장f1
    ....
    문장fn
다음문장
```

■ 다중 조건일 경우 if ~ elif ~ else 문을 사용해 조건에 따라서 실행할 문장을 선택한다.

```
if  조건식1:
   문장1
elif  조건식2:
   문장2
…
elif  조건식n:
   문장n
else:
   문장m
다음문장
```

■ if 조건문에서 실행할 문장이 여러 문장일 때 들여쓰기를 맞춰 **블록**으로 지정해 조건에 따라서 여러 문장을 실행한다. 블록은 동일한 들여쓰기로 실행할 문장을 묶어주는 것이다.

■ **중첩 if 문**은 if 문안에 다른 if 문을 포함시킨 것으로 복잡한 조건을 나타낼 때 사용한다.

■ time이나 datetime 모듈을 사용하면 시스템의 현재 시간과 날짜를 가져올 수 있다.

■ 터틀 그래픽의 입력 윈도우에서 자료를 입력받는 경우 t.textinput(), t.numinput()을 사용한다. t.textinput()은 문자열을 입력받는 경우 사용하고, t.numinput()은 숫자로 입력받는 경우 사용한다.

■ t.write()는 터틀 그래픽 윈도우에 메시지를 출력할 때 사용하고, 출력할 내용을 ( ) 안에 표시한다.

연습 문제

1. 다음과 같이 숫자를 입력받아 각 자리수의 합을 계산해 출력하는 프로그램을 작성하시오.

    > Hint
    > ```
    > total = 0
    > total = total + number % 10
    > number = number // 10
    > ...
    > ```

    ```
    정수를 입력하세요 -->  12345
    12345 자리수의 합:  15
    ```

2. 두 수를 입력받아 평균을 계산하고 두 수 중 큰 수와 작은 수를 출력하는 프로그램을 작성하시오.

    > Hint
    > ```
    > if x > y:
    >     max=x
    >     ...
    > else:
    >     ...
    > ```

    ```
    첫 번째 숫자를 입력하세요 -->   35
    두 번째 숫자를 입력하세요 -->  72
    35 72 의 평균:  53.5
    35 72 중 큰수:  72
    35 72 중 작은수:  35
    ```

3. 체중과 키를 입력받고 BMI 지수를 계산해 비만(30이상), 과체중(24.99~29.99), 정상(18.50~ 24.99), 저체중(18.50 미만)인지 출력하는 프로그램을 작성하시오.

```
Hint
    bmi = (weight / (height**2))
    print("당신의 BMI =", bmi)
    if bmi >=30:
        print("비만입니다.")
    ...
```

```
몸무게를 kg 단위로 입력하세요 --> 60
키를 미터 단위로 입력하세요 --> 1.8
당신의 BMI = 18.51851851851852
정상입니다.
```

4. 화씨를 입력받아 섭씨로 바꾸어 온도에 따라 다음과 같이 출력하는 프로그램을 작성하시오. 27도 이상일 경우 "무더운 날씨입니다.", 10도 이하일 때 "추운 날씨입니다." 그 외는 "시원한 날씨입니다."를 출력한다.

```
Hint
    ctemp = (ftemp-32.0)*5.0/9.0
    print("섭씨온도는 {:.1f}도 입니다.".format(ctemp))
    ...
```

```
화씨온도를 입력하세요 --> 99
섭씨온도는 37.2도 입니다.
무더운 날씨입니다.
```

5. 자판기에서 물건을 구매할 때 물건 값과 투입한 돈을 입력받아 거스름돈을 계산하고 거스름돈의 500원짜리 개수와 100원짜리 개수와 50원짜리 개수와 10원짜리 개수를 출력하는 프로그램을 작성하시오.

```
Hint   change = money-price
       print("거스름돈: ", change)
       coin500s = change // 500
       change500 = change % 500
       …
```

```
물건값을 입력하세요 --> 1320
투입한 돈을 입력하세요 --> 5000
거스름돈:  3680
500원 동전의 개수: 7
100원 동전의 개수: 1
50원 동전의 개수: 1
10원 동전의 개수: 3
```

6. 터틀 그래픽에서 세 가지 색상을 입력받고, 세 가지 색상으로 채워진 원을 그리는 프로그램을 작성하시오.

```
Hint   color2 = input("두번째 색상을 입력하세요. -->  ")
       …
       t.up()
       t.goto(100, 0)
       t.down()
       t.fillcolor(color2)
       t.begin_fill()
       t.circle(50)
       t.end_fill()
```

```
첫번째 색상을 입력하세요. --> blue
두번째 색상을 입력하세요. -->  red
세번째 색상을 입력하세요. --> green
```

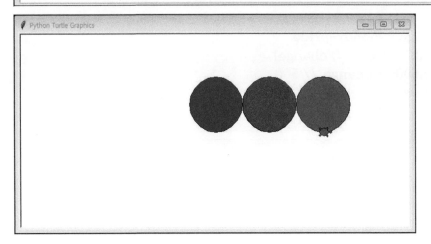

CHAPTER 4

반복문

반복문은 특정한 문장들을 반복해 실행하는 것으로 for 문과 while 문이 있다. for 문은 반복 횟수가 정해진 경우 문장을 반복할 때 주로 사용하고, 특정 조건에 따라 반복하는 경우 while 문을 사용한다.

for 문에서 반복할 횟수를 제어하기 위해 range 함수나 **리스트**를 사용하고, 리스트는 저장할 자료 값을 목록으로 나타낸 것이다. 변수는 하나의 자료를 저장하고 값은 변경할 수 있는 것이고, 반면 리스트는 여러 종류의 자료를 값으로 가질 수 있고 여러 가지 자료 값을 동시에 하나의 리스트에 저장할 수 있다.

4.1 for 문

for 문은 반복할 횟수가 정해진 경우 원하는 문장을 반복할 때 주로 사용하는 반복문이다. 프로그램을 작성하면서 반복이 왜 필요할까요? 만일 한 문장을 출력하는 경우 print 문을 사용하면 된다. 그런데 같은 문장을 10번 출력한다고 할 때 print 문을 10번 사용하는 것은 비효율적이다.

```
>>> print("안녕하세요")
안녕하세요
```

"안녕하세요"를 100번 출력하는 경우 print 문을 100번 사용할 것인가? 반복문을 사용하면 간단히 해결할 수 있다. range() 함수를 사용해 ( ) 안에 반복할 횟수를 지정하면 그 수만큼 print 문을 반복해 "안녕하세요"를 100번 출력한다.

```
>>> for i in range(100):
        print("안녕하세요")
```

가령 하나의 숫자만 출력하는 경우 변수에 값을 대입해 출력하거나, print 문의 ( ) 안에 값을 넣어 바로 출력할 수 있다. 그런데, 상당히 많은 자료를 출력할 경우, 반복문을 사용하면 간단하게 출력할 수 있다.

0부터 10까지 수를 출력할 경우, 하나의 print 문의 ( ) 안에 숫자를 넣어 출력할 수 있다.

```
>>> print(0,1,2,3,4,5,6,7,8,9,10)
0 1 2 3 4 5 6 7 8 9 10
```

0부터 100까지의 수를 출력할 경우, 하나의 print문의 ( ) 안에 0부터 100까지의 모든 값을 나열할 수는 없다. 그런데, 반복문을 사용하면 간단히 해결할 수 있다. range 함수를 사용해 출력할 범위를 지정하면 0부터 100까지의 정수를 간단히 출력할 수 있다.

```
>>> for i in range(101):
        print(i, end=' ')


0 1 2 3 4 5 6 7 8 9 10 11 12 13 14 15 16 17 18 19 20 21 22 23 24 25 26 27 28 29 30 31 32 33
34 35 36 37 38 39 40 41 42 43 44 45 46 47 48 49 50 51 52 53 54 55 56 57 58 59 60 61 62 63 6
4 65 66 67 68 69 70 71 72 73 74 75 76 77 78 79 80 81 82 83 84 85 86 87 88 89 90 91 92 93 94
95 96 97 98 99 100
```

■ **end 사용해 같은 줄에 출력**

print() 함수의 경우 출력한 후 자동으로 줄을 바꿔 다음 줄에 출력한다. 같은 줄에 출력할 경우 end=" "처럼 end에 다른 값(" ")을 지정하면 줄을 바꾸지 않고 같은 줄에 출력할 수 있다. end에 빈칸 " "을 대입해 한 칸씩 여백을 넣을 수도 있고 ","를 넣어서 출력할 수도 있다. end의 기본값은 "\n"으로 줄을 바꿔 다음 줄에 출력하는 것이다.

다음 반복문은 리스트에 있는 자료를 같은 줄에 출력한다.

```
>>> for i in [1,3,5,7,9]:
        print(i, end=" ")


1 3 5 7 9
```

다음과 같이 end를 사용하지 않으면 줄을 바꿔 다음 줄에 출력한다.

```
>>> for i in [1,3,5,7,9]:
        print(i)


1
3
5
7
9
```

4.2 range 함수

range 함수는 일정 범위의 숫자를 만드는 함수로 총 세 가지 값을 넣을 수 있다.

```
range([start,] stop [,step])
```

시작(start)과 종료(stop), 단계(step)를 지정할 수 있고, 시작과 단계는 생략할 수 있다. 생략할 경우, 시작하는 값은 0이고 단계 값은 1씩 증가한다. 종료 값은 **종료 값-1**까지만 범위가 들어간다. range 함수는 필요한 만큼의 숫자를 만들어내는 유용한 기능으로 for 문의 반복 횟수를 설정할 때 자주 사용하는 함수이다.

■ **사용 예**

```
range(10)          # 0,1,2,3,4,5,6,7,8,9 생성
range(1, 10)       # 1,2,3,4,5,6,7,8,9 생성
range(1, 10, 2)    # 1,3,5,7,9 생성
```

range() 함수의 ( ) 안에 한 개만 사용한 경우는 **종료 값**이 되고 0부터 시작해서 1씩 증가하면서 **종료 값-1**까지의 숫자를 만들게 된다.

두 개 사용한 경우는 **시작 값**부터 1씩 증가하면서 **종료 값-1**까지의 숫자를 만들게 된다.

세 개 사용한 경우, 세 번째는 **단계 값(step)**으로 지정한 것이고, 시작 값에서 단계 값만큼 증가하면서 **종료 값-1**까지의 숫자를 만들게 된다.

```
>>> for i in range(10):
        print(i, end=" ")


0 1 2 3 4 5 6 7 8 9
>>> for i in range(1,10):
        print(i, end=" ")


1 2 3 4 5 6 7 8 9
>>> for i in range(1,10,2):
        print(i, end=" ")


1 3 5 7 9
```

만일 시작 값이 종료 값보다 큰 경우, 단계 값은 반드시 음수로 지정하고 **종료 값+1**까지 단계 값만큼 감소시킨다.

```
>>> for i in range(5,1,-1):
        print(i, end=" ")


5 4 3 2
```

4.3 리스트와 for 문

리스트는 여러 가지 자료를 저장할 수 있는 것으로 숫자나 문자를 함께 저장할 수 있고, 숫자나 문자 중 하나의 자료형을 갖는 자료를 저장할 수도 있다.

다음 리스트 num은 1,2,3,4,5 라는 자료 값을 갖는다.

```
>>> num = [1,2,3,4,5]
>>> print(num)
[1, 2, 3, 4, 5]
```

리스트 num은 5개의 숫자를 값으로 갖고, 리스트에 저장된 자료를 **요소**라 한다. 각 요소를 가져올 때 **인덱스**를 사용해 가져올 수 있다. 인덱스는 **0**부터 시작하고 리스트 요소 중 숫자 1을 가져올 경우, num[0]로 나타낸다.

num[0]	num[1]	num[2]	num[3]	num[4]
1	2	3	4	5

```
>>> print(num[0])
1
>>> print(num[0]+num[1])
3
```

■ 리스트 사용

for 문의 범위를 지정할 때 리스트를 사용하면 요소 수만큼 반복 횟수도 지정하고 제어변수에 리스트의 자료를 넣어서 반복문을 실행할 수 있다. 제어변수 i는 반복을 제어하기 위해 사용하는 변수이다.

```
>>> for i in [1,3,5,7,9]:
        print(i)


1
3
5
7
9
```

제어변수 i에 리스트의 각 요소 1, 3, 5, 7, 9가 순서대로 들어가서 print 문을 실행한다. 맨 처음 i에는 1이 들어가고 print(i)를 실행해 1을 출력하고, 그 다음 i에 3이 들어가 3을 출력하고, 마지막으로 9가 들어가서 9를 출력한다.

제어변수 i	반복
1	print(i) -> print(1)
3	print(i) -> print(3)
5	print(i) -> print(5)
7	print(i) -> print(7)
9	print(i) -> print(9)

■ list() 함수 사용해 리스트 만들기

range() 함수로 생성한 숫자 범위를 list() 함수를 사용해 리스트로 만들어 사용할 수 있다.

```
>>> list(range(6))
[0, 1, 2, 3, 4, 5]
>>> list(range(1,6))
[1, 2, 3, 4, 5]
>>> list(range(1,6,2))
[1, 3, 5]
```

4.4 for 문 구조와 활용

for 문은 반복할 횟수를 지정하고 원하는 문장을 반복횟수만큼 반복하면서 실행한다.

```
for 제어변수 in range([start,] stop [,step]):
    문장
```

range(5)의 경우 반복하는 횟수는 5번이고, 제어변수 i에는 0부터 4까지의 값이 순서대로 들어가서 print(i,end=" ") 문장을 5번 반복하면서 i를 출력한다.

```
>>> for i in range(5):
        print(i,end=" ")


0 1 2 3 4
```

range(1, 5)의 경우 1부터 4까지의 값이 i에 순서대로 들어가서 반복하는 횟수는 4번이고, print(i,end=" ") 문장을 4번 반복하면서 i를 출력한다.

```
>>> for i in range(1, 5):
        print(i,end=" ")


1 2 3 4
```

range(1, 5, 2)의 경우 1부터 2씩 증가하면서 4까지의 값 중에서, 1, 3이 i에 들어가서 반복하는 횟수는 2번이고, print(i,end=" ") 문장을 2번 반복하면서 i를 출력한다.

```
>>> for i in range(1, 5, 2):
        print(i,end=" ")


1 3
```

시작 값이 종료 값보다 큰 경우, 단계 값은 반드시 **음수**로 지정해야 한다. i에 10부터 2까지, 값이 2씩 감소하면서 들어가서 반복하는 횟수는 5번이고 **print(i,end=" ")** 문장을 5번 반복하면서 i를 출력한다.

```
>>> for i in range(10,1,-2):
        print(i,end=" ")


10 8 6 4 2
```

1부터 5까지의 합계를 구할 때 **range(1,6)**처럼 종료 값을 6을 넣어야 5까지의 합계를 구할 수 있다. 합계를 계산할 때 hap의 초깃값은 **0**으로 지정해야 한다.

```
>>> hap=0
>>> for i in range(1,6):
        hap += i


>>> print(hap)
15
```

2부터 10까지 짝수의 합계를 구할 때 **range(2,11,2)**처럼 시작 값은 2, 종료 값은 11, 단계 값은 2로 지정하면 2부터 10까지 짝수의 합계를 구할 수 있다.

```
>>> hap=0
>>> for i in range(2,11,2):
        hap += i


>>> print(hap)
30
```

다음 예제는 for 문을 사용해 길이를 입력받아 사각형을 그리는 프로그램이다. (0, 0)에 사각형을 그리고, numinput()를 사용해 터틀 그래픽의 입력 윈도우에서 길이를 입력받는다.

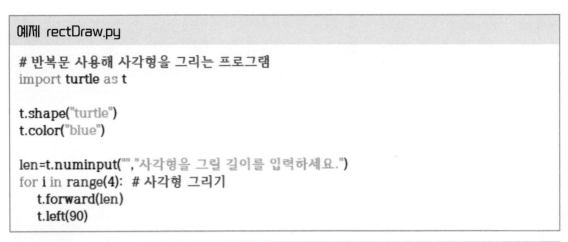

```
예제 rectDraw.py

# 반복문 사용해 사각형을 그리는 프로그램
import turtle as t

t.shape("turtle")
t.color("blue")

len=t.numinput("","사각형을 그릴 길이를 입력하세요.")
for i in range(4):  # 사각형 그리기
    t.forward(len)
    t.left(90)
```

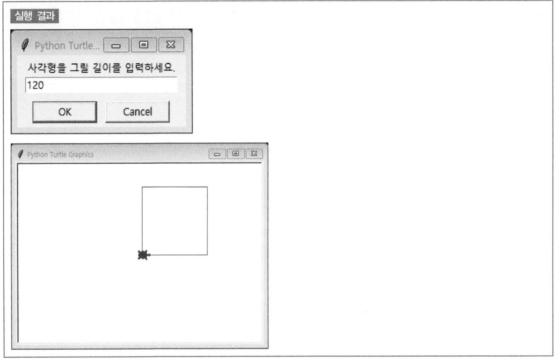

다음 예제는 for 문을 사용해 몇 각형을 그릴 것인지 입력받고 도형을 그릴 길이를 입력받아 n각형을 그리는 프로그램이다. numinput()으로 입력받은 값은 실수라서 int() 함수를 사용해 입력받은 n각형을 정수형으로 바꾸고, str() 함수를 사용해 문자열로 바꿔 길이를 입력할 때 입력 메시지에 표시한다.

```
# 반복문 사용해 n각형을 그리는 프로그램
import turtle as t  # 터틀 모듈을 프로그램에 포함시켜 t로 사용

t.shape("turtle")
t.color("blue")

n=int(t.numinput("","몇각형을 그릴까요?"))

# n을 문자열로 바꿔 입력창에 표시
leng=t.numinput("",str(n)+"각형의 길이를 입력하세요.")
for i in range(n):  # n각형 그리기
    t.forward(leng)
    t.left(360/n)
```

실행 결과

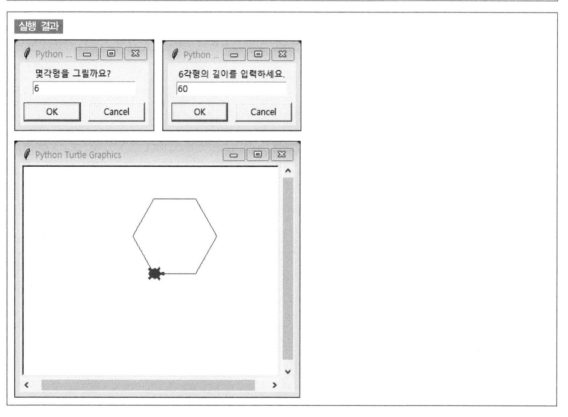

■ 리스트 사용

리스트를 사용해 for 문의 반복 횟수를 지정할 수 있고, 리스트의 요소 수만큼 반복한다.

```
for 제어변수 in 리스트:
    문장
```

제어변수에 리스트의 각 요소가 들어가 **문장**을 실행한다.

리스트의 요소의 수만큼 **문장**을 반복하게 된다. 만일 여러 문장을 반복 실행할 경우, 같은 들여쓰기로 문장을 작성해 블록으로 지정하면 여러 문장들을 실행할 수 있다.

리스트에 있는 모든 요소들 1, 3, 5, 7, 9의 합계를 구하는 과정이다.

```
>>> 리스트=[1,3,5,7,9]
>>> hap=0
>>> for i in 리스트:
        hap += i


>>> print(hap)
25
```

리스트의 합계를 구할 경우, sum() 함수를 사용하면 반복문 없이 모든 요소의 합계를 구할 수 있다.

```
>>> 리스트=[1,3,5,7,9]
>>> hap=sum(리스트)
>>> print(hap)
25
```

■ 문자열 사용

```
for 제어변수 in 문자열:
    문장
```

for 문의 in 다음에 문자열을 사용할 경우, 문자열에 있는 각 문자를 한 문자씩 가져와 반복할 수 있다.

```
>>> 문자열="안녕하세요"
>>> for 문자 in 문자열:
        print("문자:",문자)


문자: 안
문자: 녕
문자: 하
문자: 세
문자: 요
```

다음 예제는 양의 정수 n을 입력받아 1부터 n까지의 합계를 구해 출력하는 프로그램이다. 실행 결과는 5와 -5를 각각 입력한 경우이다. 음수를 입력받은 경우, "입력은 양수로 하세요."를 출력한다.

예제 sumEx.py

```
# 1부터 입력받은 정수까지의 합계 구하기
n=int(input("양수를 입력하세요 --> "))
hap=0 # 합계 계산할 때 초기값은 0
if n>=1:  # 1보다 큰 양수일 때 합계 계산
    for i in range(1, n+1): # 1부터 n까지 합계 구하기
        hap += i            #  hap = hap + i
    print("1부터", n, "까지의 합계는", hap, "이다.")
else: # 음수나 0인 경우
    print("입력은 양수로 하세요.")
```

실행 결과

```
양수를 입력하세요 --> 5
1부터 5 까지의 합계는 15 이다.

양수를 입력하세요 --> -5
입력은 양수로 하세요.
```

n=5일 경우 i에는 1부터 5까지 들어가서 **hap += i** 문장을 반복해 합계를 구한다. hap을 계산하는 과정은 다음과 같다.

i	hap
1	0+1 -> **1**
2	0+1+2 -> **3(1+2)**
3	0+1+2+3 -> **6(3+3)**
4	0+1+2+3+4 -> **10(6+4)**
5	0+1+2+3+4+5 -> **15(10+5)**

■ **출력 방법**

1부터 5까지의 합계를 출력할 때 다음 세 가지 유형으로 출력할 수 있다.

❶ 출력할 내용들을 콤마(,)로 구분하여 출력한다.

```
>>> print("1부터", n, "까지의 합계는", hap, "이다.")
1부터 5 까지의 합계는 15 이다.
```

❷ format() 함수를 사용해 다음과 같이 출력할 수 있다.

```
>>> print("1부터 {}까지의 합계는 {}이다".format(n, hap))
1부터 5까지의 합계는 15이다
```

❸ %를 사용해 출력할 수 있다.

정수를 출력할 때 print() 함수의 " " 안에, 정수 값을 출력할 위치에 **%d**를 넣어주고 **%(n, hap)** 처럼 출력할 변수들을 ( ) 안에 표시하면 여러 개의 변수들을 지정한 형식으로 출력할 수 있다. 문자열을 출력하는 경우 **%s**, 실수를 출력하는 경우 **%f**를 사용한다.

```
>>> print("1부터 %d까지의 합계는 %d이다" %(n, hap))
1부터 5까지의 합계는 15이다
```

다음 예제는 정수 n을 입력받아 1부터 n까지 n!(팩토리얼)을 구해 출력하는 프로그램이다. 음수를 입력받은 경우, "입력은 양수로 하세요."를 출력한다.

예제 fac.py

```python
# 1부터 입력받은 정수 n 까지의 n! 팩토리얼 구하기
n=int(input("양수를 입력하세요 --> "))
fac=1 # 곱할 때 초깃값은 1
if n>=1:  # 1보다 큰 양수일 때 팩토리얼 계산
    for i in range(1, n+1): # 1부터 n까지 팩토리얼 구하기
        fac *= i                # fac = fac * i
    print(n, "! 은 ", fac, "이다.")
else:  # 음수나 0인 경우
    print("입력은 양수로 하세요.")
```

실행 결과

```
양수를 입력하세요 --> 3
3 ! 은  6 이다.

양수를 입력하세요 --> -3
입력은 양수로 하세요.
```

다음 예제는 for 문을 사용해 문자열을 역순으로 저장할 수 있다.

```python
>>> str = "안녕하세요"
>>> reverse_str = ""
>>> for i in str:
        reverse_str = i + reverse_str


>>> print(str+" 역순으로 표시: "+reverse_str)
안녕하세요 역순으로 표시: 요세하녕안
```

다음 예제는 문자열을 역순으로 저장해 출력하는 프로그램이다.

```
# 문자열을 역순으로 표시해 출력하기
str = 'Hello, World!'
reversed_str = ''  # 역순 문자열 초기값 지정

# for 문 사용해 한 문자씩 역순으로 바꾸기
for i in str:
    reversed_str = i + reversed_str
print(str+" 역순으로 표시: "+reversed_str)
```

실행 결과

```
Hello, World! 역순으로 표시: !dlroW ,olleH
```

다음 예제는 반복문을 사용해 5개의 원을 그리는 프로그램이다.

```
# 반복문 사용해 5개의 원 그리기

import turtle  as  t # 터틀 모듈을 프로그램에 포함시켜 t로 사용
t.color("blue")

for i in range(5):
    t.circle(100)
    t.left(360/5)
```

실행 결과

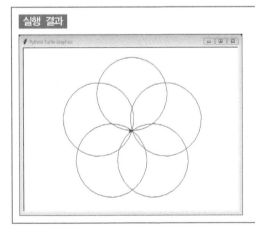

■ 리스트 요소 범위 지정

리스트 요소들의 범위를 나타낼 때 :(콜론)을 사용해 여러 요소들의 범위를 지정할 수 있다. num[1:3]
은 인덱스 1부터 2(3−1)까지 요소를 리스트로 가져오는 것이다.

```
>>> num=[0,1,2,3,4,5]
>>> num
[0, 1, 2, 3, 4, 5]
>>> num[1:3]
[1, 2]
```

num[0]	num[1]	num[2]	num[3]	num[4]	num[5]
0	1	2	3	4	5

리스트의 각 요소에 다른 값을 대입해 리스트 각 요소의 자료 값을 변경할 수 있다. num[0]=10처
럼 인덱스 0의 요소를 10으로 변경할 수 있다.

```
>>> num=[0,1,2,3,4,5]
>>> num
[0, 1, 2, 3, 4, 5]
>>> num[0]=10
>>> num
[10, 1, 2, 3, 4, 5]
>>> print (num)
[10, 1, 2, 3, 4, 5]
```

num[0]	num[1]	num[2]	num[3]	num[4]	num[5]
10	1	2	3	4	5

인덱스를 음수로 사용해서 요소를 나타낼 수 있다.

```
>>> num[-1]
5
>>> num[-2]
4
```

num[-6]	num[-5]	num[-4]	num[-3]	num[-2]	num[-1]
10	1	2	3	4	5

요소의 자료가 문자열인 경우 인덱스를 이중으로 사용해 문자열 중 원하는 문자를 가져올 수 있다.

```
>>> 리스트=[12, 57, 78.3, "파이썬", True]
>>> 리스트[3]
'파이썬'
>>> 리스트[3][0]
'파'
```

리스트[3]은 "파이썬"이고 리스트[3][0]은 "파"이다.

리스트[0]	리스트[1]	리스트[2]	리스트[3]	리스트[4]
12	57	78.3	"파이썬"	True

리스트 안에 다른 리스트를 사용할 수 있다.

다음에서 리스트1[0]은 [1, 3, 5, 7, 9]이고, 리스트1[0][1]은 [1, 3, 5, 7, 9]에서 인덱스 1의 요소를 가져와서 3이다.

```
>>> 리스트1 = [[1,3,5,7,9], [2,4,6,8,10]]
>>> 리스트1[0]
[1, 3, 5, 7, 9]
>>> 리스트1[0][1]
3
```

■ IndexError 발생

문자열에서 인덱스 범위를 벗어날 때 IndexError가 발생하듯이, 리스트의 인덱스 범위를 초과하는 경우 IndexError가 발생한다.

다음 **리스트**의 인덱스 범위는 0 ~ 3이고 리스트[4]라고 할 경우, IndexError가 발생한다.

```
>>> 리스트 = [12, 57, 77, 158]
>>> 리스트[4]
Traceback (most recent call last):
  File "<pyshell#58>", line 1, in <module>
    리스트[4]
IndexError: list index out of range
```

■ 리스트 연결: +

두 리스트를 연결해 하나의 리스트를 만들 때 + 연산자를 사용한다.

```
>>> 리스트1=[1, 3, 5]
>>> 리스트2=[7, 9, 11]
>>> 리스트 = 리스트1 + 리스트2
>>> print(리스트)
[1, 3, 5, 7, 9, 11]
```

■ len() 함수: 리스트 길이

len()은 리스트 요소의 수를 가져오는 함수이다.

```
>>> 리스트=[1,3,5,7,9]
>>> print(len(리스트))
5
```

다음 예제는 두 리스트를 연결한 후 연결한 리스트를 출력하고 리스트의 길이도 출력하는 프로그램이다.

```
# 두 리스트 연결
리스트1=[1,3,5]
리스트2=[7,9,11]
리스트=리스트1+리스트2
print("리스트1 =", 리스트1)
print("리스트2 =", 리스트2)
print(리스트1,",",리스트2,"연결 =", 리스트)

# len() 함수로 리스트 길이 구해 출력
print(리스트, "의 길이 :",len(리스트))
```

실행 결과

```
리스트1 =  [1, 3, 5]
리스트2 =  [7, 9, 11]
[1, 3, 5] , [7, 9, 11] 연결 = [1, 3, 5, 7, 9, 11]
[1, 3, 5, 7, 9, 11] 의 길이 : 6
```

■ **리스트 반복: ***

리스트의 요소를 반복하는 경우 *를 사용한다. 리스트1에 0을 5개 넣는 경우 [0]*5로 표시한다.

```
>>> 리스트1=[0]*5
>>> print(리스트1)
[0, 0, 0, 0, 0]
```

리스트1의 모든 요소를 3번 반복할 경우, 리스트1*3이다.

```
>>> 리스트1 = [1, 3, 5]
>>> 리스트2 = 리스트1 * 3
>>> 리스트2
[1, 3, 5, 1, 3, 5, 1, 3, 5]
```

■ for 문 사용해 리스트 만들기

규칙이 있는 값을 갖는 리스트를 만들 때 for 문을 활용하면 쉽게 만들 수 있다. 1부터 19까지 홀수 값을 갖는 리스트를 간단히 만들 수 있다.

```
>>> 리스트 = [i for i in range(1, 20, 2)]
>>> 리스트
[1, 3, 5, 7, 9, 11, 13, 15, 17, 19]
```

2부터 20까지 짝수 값을 갖는 리스트도 만들 수 있다.

```
>>> 리스트 = [i for i in range(2, 21, 2)]
>>> 리스트
[2, 4, 6, 8, 10, 12, 14, 16, 18, 20]
```

1부터 5까지 제곱을 갖는 리스트를 만들 수 있다.

```
>>> 리스트 = [i**2 for i in range(1, 6)]
>>> 리스트
[1, 4, 9, 16, 25]
```

1부터 10까지 2로 나눠서 나머지가 1인 홀수의 리스트를 만들 수 있다.

```
>>> 리스트 = [i for i in range(1, 11) if i%2]
>>> 리스트
[1, 3, 5, 7, 9]
```

1부터 10까지 2로 나눠서 나머지가 0인 짝수의 리스트를 만들 수 있다.

```
>>> 리스트 = [i for i in range(1, 11) if not i%2]
>>> 리스트
[2, 4, 6, 8, 10]
```

4.5 while 문

while 문은 조건을 만족하는 동안 반복 수행하는 반복문이다. 만일 조건이 거짓일 때 한 번도 실행하지 않는 경우도 있다.

```
while 조건식:
    문장
다음문장
```

조건식이 참인 동안만 **문장**을 반복해 실행하고, 조건이 거짓이면 반복을 끝내고 **다음문장**으로 넘어간다.

1부터 5까지의 합계를 구하는 while 문이다.

```
>>> i = 1
>>> hap = 0
>>> while i <= 5:        # 1부터 5까지의 합
        hap += i    # hap = hap + i
        i += 1        # i = i + 1


>>> print(hap)
15
```

1부터 5까지의 합계를 구하는 과정으로 처음에 i에 1을 넣고 i는 5보다 작거나 같은 조건을 만족하므로 hap에 i 값을 더하면 i가 1일 때는 1까지의 합, 1이 hap에 들어간다. i를 1 증가하면 i는 2가 되고 다시 조건을 비교하여 참이므로 hap에 i 값을 더하면 2까지의 합, 3(1+2)이 들어간다. i를 1 증가하는 과정을 반복적으로 수행하게 되고 i가 5가 될 때까지 수행하므로 1부터 5까지의 합을 구하는 과정이다.

■ break 사용해 반복문 끝내기

특정한 조건을 만족하는 경우 반복문을 끝내고 반복문을 빠져나올 때 break 문을 사용한다. while True:를 사용해서 조건식을 참(True)으로 지정하면, while 문을 무한 반복하기 때문에 반복문을 끝내기 위해 break 문을 사용한다.

양수를 입력받으면 입력받은 숫자를 출력하고 while 문을 반복 수행하고, 0이나 음수를 입력받는 경우 "양수만 입력하세요"를 출력하고 break를 사용해 while 문을 빠져나온다.

```
>>> while True:  # 조건식을 항상 참으로 지정
        num = int(input("양수를 입력하세요 --> "))
        if num <= 0:
                print("양수만 입력하세요")
                break   # while 문 빠져나가기
        print("입력한 숫자:",num)


양수를 입력하세요 --> 17
입력한 숫자: 17
양수를 입력하세요 --> 65
입력한 숫자: 65
양수를 입력하세요 --> 12
입력한 숫자: 12
양수를 입력하세요 --> -5
양수만 입력하세요
```

다음 예제는 숫자를 입력받고 입력받은 숫자의 합계를 구하는 프로그램이고, 음수를 입력받으면 종료한다. while True: 문장을 사용해 조건식을 참으로 지정해 무한 반복하고, 음수를 입력받으면 break 문을 사용해 while 문을 빠져나오게 한다. 특정 조건을 만족할 경우, while 문을 끝내기 위해 break를 사용한다. 입력받는 값이 정수나 실수일 경우 float() 함수를 사용해야 한다.

예제 sumEx.py

```
# 입력받은 숫자들의 합계와 평균을 구하는 프로그램
hap=0        # 합계 계산할 때 초기값은 0
count=0      # 평균을 구하기 위해 숫자 개수 저장
while True: # 무한 반복 -- 조건을 항상 참으로 지정
    num=float(input("숫자를 입력하세요 --> "))
    if num <= 0:
        break   # while 문을 빠져나가기
    hap += num   # hap = hap + num
    count += 1
avg = hap/count
print("합계:", hap, " 평균:", avg)
```

실행 결과

```
숫자를 입력하세요 --> 12.3
숫자를 입력하세요 --> 3.5
숫자를 입력하세요 --> 7
숫자를 입력하세요 --> 8
숫자를 입력하세요 --> 92.4
숫자를 입력하세요 --> -2
합계: 123.2 평균: 24.64
```

■ continue 문: 반복 시작 부분으로 올라가기

continue 문은 반복문을 실행하면서 특정 조건을 만족할 경우, 중간에서 멈추고 반복을 시작하는 부분으로 이동해 반복문의 조건이 참일 경우 다시 반복해 실행한다. 예를 들면 점수가 70점 이상일 경우만 합계를 구할 때 유용하게 사용할 수 있다.

리스트의 각 요소가 70점 이상인 경우에만 합계를 구하는 while 문이다.

```
>>> hap = 0
>>> s_list = [78, 34, 87, 90, 12, 80]
>>> i = 0
>>> while i < len(s_list):
        if s_list[i] < 70:
                i += 1
                continue  # 점수가 70미만이면 합계구하지 않음.
        hap += s_list[i]
        i +=1


>>> print(hap)
335
```

리스트를 사용할 경우 for 문으로 작성하는 것이 더 효율적이다. 다음 예제는 리스트의 각 요소가 70점 이상인 경우에만 합계를 구하는 예제를 for 문으로 작성한 것이다.

```
>>> hap = 0
>>> for score in [78, 34, 87, 90, 12, 80]:
        if score < 70:
                continue   # 점수가 70미만이면 합계구하지 않음.
        hap += score


>>> print(hap)
335
```

다음 예제는 점수를 입력받아 70점 이상인 경우만 합계를 구하고 음수를 입력받으면 반복문을 끝내고 합계를 출력하는 프로그램이다.

```
# 리스트에서 70이상만 합계 구하기
hap = 0

while True:
    score=float(input("점수를 입력하세요 --> "))
    if score <= 0:  # 점수가 음수일 경우 반복문 끝내기
        break
    elif score < 70:
        continue # 점수가 70 미만이면 합계 구하지 않음.

    # 점수가 70보다 큰 경우만 합계구하기
    hap += score # hap = hap + score

print("70이상인 점수의 합계:",hap)
```

실행 결과

```
점수를 입력하세요 --> 58.6
점수를 입력하세요 --> 71
점수를 입력하세요 --> 67.5
점수를 입력하세요 --> 80
점수를 입력하세요 --> 91
점수를 입력하세요 --> -5
70이상인 점수의 합계: 242.0
```

- sleep() 함수

sleep()은 time 모듈에 있는 함수로 터틀의 동작을 일시적으로 정지할 경우 사용한다. sleep()의 ( ) 안에 정지할 초 값을 넣어주는데, 만일 3을 넣는 경우 3초 정지하게 된다. time 모듈을 포함시켜 사용한다.

다음 예제는 원, 삼각형, 사각형을 입력받아 도형을 그리는 프로그램이다.

반복문을 끝낼 경우, 's'나 'S'를 입력하고, 그려진 도형을 지우기 전에 동작을 멈추기 위해 time 모듈의 sleep() 함수를 사용한다. sleep(3)은 3초 정지한 후 clear()를 사용해 화면을 지우고, 다시 다른 도형 그리기를 반복한다. 원, 삼각형, 사각형 외에 도형이름을 잘못 입력한 경우, "올바른 도형이름을 입력하세요."라는 메시지를 터틀 그래픽 윈도우에 출력하고 다시 도형 이름을 입력받는다.

```python
# 반복문 사용해 도형을 그리는 프로그램
import turtle as t
import time as tm

t.shape("turtle")
t.color("blue")
d_list=["사각형","삼각형","원"]

while True:
    s = t.textinput("", "도형을 입력하시오: ")
    if s =="s" or s =="S":  # 반복문 끝내기
        break
    if s in d_list : # s =="원" or s =="삼각형" or s =="사각형"
        leng = t.numinput("도형 그리기","길이(반지름) 입력 ")
        if s == "사각형" :  # 사각형 그리기
            for i in range(4):
                t.forward(leng)
                t.left(90)
        elif s=="삼각형":  # 삼각형 그리기
            for i in range(3):
                t.forward(leng)
                t.left(120)
        elif s=="원":        # 원 그리기
            t.circle(leng)
    else:      # 원, 삼각형, 사각형을 입력하지 않은 경우
        t.ht() # 거북이 펜 모양 숨기기, 펜 다시 표시할 때 t.st() 사용
        t.write("올바른 도형이름을 입력하세요.") # 터틀 창에 출력
    tm.sleep(3)  # 도형 지우기전 3초 멈추기
    t.clear()        # 화면 지우기
    t.st()            # 거북이 펜 모양 다시 표시
```

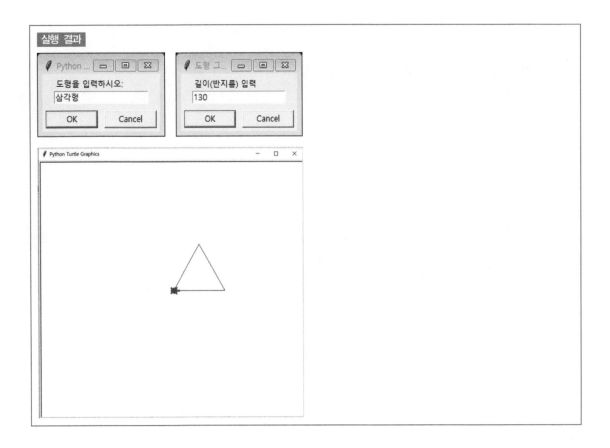

4.6 중첩 반복

반복문 안에 다른 반복문을 사용할 수 있고, 중첩 반복할 때 for 문이나 while 문을 사용할 수 있다.

■ **사용 예**

```
for i in range(1,4):        // ①
    for j in range(1,4):    // ②
        print("i =", i, "j =", j)
```

①번 반복문은 i가 1부터 3까지 i를 1 증가하면서 ②번 반복문을 실행하는 것이고, ②번 반복문은
j가 1부터 3까지 j를 1 증가시키면서 print 문을 3번 실행하는 반복문이다.

①번 반복문에서 i가 1일 때 조건이 참이어서 ②번 반복문을 실행하고 i는 1 증가한다. i가 2일 때 조건이 참이어서 ②번 반복문을 실행하고 i는 1 증가한다. 같은 방법으로 i가 4가 되면 반복문을 끝내게 되어 print 문을 3×3번 실행한다.

```
>>> for i in range(1, 4):
        for j in range(1, 4):
            print("i =", i, "j =",j)


i = 1 j = 1
i = 1 j = 2
i = 1 j = 3
i = 2 j = 1
i = 2 j = 2
i = 2 j = 3
i = 3 j = 1
i = 3 j = 2
i = 3 j = 3
```

i	j	실행문장	출력결과
1	1	print("i =", i, "j =", j)	i = 1 j = 1
	2	print("i =", i, "j =", j)	i = 1 j = 2
	3	print("i =", i, "j =", j)	i = 1 j = 3
2	1	print("i =", i, "j =", j)	i = 2 j = 1
	2	print("i =", i, "j =", j)	i = 2 j = 2
	3	print("i =", i, "j =", j)	i = 2 j = 3
3	1	print("i =", i, "j =", j)	i = 3 j = 1
	2	print("i =", i, "j =", j)	i = 3 j = 2
	3	print("i =", i, "j =", j)	i = 3 j = 3

다음 예제는 구구단을 출력하는 프로그램인데, print 문의 ( ) 안에 end=" "를 사용해 구구단의 각 단은 같은 줄에 출력한다. 자릿수를 맞춰 출력하기 위해 출력문 안에 %2d를 사용한다. 프로그램을 실행할 때 사용한 글꼴은 바탕체로 실행한 결과이다.

```
# 구구단 계산해 출력하기
for i in range(1,10):  # i는 단
  for j in range(1,10):  # j는 각 단의 열
    # end=" " 사용해 같은줄에 출력
    print("%d * %d = %2d" %(i, j, i*j), end=" ")
  print()  # 줄 바꿔 다음 단 출력
```

실행 결과

```
1 * 1 =  1 1 * 2 =  2 1 * 3 =  3 1 * 4 =  4 1 * 5 =  5 1 * 6 =  6 1 * 7 =  7 1 * 8 =  8 1 * 9 =  9
2 * 1 =  2 2 * 2 =  4 2 * 3 =  6 2 * 4 =  8 2 * 5 = 10 2 * 6 = 12 2 * 7 = 14 2 * 8 = 16 2 * 9 = 18
3 * 1 =  3 3 * 2 =  6 3 * 3 =  9 3 * 4 = 12 3 * 5 = 15 3 * 6 = 18 3 * 7 = 21 3 * 8 = 24 3 * 9 = 27
4 * 1 =  4 4 * 2 =  8 4 * 3 = 12 4 * 4 = 16 4 * 5 = 20 4 * 6 = 24 4 * 7 = 28 4 * 8 = 32 4 * 9 = 36
5 * 1 =  5 5 * 2 = 10 5 * 3 = 15 5 * 4 = 20 5 * 5 = 25 5 * 6 = 30 5 * 7 = 35 5 * 8 = 40 5 * 9 = 45
6 * 1 =  6 6 * 2 = 12 6 * 3 = 18 6 * 4 = 24 6 * 5 = 30 6 * 6 = 36 6 * 7 = 42 6 * 8 = 48 6 * 9 = 54
7 * 1 =  7 7 * 2 = 14 7 * 3 = 21 7 * 4 = 28 7 * 5 = 35 7 * 6 = 42 7 * 7 = 49 7 * 8 = 56 7 * 9 = 63
8 * 1 =  8 8 * 2 = 16 8 * 3 = 24 8 * 4 = 32 8 * 5 = 40 8 * 6 = 48 8 * 7 = 56 8 * 8 = 64 8 * 9 = 72
9 * 1 =  9 9 * 2 = 18 9 * 3 = 27 9 * 4 = 36 9 * 5 = 45 9 * 6 = 54 9 * 7 = 63 9 * 8 = 72 9 * 9 = 81
```

■ **터틀 모듈**: t.penup(), t.pendown()

터틀 그래픽 윈도우에서 터틀의 위치를 이동하면서 선을 그리므로 터틀이 이동하면 선이 자동으로 그려지게 된다. 터틀이 이동할 때 선이 그려지지 않게 하려면 어떻게 하면 가능할까요? t.penup() 은 펜을 드는 기능으로 터틀이 이동하더라도 선을 그리지 않는 것이고, t.pendown()은 펜을 내려 터틀이 이동할 때 다시 선을 그리게 하는 것이다. t.penup()은 t.up(), t.pendown()은 t.down()으로 축약해 사용할 수 있다.

■ **터틀 모듈**: t.goto(x, y)

터틀 그래픽 윈도우에서 펜의 위치를 (x, y)로 이동하는 것이다.

■ **random 모듈**: randint()

randint(n1, n2)는 난수를 생성하는 것으로 두 수를 넣어주면 n1부터 n2까지의 정수에서 난수를 하나만 생성한다.

다음 예제는 좌표가 들어 있는 리스트를 사용해 각 좌표에 별을 그리는 프로그램이다. 리스트에서 별을 그릴 좌표를 가져와서 별을 그리고, random 모듈의 randint(30, 100)를 사용해 30부터 100까지의 길이로 난수를 생성해 별을 그린다. 이중 리스트를 사용해 별을 그릴 5개 좌표를 저장하고, 반복문에서 각 좌표를 가져와서 별을 그린다.

예제 starDraw.py

```
# 반복문 사용해 별그리기

import turtle as t # 터틀 모듈을 프로그램에 포함시켜 t로 사용
import random as r

t.color("blue")
xyList=[[0,0],[100,100],[-100,100],[-100,-100],[100,-100]]

# x,y 좌표 가져오기 (0,0), (100,100), (-100,100), (-100,-100), (100,-100)
for x,y in xyList: # (0,0)부터 시작
    leng=r.randint(30,100)  # 30~100 난수 생성
    t.up()         # 펜 들기
    t.goto(x,y)   # (x,y) 좌표로 이동
    t.down()     # 펜 내려 별 그림
    t.begin_fill() # 색상 채우기 시작
    for i in range(5):  # 별 그리기
        t.forward(leng)
        t.left(144)
    t.end_fill()    # 채우기 끝
```

실행 결과

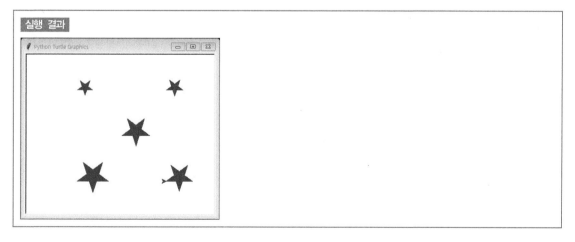

- 횟수로 반복하는 for 문의 경우 in 다음에 **리스트**나 range() 함수를 사용해 반복 횟수를 지정한다.

```
for 제어변수 in range([start,] stop [,step]):
    문장
for 제어변수 in 리스트:
    문장
```

- for 문에 **리스트**를 사용할 경우, 리스트의 요소 수만큼 반복한다.

- for 문에 range() 함수를 사용할 경우, ( ) 안에 시작 값과 종료 값, 단계 값을 넣을 수 있고 시작 값과 단계 값은 생략가능하고 생략한 경우, 시작 값은 0이고 단계 값은 1이고, **종료 값-1**까지 반복 횟수를 지정한다.

- 조건을 주고 반복할 경우, while 문을 사용한다. 무한 반복할 경우, 조건으로 True를 넣어 준다.

```
while 조건식:
    문장
```

- 반복할 문장이 여러 문장일 때 들여쓰기를 맞춰 **블록**으로 지정하면 여러 문장을 반복할 수 있다.

- **무한 반복문**을 끝낼 경우나 특정 조건을 만족하는 경우 반복문을 끝낼 때, break 문을 사용한다.

- continue 문은 반복문의 시작 부분으로 올라가서 다시 반복하는 경우 사용한다. 특정 조건을 만족할 경우, 중간에서 멈추고 반복을 시작하는 부분으로 이동해 실행하는 것이다.

- **중첩 반복**은 반복문 안에 다른 반복문을 사용한 반복문이고, 중첩 반복할 때 for 문이나 while 문을 사용할 수 있다.

연습 문제

1. 다음과 같이 구구단의 시작 단과 끝 단을 입력받아 구구단을 출력하는 프로그램을 작성하시오.

```
Hint   start = int(input("구구단의 시작 단을 입력하세요 --> "))
       ...
       for i in range(start, end+1):  # i는 단
         for j in range(1,10):  # j는 각 단의 열
             ...
```

```
구구단의 시작 단을 입력하세요 -->  3
구구단의 끝 단을 입력하세요 -->  7
3 * 1 =  3 3 * 2 =  6 3 * 3 =  9 3 * 4 = 12 3 * 5 = 15 3 * 6 = 18 3 * 7 = 21 3 * 8 = 24 3 * 9 = 27
4 * 1 =  4 4 * 2 =  8 4 * 3 = 12 4 * 4 = 16 4 * 5 = 20 4 * 6 = 24 4 * 7 = 28 4 * 8 = 32 4 * 9 = 36
5 * 1 =  5 5 * 2 = 10 5 * 3 = 15 5 * 4 = 20 5 * 5 = 25 5 * 6 = 30 5 * 7 = 35 5 * 8 = 40 5 * 9 = 45
6 * 1 =  6 6 * 2 = 12 6 * 3 = 18 6 * 4 = 24 6 * 5 = 30 6 * 6 = 36 6 * 7 = 42 6 * 8 = 48 6 * 9 = 54
7 * 1 =  7 7 * 2 = 14 7 * 3 = 21 7 * 4 = 28 7 * 5 = 35 7 * 6 = 42 7 * 7 = 49 7 * 8 = 56 7 * 9 = 63
```

2. 1부터 100까지의 수 중 3의 배수만 한 줄에 10개씩 출력하는 프로그램을 작성하시오.

```
Hint   c=0
       for i in range(3, 101):
            if i%3==0 :
                ...
                if c % 10 == 0:
                    print()
```

```
* 1 ~ 100 사이 3의 배수
 3  6  9 12 15 18 21 24 27 30
33 36 39 42 45 48 51 54 57 60
63 66 69 72 75 78 81 84 87 90
93 96 99
```

3. 리스트에 있는 수식 중 하나를 임의로 주고 답을 올바르게 입력할 때까지 반복하는 프로그램을 작성하시오.

```
Hint    import random as r
        n=r.randint(0,3)  # 0 ~ 3 사이 난수 생성
        lista=["6 * 14", "7 * 23", "15 * 5", "24 * 3"]
        ans = 0
        while ans != eval(lista[n]):
            ...
```

```
15 * 5 = 45
15 * 5 = 55
15 * 5 = 75
맞았습니다.
```

4. 숫자를 주고 반복문을 사용해 각 자릿수의 합을 구해 출력하는 프로그램을 작성하시오.

```
Hint    number = int(input("정수를 입력하세요 --> "))
        ...
        total = 0
        while number > 0:
            total = total + number % 10
            ...
```

```
정수를 입력하세요 --> 12345
12345 자리수의 합: 15
```

5. 1부터 20까지 2의 배수로 리스트를 만들고 리스트에 있는 숫자들의 합계를 구해 출력하는 프로그램을 작성하시오.

Hint
```
listeven=[i for i in range(2,21,2)]
total = 0
…
for i in listeven:
    …
```

```
* 1 부터 20까지 짝수: [2, 4, 6, 8, 10, 12, 14, 16, 18, 20]
1 부터 20까지 짝수의 합 : 110
```

6. 다음과 같이 터틀 그래픽을 사용해 별을 그리는 프로그램을 작성하시오.

Hint
```
import turtle as t
t.color("#FF2233")
for j in range (1,8):
  for i in range (1,6):
      …
      t.forward(200)
  t.left(50)
```

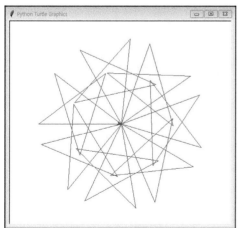

## CHAPTER 5

함수

함수는 특정한 명령을 수행하는 문장들을 모아놓은 것으로 특별한 기능을 수행하는 것이다. 함수를 한번 정의하면 함수의 기능이 필요한 곳에서 함수를 호출해서 사용할 수 있는데, 함수이름 다음에 ( )를 붙여서 호출한다. **모듈**은 여러 개의 함수나 클래스를 모아놓은 것이다.

5.1 함수란?

함수는 특정한 명령을 수행하는 문장(코드)들을 모아놓은 것으로 프로그램에서 특별한 기능을 수행하는 것이다. 함수가 특별한 기능을 작동하도록 문장들을 모아서 함수를 정의하면 프로그램 안에 함수의 기능이 필요한 위치에서 함수를 **호출**해서 사용할 수 있다. 함수의 기능이 필요할 때 함수를 호출하고 함수이름 다음에 ( )를 붙여서 호출한다.

함수를 호출할 때 필요한 자료를 넘겨주고 그 값에 대해 함수를 실행한 후 특정한 결과 값을 호출한 위치에 반환(return)하게 된다.

예를 들어, 성적을 계산하는 함수를 만들어 호출할 경우, 점수를 전달하면 성적을 계산한 후, 결과 값으로 학점을 반환하게 할 수 있다. 함수의 기능에 따라 자료를 전달하지 않고 함수를 호출하여 결과 값을 계산하거나 처리하고, 함수 안에서 바로 출력하여 반환하는 값이 없는 경우도 있다.

함수를 정의하는 형식은 다음과 같다.

```
def 함수이름(매개변수1, 매개변수2, ... ):
    문장
```

키워드 **def**를 사용해 함수를 정의한다. 함수 이름을 지정하고 ( ) 안에 자료가 전달될 **매개변수**를 표시하고 **콜론(:)**을 넣고 함수에서 실행할 문장을 작성한다. 실행할 문장이 여러 문장일 경우 들여쓰기를 맞춰서 같은 블록으로 작성한다. **매개변수**는 함수를 정의할 때 ( ) 안에 사용한 변수로, 함수를 호출할 때 전달하는 자료를 저장하는 변수이고, 함수를 호출할 때 사용한 자료를 **실인수**라 한다.

전달할 실인수 없이 함수를 호출하여 처리할 경우, 매개변수도 생략한다. 함수를 호출할 때 실인수의 개수와 매개변수의 개수는 동일해야 오류가 발생하지 않는다.

■ 함수 호출

def로 정의한 함수는 함수 호출을 통해 함수의 기능이 필요한 위치에서 함수를 호출하고, 호출하면 함수 안에 정의한 문장들을 실행하게 된다.

함수 호출문은 다음과 같다.

> **함수이름**(실인수1, 실인수2, ...)

정의한 함수를 호출하는 방법은 **함수이름** 뒤에 ( )를 붙이고 괄호 안에 매개변수 개수와 동일한 개수의 **실인수**를 넣는다. 함수 호출문에 의해 실인수가 매개변수에 순서대로 각각 전달되어 매개변수에 저장하고 함수에서 사용한다. 함수를 호출할 때 ( ) 안에 사용한 수식이나 변수를 실인수라 한다.

다음과 같이 학교 주소를 출력하는 함수를 작성하여 보자.

> 경기도 화성시 봉담읍 최루백로 72
> 협성대학교

```
>>> def addressPrint():
        print("경기도 화성시 봉담읍 최루백로 72")
        print("협성대학교")
```

학교 주소를 출력하도록 하려면 함수를 호출하면 된다. 다음과 같이 함수이름 **addressPrint()**를 사용해 함수를 호출한다.

```
>>> addressPrint()
경기도 화성시 봉담읍 최루백로 72
협성대학교
```

■ 함수 호출과 반환

addressPrint() 함수를 호출하면 함수가 정의된 곳으로 이동해서 함수 안에 정의한 모든 문장을 실행한 후 호출한 위치로 다시 돌아온다.

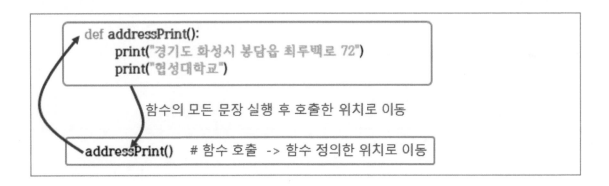

프로그램에서 학교 주소를 표시해야 하는 모든 위치에서 **addressPrint()**라고 하면 그 위치에 학교 주소를 출력하게 된다.

주소 다음에 학과이름도 출력할 경우 어떻게 작성하면 될까요?

실인수로 학과이름을 전달하면 간단히 해결할 수 있다. 함수를 정의하면서 실인수 개수만큼 매개변수를 넣어서 함수를 정의한다. 실인수 개수와 매개변수의 개수가 다를 경우 TypeError가 발생한다.

함수를 호출할 때 학과이름인 "컴퓨터공학과"를 매개변수 **dept**에 전달하면 학과이름을 출력할 수 있다.

```
>>> def addressPrint(dept):
        print("경기도 화성시 봉담읍 최루백로 72")
        print("협성대학교")
        print(dept)


>>> addressPrint("컴퓨터공학과")
경기도 화성시 봉담읍 최루백로 72
협성대학교
컴퓨터공학과
```

addressPrint("컴퓨터공학과") 호출문으로 함수를 호출하면서 "컴퓨터공학과"를 매개변수 dept에 전달하면 dept에 "컴퓨터공학과"가 들어가고, print(dept)에 의해 학과이름을 주소 다음에 출력하고, 호출한 위치로 다시 돌아온다.

```
def addressPrint(dept):
    print("경기도 화성시 봉담읍 최루백로 72")
    print("협성대학교")
    print(dept)     # 컴퓨터공학과 출력


addressPrint("컴퓨터공학과")
```

만일 다른 학과(소프트웨어공학과)를 출력할 경우, 함수를 호출하면서 다른 학과이름을 넘겨주면 다른 학과를 출력한다.

```
>>> addressPrint("소프트웨어공학과")
경기도 화성시 봉담읍 최루백로 72
협성대학교
소프트웨어공학과
```

■ return 문

함수를 정의하면서 return 문을 사용해 계산한 결과 값을 호출한 위치에 반환할 수 있다.

```
def 함수이름(매개변수1, 매개변수2, ... ):
    문장
    return 반환값
```

return 문은 함수를 끝내고 호출한 위치로 돌아가면서 **반환값**을 호출한 위치에 돌려준다. 만일 **반환값**이 수식이면 수식을 계산해 호출한 위치에 반환한다. return 문은 생략 가능하고, 생략한 경우 함수의 마지막 문장을 실행한 후 호출한 위치로 돌아간다. return 다음에 **반환값**을 생략한 경우 호출한 위치로 돌아가면서 **반환값**이 없는 함수이다.

return 문을 사용해 학과이름을 반환하는 함수를 작성하여 보자.

```
>>> def depart():
        return "컴퓨터공학과"

>>> print(depart())
컴퓨터공학과
>>> print(depart() + " 신입생 여러분! 환영합니다.")
컴퓨터공학과 신입생 여러분! 환영합니다.
```

함수에서 반환하는 값이 있는 경우 print 문의 ( ) 안에서 함수를 호출할 수 있다.

첫 번째 호출에서 함수를 실행한 후 **"컴퓨터공학과"**를 반환하면서 호출한 위치로 다시 돌아오면, print("컴퓨터공학과")가 되어 **"컴퓨터공학과"**를 출력한다.

두 번째 호출의 경우 두 문자열 **"컴퓨터공학과"**와 **" 신입생 여러분! 환영합니다."**를 연결해 출력한다.

두 수의 곱을 계산한 후 반환하는 함수를 작성하여 보자.

2와 5를 넘겨주면서 함수를 호출해 두 숫자를 곱한 값 10을 변수 **곱셈**에 저장한다. 반환하는 값이 있는 경우 **곱셈 = multiply(2, 5)**처럼 함수를 호출한 후 반환하는 값을 변수 **곱셈**에 바로 저장할 수 있다.

```
>>> def multiply(x, y):
        return x*y

>>> 곱셈 = multiply(2, 5)
>>> print(곱셈)
10
```

■ multiply 함수 호출과 반환 과정

multiply(2, 5)로 함수를 호출하면 2를 x에, 5를 y에 전달한다.

```
def multiply(x, y):    # x에 2, y에 5 전달
    return x*y

곱셈 = multiply(2, 5)
print(곱셈)
```

2*5를 계산해 호출한 위치에 10을 반환하면 변수 **곱셈**에 10을 저장한다.

```
def multiply(x, y):
    return x*y        # 2*5 -> 10 반환

곱셈 = multiply(2, 5)   # 곱셈에 10 저장
```

▪ TypeError 발생

매개변수와 실인수의 개수가 다를 경우 TypeError가 발생한다. 함수를 호출할 때 ( ) 안에 사용한 수식이나 변수를 실인수라 한다.

```
>>> 곱셈 = multiply(2)
Traceback (most recent call last):
  File "<pyshell#177>", line 1, in <module>
    곱셈 = multiply(2)
TypeError: multiply() missing 1 required positional argument: 'y'
```

▪ 여러 개의 자료 값 반환

파이썬에서는 return 문에 하나 이상 여러 개의 자료 값을 반환하도록 함수를 정의할 수 있다.

```
>>> def addSubMul(x, y):
        return x+y, x-y, x*y

>>> add, sub, mul = addSubMul(20, 10)
>>> print(add, sub, mul)
30 10 200
```

두 변수 x와 y의 덧셈, 뺄셈, 곱셈한 결과를 반환해서 add, sub, mul에 순서대로 저장한다.

중간고사와 학기말고사 점수를 실인수로 전달해서 학점을 계산하는 과정을 함수로 작성하여 보자.

return **grade** 처럼 함수에서 값을 반환할 경우 **print(calculateGrade(70, 80))** 처럼 함수를 호출하고 반환하는 값을 print 문 ( ) 안에 넣어 바로 출력할 수 있다.

```
>>> def calculateGrade(mid, final):
        score = (mid+final)/2
        if score >= 90:
                grade = 'A'
        elif score >= 80:
                grade = 'B'
        elif score >= 70:
                grade = 'C'
        elif score >= 60:
                grade = 'D'
        else:
                grade = 'F'
        return grade

>>> print(calculateGrade(70, 80))
C
>>> print(calculateGrade(90, 97))
A
```

마찬가지로 함수에서 반환하는 값이 있는 경우 **grade = calculateGrade(80, 83)** 처럼 사용해 반환하는 값을 변수 grade에 저장할 수 있다.

```
>>> grade = calculateGrade(80, 83)
>>> print(grade)
B
```

다음 예제는 중간고사와 학기말고사 점수를 실인수로 넘겨주고 학점을 계산하는 함수를 호출해 학점을 반환한 후 출력하는 프로그램이다. 점수가 음수인 경우에는 잘못된 점수이므로 학점을 계산하지 않는다.

score가 [[80, 90], [65, 60], [92,90], [72,-76], [46, 58]] 이중 리스트인 경우, **for m,f in** score: 문에서 [80, 90], [65, 60], … , [46, 58] 리스트에 대해 반복문을 수행한다. 맨 처음에는 [80, 90]에서 m에 80, f에 90이 들어가고, 다음에는 [65, 60]에서 m에 65, f에 60이 들어가고, 마지막으로 [46, 58]에서 m에 46, f에 58이 들어가서 반복문을 실행한다.

예제 calGradeEx.py

```
def calculateGrade(mid, final):  # 학점 계산 함수 정의
    if mid>=0 and final >=0:  # 음수가 아닌 경우 학점 계산
        score=(mid+final)/2    # 중간 기말 평균 계산
        if score >= 90:
            grade="A"
        elif score >= 80:
            grade="B"
        elif score >= 70:
            grade="C"
        elif score >= 60:
            grade="D"
        else:
            grade="F"
    else:          # 음수일 경우
        print("점수가 음수입니다.")
        return  # 함수 끝내고 호출한 위치로 돌아감
    return grade # 학점 반환

print("중간:",70,", 기말:",80,", 학점:", calculateGrade(70,80))
score=[[80, 90], [65, 60], [92,90], [72,-76], [46, 58]]
for m,f in score: # m에 80, f에 90, m에 65, f에 60 … 5번 실행
    grade=calculateGrade(m,f)
    if grade: # if grade != None: -> grade가 None이 아닐때 출력
        print("중간:", m,", 기말:",f,", 학점:",grade)
```

실행 결과

```
중간: 70 , 기말: 80 , 학점: C
중간: 80 , 기말: 90 , 학점: B
중간: 65 , 기말: 60 , 학점: D
중간: 92 , 기말: 90 , 학점: A
점수가 음수입니다.
중간: 46 , 기말: 58 , 학점: F
```

■ 삼각형 그리는 함수

터틀 모듈을 사용해 삼각형을 그리는 함수를 정의하면 삼각형을 그릴 때마다 함수를 호출해 사용할 수 있다. triangle(100)처럼 함수를 호출하면 (0, 0)에 길이가 100인 삼각형을 그리게 된다.

```
>>> import turtle as t
>>> t.shape("turtle")
>>> t.color("blue")
>>> def triangle(length):
        for i in range(3):
                t.forward(length)
                t.left(120)


>>> triangle(100)
```

다음 예제는 삼각형을 그리는 함수를 세 번 호출해 세 개의 삼각형을 그리는 프로그램이다.

예제 triangleEx.py

```
import turtle as t
t.shape("turtle")
t.color("blue")
# 삼각형 그리는 함수 정의
def triangle(length):
    for i in range(3):  # 세번 반복
        t.forward(length)
        t.left(120)

triangle(100)   # (0,0) 지점에 길이가 100인 삼각형 그리기

t.up()             # 펜 들기
t.goto(-150,0)  #(-150,0)으로 이동
t.down()         # 펜 내리기
triangle(80)     # (-150,0) 지점에 길이가 80인 삼각형 그리기

t.up()
t.goto(150,0)
t.down()
triangle(120)  # (150,0) 지점에 길이가 120인 삼각형 그리기
```

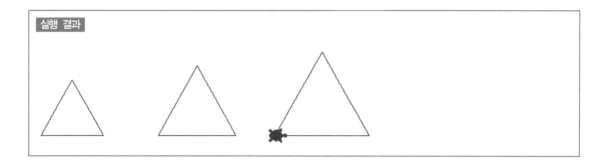

5.2 변수의 종류

변수는 만든 위치에 따라 **전역변수**(global variable)와 **지역변수**(local variable)가 있다. 파이썬에서는 수식의 등호(=) **좌측**에 식별자를 넣으면 그 이름의 변수가 생성된다. 함수 안에서 생성한 변수는 지역변수이고, 반면 함수 외부에 생성한 변수는 전역변수이다. 전역변수는 들여쓰기 없이 프로그램의 첫 칸부터 생성한 변수이다.

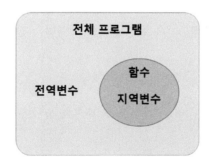

다음에서 볼 수 있듯이, x = 10 문장에서 등호(=) **좌측**에 x를 사용하면 변수 값으로 10을 갖는 변수 x를 생성한다. 함수 안에서 생성한 변수가 아니므로 x는 전역변수이고, 생성한 이후부터 프로그램의 모든 영역에서 사용가능하다.

```
>>> x = 10 # 변수 x가 생성되고 x에 10을 저장한다.
>>> print("x =",x)
x = 10
```

■ 전역변수

전역변수는 프로그램 전체에 사용가능한 변수이고, 함수가 아닌 곳에서 변수를 만들면 전역변수를 생성한다.

다음 예제에서 볼 수 있듯이, **x** = 10처럼 변수 x에 초깃값을 넣고 생성하면 전역변수 x를 생성한다. x와 y는 전역변수이고, 반면 hap은 함수 안에서 생성해 지역변수이다.

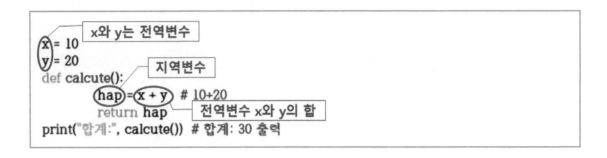

전역변수를 생성한 문장 다음부터 프로그램 전체에서 변수 값을 출력할 수 있고 수식에 사용할 수 있다.

hap = **x** + **y**처럼 수식의 등호(=) **우측**에 변수 x와 y를 사용하면 생성한 변수 값을 가져와 합계를 계산한다. 함수에서도 수식의 등호(=) 우측에 넣어서 전역변수 값을 사용할 수 있다.

■ 지역변수

지역변수는 특정 함수 안에서 만든 변수이고 함수 안에서 수식의 등호(=) **좌측**에 변수를 사용하면 지역변수를 생성한다.

```
>>> def calSum():
        x = 100      ── 지역변수
        y = 200
        hap = x + y   ── 지역변수 합계 100+200
        return hap

>>> print(calSum())
300
```
x와 y는 지역변수

주의할 점은 함수 안에서 전역변수와 동일한 이름의 지역변수를 수식의 등호(=) **좌측**에 사용하면 새로운 지역변수를 생성하는 것이고, 함수 안에서는 **새로 생성한 지역변수**를 사용하게 된다.

예를 들어서, 두 수의 합을 구하는 calSum 함수를 다시 정의하여 보자.

함수 안에서 전역변수와 같은 이름의 x와 y를 새로 만들면 새로운 지역변수가 만들어지고, 함수 안에서 x와 y를 사용하면 지역변수 x, y를 사용하는 것이고, 함수 실행을 끝내고 돌아오면 전역변수 x와 y를 다시 사용할 수 있다. 즉, 지역변수는 생성된 함수 안에서만 사용가능한 변수이다.

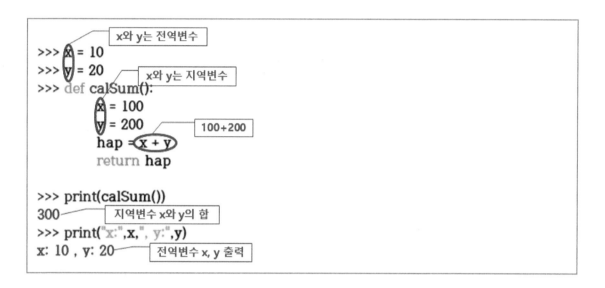

■ **변수의 사용 범위(scope)**

모든 변수는 변수를 만든 영역에서 사용가능하고 만들어진 위치에 따라 변수를 사용할 수 있는 범위가 결정된다. 수식에서 등호(=) **좌측**에 사용한 변수는 새로 만들어지는 변수이다. 함수에서 만든 변수는 함수 안에서만 사용가능한 변수가 되고 함수 안에서만 사용가능하므로 **지역변수**라 한다.

반면 전역변수일 경우 생성한 위치 다음부터 프로그램 전체에서 사용가능하고, 만일 전역변수와 동일한 이름의 지역변수가 생성된 함수에서는 **지역변수**를 사용하게 된다.

■ **NameError 발생**

함수 안에서 생성한 지역변수를 함수 밖에서 사용해 변수의 사용 범위를 벗어날 경우, NameError 가 발생한다.

함수 안에 x와 y에 10, 20을 대입해 변수 x와 y를 만들면 x와 y는 함수 안에서만 사용가능한 지역변수가 된다. x와 y를 함수 밖에서 사용하면 NameError가 발생한다.

```
>>> def calSum():
        x = 10
        y = 20
        hap = x + y
        return hap

>>> print(calSum())
30
>>> print("x:",x,", y:",y)
Traceback (most recent call last):
  File "<pyshell#3>", line 1, in <module>
    print("x:",x,", y:",y)
NameError: name 'x' is not defined
```

calSum 함수 안에서 만든 x와 y는 함수를 벗어나면 사용할 수 없는 **지역변수**이다. 마찬가지로 hap도 지역변수이고 매개변수도 지역변수와 같이 함수 안에서만 사용가능한 변수이다.

두 수의 합을 구할 때 다음처럼 사용하면 x와 y는 **전역변수**가 되고 calSum 함수 안에서 x와 y를 사용할 수 있고 x와 y 값을 출력해도 오류가 발생하지 않는다.

```
>>> x = 10      전역변수 x가 만들어짐
>>> y = 20      전역변수 y가 만들어짐
>>> def calSum():       전역변수 합계 10+20
        hap = x + y
        return hap

>>> print(calSum())
30
>>> print("x:",x,", y:",y)
x: 10 , y: 20
```

함수 안에서 수식의 등호(=) 좌측에 사용하더라도 새로운 지역변수를 만들지 않고 전역변수 값을 변경할 방법이 있을까요? global 키워드를 사용하면 가능하다.

■ global 키워드: 함수에서 전역변수 값 변경

global 키워드를 사용해 함수 안에서 사용할 **전역변수**를 선언하면 수식의 좌측에 동일한 이름의 변수를 사용하더라도 새로운 지역변수가 만들어지지 않고 전역변수를 사용하는 것이고, 전역변수 값을 변경할 수 있다.

함수 안에서 global y를 사용해 y가 전역변수라고 선언하면 수식의 **좌측**에 사용해 전역변수 y의 값을 200으로 **변경**할 수 있다.

```
>>> x = 10
>>> y = 20
>>> def calSum():
        global y          ──── 전역변수 y 사용 선언
        y = 200           ──── 전역변수 y 값 200으로 변경
        hap = x + y       ──── 10+200
        return hap

>>> print(calSum())
210
>>> print("x:",x,", y:",y)
x: 10 , y: 200     ──── 변경된 y 값 출력
```

다음 add 함수는 두 수의 합을 구하는 것이다.

```
>>> def add(x, y):
        return x+y

>>> print(add(2,5))
7
>>> print(add(2))
Traceback (most recent call last):
  File "<pyshell#31>", line 1, in <module>
    print(add(2))
TypeError: add() missing 1 required positional argument: 'y'
```

두 수를 전달해야 하는데 한 개만 전달하는 경우 TypeError가 발생한다.

5.3 매개변수 종류

파이썬에서는 **디폴트 매개변수**, **키워드 매개변수**, **가변 매개변수**와 같은 다양한 종류의 매개변수를 사용할 수 있다.

■ 디폴트 매개변수

파이썬에서는 함수의 매개변수에 기본값을 지정할 수 있고, 기본값을 지정한 매개변수를 **디폴트 매개변수**라 한다. 함수를 호출할 때 실인수를 전달하지 않는 경우, 그 매개변수는 미리 지정한 기본값을 갖게 된다.

디폴트 매개변수를 사용하면 실인수 개수와 매개변수 개수가 다르더라도 **TypeError**가 발생하지 않는다. 즉, 함수를 정의하면서 디폴트 매개변수를 사용해 매개변수에 기본값을 설정하면 TypeError를 방지할 수 있다. 주의할 점은 디폴트 매개변수와 일반 매개변수를 같이 사용한 경우, 일반 매개변수를 먼저 넣고 그 뒤에 디폴트 매개변수를 사용한다.

다음처럼 add(2)라고 호출하면 전달하지 않은 두 번째 y 값은 기본값 1이 들어가서 2+1의 합계가 되고, add()라고 호출하면 x와 y 모두 기본값 1을 갖게 되어 1+1의 합계를 계산해 2가 된다.

```
>>> def add(x=1, y=1):
        return x+y

>>> print(add(2))
3
>>> print(add())
2
```

■ 키워드 매개변수

함수를 호출하면서 실인수를 전달할 때 순서대로 매개변수에 전달하는데, **키워드 매개변수**를 사용하면 호출할 때 값을 전달하는 순서와 상관없이 매개변수 이름에 따라 값을 지정할 수 있다. 이는 매개변수이름을 **키워드**로 사용해 값을 별도로 지정하기 때문이다.

함수를 호출할 때 매개변수 이름을 넣어 값을 지정하므로 실인수를 나열하는 순서와 상관없이 매개변수 이름으로 값을 전달한다. 두 번째 sub 호출문의 경우 y에 20, x에 10을 전달한다.

```
>>> def sub(x, y):
        return x-y

>>> print(sub(20, 10))  # x=20, y=10
10
>>> print(sub(y=20, x=10))
-10
```

디폴트 매개변수와 마찬가지로 매개변수 이름으로 값을 지정하는 키워드 매개변수는 일반 매개변수를 먼저 나열하고 print(sub(10, y=20))처럼 사용해야 구문 오류가 발생하지 않는다.

```
>>> print(sub(y=20, 10))
SyntaxError: positional argument follows keyword argument
```

print() 함수의 경우 출력문마다 줄바꿈이 되도록 디폴트 매개변수 end에 '\n'이 기본값으로 설정되어 있다. end를 다른 값으로 지정하지 않으면 end에 기본값이 들어가 줄을 바꿔서 i 값을 출력한다.

```
>>> for i in range(3):
        print(i)


0
1
2
```

만일 줄을 바꾸지 않고 같은 줄에 출력할 경우, 키워드 매개변수 end를 사용해 값을 지정한다.

for 문에서 i를 같은 줄에 출력하기 위해 **end=" "**처럼 키워드 매개변수를 사용해 end를 " "로 변경하면 줄이 바뀌지 않고 한 칸씩 빈칸이 들어가면서 같은 줄에 i 값을 출력하게 된다.

```
>>> for i in range(3):
        print(i, end=" ")


0 1 2
```

■ 가변 매개변수

함수를 호출할 때 실인수와 매개변수의 개수는 정확하게 일치해야 TypeError가 발생하지 않는다. 그런데 **가변 매개변수**를 사용하면 호출할 때마다 실인수의 개수를 다르게 호출해도 TypeError가 발생하지 않는다. **가변 매개변수**는 호출할 때 매개변수의 수를 다르게 호출할 수 있는 매개변수이다.

---

def 함수이름(매개변수1, 매개변수2, ... *가변 매개변수)
    문장

---

*를 사용하면 매개변수의 개수가 호출할 때마다 달라질 수 있고, 함수를 호출할 때마다 실인수 개수를 다르게 호출할 수 있다. ***가변 매개변수**는 0개 이상의 매개변수를 나타낸다.

다음 adjust 함수는 모든 실인수들의 합계를 구하는 함수로, 실인수 개수는 2개부터 호출할 수 있고 2개 이상 다양하게 호출해 사용할 수 있다.

```
>>> def adjust(x, y, *z):
        hap = x + y
        for value in z:
                hap += value
        return hap

>>> print(adjust(1, 2))
3
>>> print(adjust(1, 2, 3))
6
>>> print(adjust(1, 2, 3, 4, 5))
15
```

가변 매개변수도 디폴트 매개변수나 키워드 매개변수처럼 일반 매개변수 뒤에 가변 매개변수를 넣을 수 있고, 함수에서 가변 매개변수는 하나만 사용할 수 있다.

다음 예제는 가변 매개변수를 사용해 숫자들의 합계를 구하는 프로그램이다. 합계를 출력할 때 print 함수 안에 키워드 매개변수 **end=""**를 사용해 두 print 문의 내용을 같은 줄에 출력한다.

예제 adjSum.py

```
# 가변매개변수 사용해 숫자들의 합계 구하기
def sumNum(*number):  # 가변 매개변수 지정
    hap= 0
    for num in number:
        hap += num
    return hap
hap = sumNum(1,5)
print("{},{}의 합은 {}이고 ".format(1,5,hap), end="") # 같은 줄에 출력
hap= sumNum(1,2,3,5)
print("{},{},{},{}의 합은 {}이다.".format(1,2,3,5,hap))
```

실행 결과

1,5의 합은 6이고 1,2,3,5의 합은 11이다.

5.4 터틀 모듈 활용

터틀 모듈에는 다양한 **메서드(함수)**들이 작성되어 있고, 사용자는 터틀 모듈을 프로그램에 포함시켜 이미 작성된 메서드를 활용할 수 있다.

키보드에서 특정 키를 누르거나 마우스를 클릭하는 동작에 대해 특정한 기능을 수행하도록 프로그램을 작성하여 키보드와 마우스 이벤트를 처리할 수 있다. 키보드와 마우스 이벤트를 처리하는 다양한 메서드가 터틀 모듈에 있고, 메서드를 사용하기 전에 **import** 문장을 사용해 터틀 모듈을 포함시키면 원하는 메서드를 사용할 수 있다.

```
import turtle
import turtle as t        # 터틀 모듈을 t로 사용
```

■ onscreenclick()

마우스를 클릭할 때, onscreenclick(func)은 ( ) 안에 명시한 함수 func를 호출하면서 클릭하는 위치의 x, y 좌표를 func 함수에 전달하는 것이다. ( ) 안에 호출할 함수 이름을 지정하여 넣으면, 클릭하는 위치의 x, y 좌표를 함수에 자동으로 전달한다.

터틀 그래픽 윈도우에서 마우스를 클릭하면, t.onscreenclick(draw)는 draw 함수를 호출하면서 클릭한 x, y 좌표가 draw 함수의 x, y 매개변수에 자동으로 들어간다.

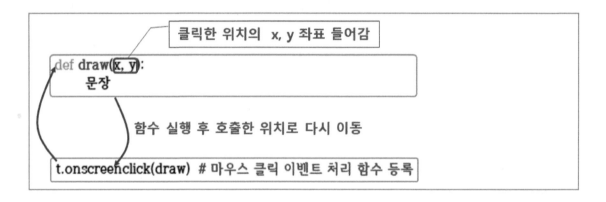

다음 예제는 클릭하는 위치에 원을 그리는 프로그램이다.

t.goto(x,y)는 클릭한 x, y 좌표로 이동하는 것이다. 좌표를 이동할 때 선이 그려지므로 t.penup() 을 사용해 터틀이 이동할 때 선을 그리지 않고 클릭한 좌표로 이동하고, t.pendown()을 사용해 펜을 내리면 선이 다시 그려진다.

t.circle(반지름)은 원을 그리고, 원을 지정한 색상으로 채울 경우, t.begin_fill()과 t.end_fill()을 사용한다.

예제 circleClickEx.py

```
import turtle as t  # 터틀 그래픽 모듈을 포함, t로 사용
t.shape("turtle")
def draw(x, y): #클릭하는 위치에 원그리는 함수
    t.penup()
    t.goto(x, y)
    t.pendown()
    t.begin_fill()
    t.color("blue")
    t.circle(20)
    t.end_fill()

t.onscreenclick(draw) # 마우스 클릭 이벤트 처리 함수 등록
```

실행 결과

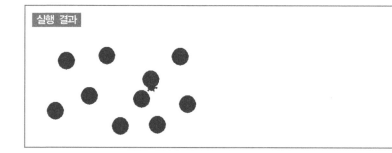

- onkey()

키보드의 특정 키를 눌렀을 때 이벤트를 처리할 경우, **onkey**는 이벤트를 처리할 함수를 등록하는 것으로 두 개의 매개변수를 갖는다. 첫 번째는 함수이름, 두 번째는 키를 넣어준다. 첫 번째 함수 이름에는 터틀 모듈의 메서드나 사용자가 만든 함수를 넣을 수 있다.

다음처럼 위쪽 방향 화살표키 ↑를 누르면 t.penup()을 호출하도록 이벤트 처리 함수를 등록한다. 위쪽 화살표키 ↑를 나타낼 때 "Up"으로 표시하고, 아래쪽 화살표키 ↓를 나타낼 때 "Down"으로 표시한다. 위쪽 화살표키나 아래쪽 화살표키처럼 이름이 있는 키를 나타낼 때 첫 글자는 **대문자**로 나타낸다.

```
t.onkey(t.penup,  "Up")      # 위쪽 방향 화살표키 ↑를 누르면 t.penup() 호출
t.onkey(t.pendown,  "Down")   # 아래쪽 화살표키 ↓를 누르면 t.pendown() 호출
```

■ listen()

listen은 키보드 키를 눌렀을 때 이벤트를 처리하기 위해 키보드 이벤트가 일어나는지 감지한다. 키보드 이벤트를 처리하는 경우 반드시 사용해야 하고, listen을 생략하면 키보드 이벤트를 작동하지 않는다. listen은 다음과 같이 사용한다.

```
t.listen()
```

■ mainloop()

mainloop은 터틀 그래픽 윈도우를 종료할 때까지 프로그램을 실행하면서 마우스나 키보드 이벤트를 계속 처리하도록 하는 것이고, 다음과 같이 사용한다.

```
t.mainloop()
```

다음 예제는 클릭하는 위치에 세 가지 색상으로 사각형을 그리는 프로그램이다.

r(빨강), g(녹색), b(파랑) 키를 눌러서 원하는 색상을 지정한다.

예제 colorRectEx.py

```python
import turtle as t

def drawRect():
    for i in range(4):
        t.forward(50)
        t.left(360/4)

def draw(x, y):
    t.penup()
    t.goto(x, y)
    t.pendown()
    t.begin_fill()
    drawRect()
    t.end_fill()
```

```
def redc():
    t.color("red")

def greenc():
    t.color("green")

def bluec():
    t.color("blue")

t.onscreenclick(draw)  # 마우스 클릭 이벤트 처리 함수를 등록

# r, g, b 키를 눌렀을 때 함수 호출해 색상 설정
t.onkey(redc,"r")   # r키를 누르면 redc 함수 호출해  붉은색으로 설정
t.onkey(greenc,"g")
t.onkey(bluec,'b')

t.listen()
t.mainloop()
```

실행 결과

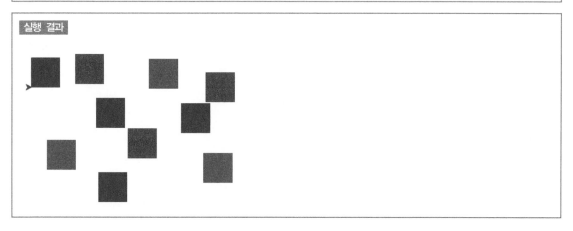

다음 예제는 r(빨강), g(녹색), b(파랑)를 클릭해 색상을 지정하고 세 가지 색상으로 클릭하면서 자유롭게 그림을 그리는 프로그램이다. 위치를 이동하면서 그림을 그리는데, 다른 위치에 새로운 그림을 그릴 때 t.penup()과 t.pendown()을 활용해 위치를 이동한 후 그림을 그린다.

```python
import turtle as t
def draw(x, y):
    t.goto(x, y)
def redc():
    t.color("red")
def bluec():
    t.color("blue")
def greenc():
    t.color("green")
t.shape("turtle")
t.pensize(5)

t.onscreenclick(draw)              # 마우스 클릭 이벤트 처리 함수 등록

t.onkey(t.penup, "Up")             # 키보드 이벤트 처리 함수 등록
t.onkey(t.pendown, "Down")         # 키보드 이벤트 처리 함수 등록
t.onkey(redc,"r")
t.onkey(bluec,"b")
t.onkey(greenc,"g")
t.listen()                         # 키보드 이벤트를 기다린다.
t.mainloop()
```

실행 결과

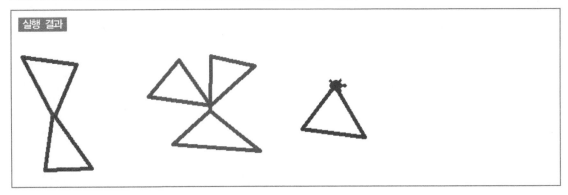

다음 예제는 3~5까지 키를 클릭해 삼각형부터 오각형까지 다각형을 그리는 프로그램이다.

3, 4, 5 숫자 키를 클릭하면 해당 키에 대해 no에 3 ~ 5까지 값을 저장하게 되는데, 전역변수를 사용해 값을 변경해야 하므로, 각 함수에서 global no로 선언하면 변경된 no를 프로그램 전체에서 사용할 수 있다.

```python
import turtle as t # 터틀 모듈을 포함, t로 사용

no=4  # 기본값: 사각형그리기
t.color("blue")# 파란색으로 그리기

def drawPoly():
    for i in range(no):
        t.forward(50)
        t.left(360/no)

def draw(x, y):
    t.penup()
    t.goto(x, y)
    t.pendown()
    t.begin_fill()
    drawPoly()
    t.end_fill()

def set_3(): # 삼각형 설정 함수
  global no
  no=3

def set_4(): # 사각형 설정 함수
  global no
  no=4

def set_5(): # 오각형 설정 함수
  global no
  no=5

t.onscreenclick(draw) # 마우스 클릭 이벤트 처리 함수 등록

t.onkey(set_3,"3") # 숫자 3을 누르면 삼각형 설정 함수 등록
t.onkey(set_4,"4") # 숫자 4을 누르면 사각형 설정 함수 등록
t.onkey(set_5,"5") # 숫자 5을 누르면 오각형 설정 함수 등록

t.listen()
t.mainloop()
```

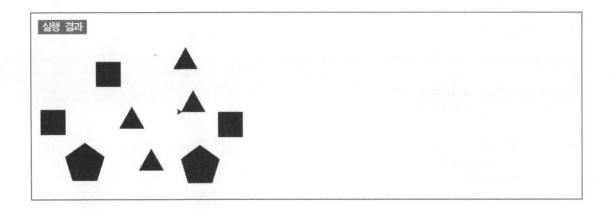

실행 결과

- **함수**는 특정한 동작을 수행하는 문장(코드)들을 모아놓은 것으로 프로그램에서 특별한 기능을 수행하는 것이다.

```
def 함수이름(매개변수1, 매개변수2, ... ):
    문장
    return 반환값
```

- 함수의 기능이 필요한 위치에서 함수를 호출해서 사용할 수 있다. 함수의 기능이 필요할 때 함수를 호출하고 함수이름()을 사용해 호출한다.

```
함수이름(실인수1, 실인수2, ... )
```

- 함수를 실행하고 return 문을 사용해 함수를 호출한 위치에 **반환값**을 돌려준다.

- 함수를 호출할 때 매개변수와 실인수의 개수가 다를 경우 TypeError가 발생한다.

- 변수는 만든 위치에 따라 **전역변수(global variable)**와 **지역변수(local variable)**로 구분한다.

- **전역변수**는 프로그램 전체에 사용가능한 변수이고, 함수가 아닌 다른 위치(main)에서 수식의 등호(=) **좌측**에 변수를 사용하면 전역변수를 생성하고, 함수 안에서 생성하면 지역변수이다.

- global 키워드를 사용해 함수 안에서 전역변수 값을 변경할 수 있다.

- **디폴트 매개변수**는 파이썬에서 함수의 매개변수에 **기본값**을 지정한 것이다.

- **키워드 매개변수**는 매개변수이름으로 값을 지정해 호출하는 것이고, 호출할 때 매개변수 이름을 사용해 값을 전달하므로 실인수를 나열하는 순서와 상관없이 호출할 수 있다.

- **가변 매개변수**는 함수를 호출할 때마다 실인수의 개수를 다르게 호출할 수 있는 매개변수이다.

```
def 함수이름(매개변수1, 매개변수2, ... *가변 매개변수)
    문장
```

1. 두 수의 사칙연산을 계산하는 함수를 만들어 계산 결과를 출력하는 프로그램을 작성하시오.

```
Hint    def arithmatic(n1,n2):
            return n1+n2, n1-n2,  ...
        ...
        listres=arithmatic(n1,n2)
        listop=["+", "-", "*", "/"]
        for i in range(len(listop)-1):
            ...
        print("{} {} {} = {:.1f}".format(n1,listop[3],n2,listres[3]))
```

```
첫 번째 숫자를 입력하세요 --> 72
두 번째 숫자를 입력하세요 --> 15
72 + 15 = 87
72 - 15 = 57
72 * 15 = 1080
72 / 15 = 4.8
```

2. 시작하는 숫자와 끝나는 숫자를 입력받아 시작하는 숫자부터 끝나는 숫자까지 합계를 구하는 함수를 만들어 계산 결과를 출력하는 프로그램을 작성하시오.

```
Hint    def sumc(start,end):
            tot=0
            for i in range(start,end+1):
                ...
        ...
        tot=sumc(start,end)
        print("{}부터 {}까지의 합 = {} ".format(start,end,tot))
```

```
시작하는 숫자를 입력하세요 --> 7
끝 숫자를 입력하세요 --> 12
7부터 12까지의 합 = 57
```

3. 반지름을 입력받고 원의 면적과 둘레를 구하는 함수를 만들어 계산 결과를 출력하는 프로그램을
   작성하시오.

```
Hint    def areaLen():
            pi = 3.141592
            return  pi * radius * radius, ...
        ...
        area, length = areaLen()
```

```
반지름을 입력하세요 --> 5
반지름이 5 인 원의 넓이 = 78.5398
반지름이 5 인 원의 둘레 = 31.41592
```

4. 3번 문제에서 반지름이 0인 값을 입력할 때까지 면적과 둘레를 구하는 과정을 반복하면서 계산
   결과를 출력하는 프로그램을 작성하시오.

```
Hint    def areaLen():
            pi = 3.141592
            return  pi * radius * radius, ...

        while True:
            radius = int(input("반지름을 입력하세요 --> "))
            if radius==0:
                ...
                break
            area, length = areaLen()
            ...
```

```
반지름이 4 인 원의 둘레 = 25.132736
반지름을 입력하세요 --> 7
반지름이 7 인 원의 넓이 = 153.93800800000002
반지름이 7 인 원의 둘레 = 43.982288000000004
반지름을 입력하세요 --> 12
반지름이 12 인 원의 넓이 = 452.38924800000007
반지름이 12 인 원의 둘레 = 75.39820800000001
반지름을 입력하세요 --> 24
반지름이 24 인 원의 넓이 = 1809.5569920000003
반지름이 24 인 원의 둘레 = 150.79641600000002
반지름을 입력하세요 --> 0
반복 실행을 종료합니다...
```

5. 두 수를 입력받아 두 수의 사칙연산을 계산하는데, 난수를 생성해 임의로 사칙연산(+, -, *, /) 중 하나의 연산을 수행하는 함수를 만들고 두 숫자가 모두 0일 때까지 반복해서 함수를 호출해 계산 결과를 출력하는 프로그램을 작성하시오.

Hint
```
import random as r
def arithmatic(n1,n2):
    global no
    ...
    return eval(str(n1)+listop[no]+str(n2))

no=0
listop=["+","-","*","/"]
while True:
    ...
    if n1==0 and n2==0:
        ...
        break
    res=arithmatic(n1,n2)
```

```
        if no!=3:
            ...
        else:
            print("{} {} {} = {:.1f}".format(n1,listop[no],n2,res))
```

```
첫 번째 숫자를 입력하세요 --> 12
두 번째 숫자를 입력하세요 --> 3
12 / 3 = 4.0
첫 번째 숫자를 입력하세요 --> 4
두 번째 숫자를 입력하세요 --> 5
4 - 5 = -1
첫 번째 숫자를 입력하세요 --> 6
두 번째 숫자를 입력하세요 --> 2
6 * 2 = 12
첫 번째 숫자를 입력하세요 --> 34
두 번째 숫자를 입력하세요 --> 7
34 + 7 = 41
첫 번째 숫자를 입력하세요 --> 89
두 번째 숫자를 입력하세요 --> 78
89 * 78 = 6942
첫 번째 숫자를 입력하세요 --> 56
두 번째 숫자를 입력하세요 --> 32
56 / 32 = 1.8
첫 번째 숫자를 입력하세요 --> 45
두 번째 숫자를 입력하세요 --> 67
45 + 67 = 112
첫 번째 숫자를 입력하세요 --> 89
두 번째 숫자를 입력하세요 --> 45
89 / 45 = 2.0
첫 번째 숫자를 입력하세요 --> 0
두 번째 숫자를 입력하세요 --> 0
반복 실행을 종료합니다...
```

6. 클릭하는 곳에 녹색과 파란색, 빨간색 세 가지 색상 중 하나로 다각형을 그리는 프로그램을 작성하시오.

① b를 누리면 파란색으로, r을 누르면 빨간색으로, g를 누르면 녹색으로 키 이벤트를 등록한다.

② 3을 누르면 삼각형, 4를 누르면 사각형, 5를 누르면 오각형을 키 이벤트로 등록하고, 초깃값은 사각형이다.

Hint
```python
import turtle as t
no=4

def drawit(x, y):
    global no
    …
    t.begin_fill()
    for i in range(no):
        …
    t.end_fill()

def redc():
    t.color("red")
…

def set_3():
    global no
    no=3

…
t.onkey(redc,"r")
…
t.onkey(set_3,"3")
…
t.listen()
t.mainloop()
```

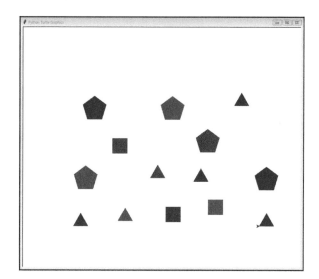

CHAPTER 6

리스트, 튜플,
집합, 딕셔너리

파이썬에서는 리스트(list), 튜플(tuple), 집합(set), 딕셔너리(dictionary) 같은 자료구조를 제공한다. 자료를 저장하는 여러 가지 유형의 자료구조를 제공하고 있어 다양한 응용 프로그램에 사용할수 있다. 리스트와 튜플은 여러 가지 종류의 자료를 갖는 것이고, 각 요소는 순서가 있고 인덱스로구분한다. 리스트와 튜플의 차이점은 튜플의 경우 처음 요소를 설정한 후 요소 값을 변경할 수 없다는 것이다. 집합은 수학의 집합처럼 순서 없이 중복되지 않는 유일한 값을 갖는 것이다. 딕셔너리는 키(key)와 값(value)으로 구분하는 것이고 키는 유일한 값을 갖는다.

	사용법	특징
리스트	list1 = [1,2,3,4,5,6]	중복 가능, 순서 있음
튜플	tuple1 = (1,2,3,4,5,6)	속도가 빠른 리스트, 자료 값 수정과 삭제 불가
집합	set1 = {1,2,3,4,5,6}	중복 불가, 순서 없음
딕셔너리	dic1 = {'han':23, 'lee':21}	**키:값** 형태, 키의 중복 불가

6.1 리스트

변수는 하나의 자료를 저장하고 값을 변경할 수 있는 것인데, 프로그램을 작성하면서 때로는 여러가지 자료를 하나의 묶음으로 저장해야 하는 경우도 있다. 이런 경우 리스트를 사용하면 유용하게활용할 수 있다.

리스트는 순서를 가지는 자료의 모음으로 **대괄호 []**를 사용하며, 각 자료는 **요소**라 하고 요소는 콤마(,)로 구분한다. 리스트는 각 요소를 수정하고 변경할 수 있어 많이 활용하는 자료구조이다.

```
리스트이름 = [요소1, 요소2, 요소3, ..., 요소n]
```

```
>>> 리스트1 = [1, 2, 3, 4, 5]
>>> 리스트2 = ['C', 'C++','java', 'python']
>>> 리스트3 = [77, 'A+', True, 92.7]
```

리스트의 각 요소는 동일한 자료형을 갖는 값이 들어갈 수 있고, 다양한 자료를 혼용해서 사용할수도 있다.

■ **append(자료): 리스트 요소 추가**

리스트에 요소를 추가할 때 append()의 ( ) 안에 추가할 자료를 넣으면 리스트 끝에 추가할 수 있다.

빈(공백) 리스트 name을 만들고 append()를 사용해 요소를 추가한다.

```
>>> name = [] #공백 리스트
>>> name.append('kim')
>>> name
['kim']
>>> name.append('han')
>>> name
['kim', 'han']
```

name 다음에 점(.)을 넣는 이유는 무엇일까요? 파이썬에서는 모든 것이 객체(object)이다. 리스트는 클래스로 만들어져 있고 name은 list 타입의 객체라는 것을 알 수 있다.

```
>>> type(name)
<class 'list'>
```

리스트 클래스 안에 정의된 메서드를 사용할 때 객체 이름 뒤에 점(.)을 붙이고 메서드이름을 사용한다. 메서드는 클래스 안에 정의된 함수이고 메서드라 부른다. 클래스는 객체를 만들 수 있는 것으로 객체의 설계도를 정의하는 것이고 클래스를 생성하는 것은 9장에 자세하게 나와 있다.

리스트의 특정 요소를 가져올 때 인덱스를 사용하고 인덱스는 0부터 시작한다.

```
>>> 리스트 = ['A+', 'A', 'B+', 'B', 'C+', 'C', 'D+', 'D', 'F']
>>> print(리스트[0])
A+
```

[0]	[1]	[2]	[3]	[4]	[5]	[6]	[7]	[8]
A+	A	B+	B	C+	C	D+	D	F

```
>>> 리스트[1] = 'A-'   # 리스트[1] 값 변경
>>> 리스트
['A+', 'A-', 'B+', 'B', 'C+', 'C', 'D+', 'D', 'F']
```

■ 리스트 요소 범위

리스트에서 요소들의 특정 범위를 나타내서 선택할 때 :(콜론)을 사용한다. [n1:n2]는 n1부터
n2-1까지 선택하는 것이다. [1:4]일 경우 인덱스 1부터 3까지 선택하는 것이다.

```
>>> print(리스트[1:4])
['A-', 'B+', 'B']
```

범위를 나타낼 때 [n:], [:n]처럼 시작 범위나 끝나는 범위 중 하나를 생략해서 나타낼 수 있는데
시작 범위를 생략하면 0부터 선택하는 것이고, 끝 범위를 생략하면 마지막 인덱스까지 선택하는
것이다.

```
>>> print(리스트[5:])
['C', 'D+', 'D', 'F']
>>> print(리스트[:5])
['A+', 'A-', 'B+', 'B', 'C+']
```

■ insert(): 요소의 삽입

insert(인덱스, 자료)는 인덱스 위치에 자료를 삽입하는 것이고, 반면 append()는 리스트 끝에 추가
하는 것이다.

```
>>> print(리스트)
['A+', 'A-', 'B+', 'B', 'C+', 'C', 'D+', 'D', 'F']
>>> 리스트.insert(1, 'A')
>>> print(리스트)
['A+', 'A', 'A-', 'B+', 'B', 'C+', 'C', 'D+', 'D', 'F']
```

■ **요소 삭제**

리스트의 요소를 삭제할 때 remove(), del, pop()을 사용한다.

■ **remove(요소): 특정 요소 삭제**

리스트의 특정 요소를 삭제할 때 remove()를 사용하고 **리스트이름**.remove() 안에 삭제할 요소를 넣어준다. 삭제할 요소의 인덱스를 몰라도 값을 넣어 삭제할 수 있다.

```
>>> 리스트 = ['A+', 'A', 'A-', 'A']
>>> 리스트.remove('A')
>>> print(리스트)
['A+', 'A-', 'A']
```

삭제할 값 'A'가 두 개인 경우, 첫 번째 요소를 삭제한다. 삭제할 값이 없는 경우 ValueError가 발생한다.

```
>>> 리스트
['A+', 'A-', 'A']
>>> 리스트.remove('B+')
Traceback (most recent call last):
  File "<pyshell#101>", line 1, in <module>
    리스트.remove('B+')
ValueError: list.remove(x): x not in list
```

ValueError를 방지하기 위해 **in** 연산자를 사용해 리스트 안에 값이 있는지 체크한 후 삭제해야 한다.

```
>>> if 'B+' in 리스트:
        리스트.remove('B+')


>>>
```

■ del 리스트이름[인덱스]: 인덱스 요소 삭제

삭제할 요소의 인덱스를 아는 경우 인덱스를 사용해 특정 요소를 삭제한다.

```
>>> 리스트 = ['A+', 'A', 'A-', 'A']
>>> del 리스트[3]
>>> 리스트
['A+', 'A', 'A-']
```

■ pop(): 맨 마지막 요소 삭제

pop()은 리스트의 맨 마지막 요소를 삭제한다.

```
>>> 리스트 = ['A+', 'A', 'A-', 'A', 'B+']
>>> 리스트.pop()
'B+'
>>> 리스트
['A+', 'A', 'A-', 'A']
```

■ clear(): 모든 요소 삭제

clear()는 리스트의 모든 요소를 삭제할 때 사용한다.

```
>>> 리스트 = ['A+', 'A', 'A-', 'A']
>>> 리스트.clear()
>>> 리스트
[]
```

■ count(): 특정한 요소 개수 반환

count()는 리스트의 특정 요소의 개수를 반환한다. 다음에서 요소 'A'의 개수 2를 반환한다.

```
>>> 리스트 = ['A+', 'A', 'A-', 'A']
>>> 리스트.count('A')  # 'A' 개수 카운트
2
```

■ index(): 리스트 인덱스 반환

index(요소)는 요소의 인덱스를 반환하는 것이고, ( ) 안에 요소를 넣어주면 요소의 인덱스를 반환한다. 만일 같은 값이 두 개인 경우, 첫 번째 인덱스를 반환한다. 요소가 없는 경우 ValueError가 발생하므로 in 연산자를 사용해 리스트 안에 자료가 있는지 체크한 후 사용해야 한다.

```
>>> 리스트 = ['A+', 'A', 'A-', 'A']
>>> 리스트.index('A')  # 'A'의 인덱스
1
```

■ 리스트 정렬: sort(), reverse()

sort()는 리스트의 요소를 가나다순으로 정렬하여 리스트의 요소를 가나다순(오름차순)으로 변경한다.

```
>>> 리스트 = ['C+', 'A+', 'A', 'A-', 'B+']
>>> 리스트.sort()
>>> 리스트
['A', 'A+', 'A-', 'B+', 'C+']
```

reverse()는 리스트의 요소 위치를 역순으로 변경한다.

```
>>> 리스트 = ['C+', 'A+', 'A', 'A-', 'B+']
>>> 리스트.reverse()
>>> 리스트
['B+', 'A-', 'A', 'A+', 'C+']
```

■ sorted() 함수

sorted() 함수는 리스트나 튜플 등의 요소를 정렬하는 것이다.

다음과 같이 리스트를 정렬할 때 기존 리스트는 변경하지 않고 정렬된 새로운 리스트를 생성하여 반환한다.

```
>>> 리스트 = ['C+', 'A+', 'A', 'A-', 'B+']
>>> 정렬리스트 = sorted(리스트)
>>> 정렬리스트
['A', 'A+', 'A-', 'B+', 'C+']
>>> 리스트
['C+', 'A+', 'A', 'A-', 'B+']
```

다음 예제는 학점을 입력받아 학점 리스트에 추가하여 출력하고, 특정한 학점(F) 수를 출력하는 프로그램이다. 's'나 'S'를 입력하는 경우 학점 입력을 끝내고, 올바른 학점을 입력하지 않는 경우에는 다시 입력받는다.

예제 gradeAppend.py

```python
# 학점 입력하고 학점 리스트에 추가
학점=[]
while True:
 등급=input("학점을 입력하세요 --> ")
 if 등급=="s" or 등급=="S":
    break
 elif 등급 in ['A+','A','B+','B','C+','C','D+','D','F']:
    학점.append(등급)
 else:
    print("올바른 학점을 입력하세요!")
print("* 학점 리스트:",학점)
if "F" in 학점:
    print("F :",학점.count("F"))
else:
    print("F 학점은 없습니다.")
```

실행 결과

```
학점을 입력하세요 --> A+
학점을 입력하세요 --> B+
학점을 입력하세요 --> v
올바른 학점을 입력하세요!
학점을 입력하세요 --> F
학점을 입력하세요 --> C+
학점을 입력하세요 --> A
학점을 입력하세요 --> s
* 학점 리스트: ['A+', 'B+', 'F', 'C+', 'A']
F : 1
```

다음 예제는 학점 리스트에서 각 학점의 개수를 출력하는 프로그램이다. 마지막 출력문에서 학점을 표시할 때, "%-3s"는 총 3자리로 왼쪽부터 들여쓰기를 맞춰서 학점을 표시하기 위해 사용한 것이다.

예제 gradeCountEx.py

```
# 각 학점의 개수를 출력하는 프로그램
학점=['B+','C','A+','B','A+','B+','A']
check=[]     # 카운트한 등급 목록
학점.sort() # 학점 오름차순으로 정렬
print("* 학점 리스트:",학점)
print("* 학점 카운트")
for gr in 학점: # 학점 리스트의 각 요소에 대해 반복
    if gr not in check:
        check.append(gr)  # 카운트한 리스트에 추가
        count=학점.count(gr)  # 등급 개수 카운트
        print(" %-3s: %d" %(gr,count))
```

실행 결과

```
* 학점 리스트: ['A', 'A+', 'A+', 'B', 'B+', 'B+', 'C']
* 학점 카운트
 A  : 1
 A+ : 2
 B  : 1
 B+ : 2
 C  : 1
```

다음 예제는 터틀 모듈을 사용해 리스트에 저장된 위치와 색상으로 색이 채워진 사각형을 그리는 프로그램이다. 사각형의 길이는 random 모듈의 randint()를 사용해 임의의 길이(50 ~ 100)를 생성한다. randint()는 값을 두 개 지정해 50부터 100까지 중 하나의 난수를 반환하고, random 모듈에 있으므로 import random을 사용해 random 모듈을 불러와야 한다.

for x,y,c in d_list: 문에서 d_list 안의 첫 요소 [0,0,"red"]를 가져와 x에 0, y에 0이 들어가서 (0, 0)이고, c에 "red"가 들어가 (0, 0)에 붉은색 사각형을 그리고, 다음에는 [100,100,"green"]에서 (100, 100), c에 "green"이 들어가 (100, 100)에 녹색 사각형을 그리고, 마지막으로 [−200,100,"pink"]에서 (−200, 100), c에 "pink"가 들어가 총 5개의 사각형을 그린다.

```python
import turtle as t
import random as r
t.shape("turtle")
d_list=[[0,0,"red"],[100,100,"green"],[-100,100,"blue"],
    [200,150,"yellow"],[-200,100,"pink"]]

def drawRect(x, y, c):
    t.up()
    t.goto(x, y)
    t.down()
    t.color(c)
    leng = r.randint(50, 100)
    t.begin_fill()
    for i in range(4):
        t.forward(leng)
        t.left(90)
    t.end_fill()

for x,y,c in d_list:
    drawRect(x, y, c)
```

실행 결과

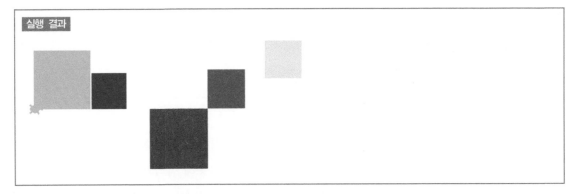

6.2 튜플

튜플은 리스트와 유사하게 여러 종류의 자료들을 요소로 갖지만, 자료 값은 변경할 수 없다. 튜플에 처음 요소들이 지정된 후 요소의 수정과 삭제가 불가능한 자료구조이고, 리스트는 대괄호 []를 사용하지만, 튜플은 **소괄호 ()**를 사용한다. 튜플은 리스트에 비해 접근 속도가 빠른 장점이 있다.

튜플이름 = (요소1, 요소2, 요소3, ..., 요소n)

```
>>> 튜플1 = ()  # 공백 튜플
>>> print(튜플1)
()
>>> 튜플2 = (1, 2, 3, 4, 5)
>>> print(튜플2)
(1, 2, 3, 4, 5)
>>> 튜플3 = ('kim', 'lee', 'han')
>>> print(튜플3)
('kim', 'lee', 'han')
>>> 튜플4 = ('A', 'B', 77, 25.7, True)
>>> print(튜플4)
('A', 'B', 77, 25.7, True)
>>> print(튜플4[0])  # 인덱스 0 요소
A
```

튜플은 리스트처럼 다양한 자료를 갖도록 생성할 수 있고, 리스트처럼 인덱스를 사용해 각 요소를 가져올 수 있다. 튜플 요소의 인덱스는 0부터 시작한다.

하나의 요소만 갖는 튜플을 생성할 때 주의할 점은 **튜플=(10,)**처럼 반드시 콤마(,)를 넣어서 생성해야 튜플이 된다.

```
>>> 튜플 = (10,)
>>> print(튜플)
(10,)
>>> 튜플 = (10)
>>> print(튜플)
10
```

튜플 안에 다른 튜플을 넣어 이중 튜플을 생성하는 것이 가능하다.

```
>>> 튜플1 = (1, 2, 3)
>>> 튜플2 = 튜플1, (4, 5, 6)
>>> print(튜플2)
((1, 2, 3), (4, 5, 6))
```

■ len() 함수: 튜플 길이

len()은 튜플 요소의 개수를 반환한다.

```
>>> 튜플4 = ('A', 'B',  77, 25.7, True)
>>> print(len(튜플4))   # 튜플4 요소 수
5
```

■ tuple() 함수: 튜플 생성

tuple()은 () 안에 있는 내용으로부터 튜플을 만드는 함수이다.

```
>>> 튜플 = tuple([1, 2, 3, 4, 5])  # 리스트로 부터 튜플 생성
>>> print(튜플)
(1, 2, 3, 4, 5)
```

```
>>> 튜플 = tuple({1, 2, 3, 4, 5})  # 집합(set)를 튜플로 생성
>>> print(튜플)
(1, 2, 3, 4, 5)
```

■ TypeError 발생

튜플의 요소를 변경하는 경우 TypeError가 발생한다.

```
>>> 튜플4 = ('A', 'B', 77, 25.7, True)
>>> 튜플4[0]='C'
Traceback (most recent call last):
  File "<pyshell#17>", line 1, in <module>
    튜플4[0]='C'
TypeError: 'tuple' object does not support item assignment
>>> 튜플4 = ('C', 'B', 77, 25.7, True) # 튜플 다시 생성
>>> print(튜플4)
('C', 'B', 77, 25.7, True)
```

튜플에 처음 값이 지정된 후 요소 값을 변경할 때 TypeError가 발생하지만, 튜플4 = ('C','D', 23.5, 28, True)처럼 작성해 모든 요소에 대해 새롭게 값을 지정하면서 튜플을 생성하면 값을 변경하는 것은 가능하다.

■ **튜플 대입 연산: =**

튜플 대입 연산은 튜플의 요소들을 여러 개의 변수에 대해 한꺼번에 값을 대입하는 기능이다.

```
>>> 학생 = ('kim', 21, '010-7777-2277')
>>> (이름, 나이, 핸드폰번호) = 학생
>>> print(이름)
kim
>>> print(나이, 핸드폰번호)
21 010-7777-2277
```

두 변수의 값을 서로 교환할 경우, 튜플을 사용하면 아주 편리하다. 일반적으로 다음과 같이 두 변수의 값을 서로 교환한다.

```
>>> x = 10
>>> y = 20
>>> temp = x
>>> x = y
>>> y = temp
>>> print(x, y)
20 10
```

튜플을 사용해 대입하면 두 수의 값을 간단하게 교환할 수 있다.

```
>>> x = 10
>>> y = 20
>>> (x, y) = (y, x)
>>> print(x, y)
20 10
```

다음 예제는 원하는 개수의 원의 반지름을 입력받고, 튜플을 사용해 원의 면적과 둘레를 반환해서 출력하는 프로그램이다.

예제 areaCircumEx.py

```python
def areaCircum():
    return (PI*r**2, 2*PI*r) # return PI*r**2, 2*PI*r

PI = 3.14
n = int(input("원의 수 입력 --> "))
for i in range(n):
    r = float(input("반지름 입력 --> "))
    (area, circum)= areaCircum() # area, circum=areaCircum()
    print("반지름", r, "인 원의 면적 :",area,", 둘레:",circum)
```

실행 결과

```
원의 수 입력 --> 3
반지름 입력 --> 5
반지름 5.0 인 원의 면적 : 78.5 , 둘레: 31.400000000000002
반지름 입력 --> 6.5
반지름 6.5 인 원의 면적 : 132.665 , 둘레: 40.82
반지름 입력 --> 3
반지름 3.0 인 원의 면적 : 28.26 , 둘레: 18.84
```

6.3 집합

집합(set)은 수학의 집합처럼 중복된 자료들을 갖지 않는 자료구조이고, 집합의 요소를 표시할 때 **중괄호 { }**를 사용한다. 수학의 집합처럼 순서가 없어 리스트나 튜플처럼 인덱스로 요소를 가져올 수 없다.

```
집합이름 = {요소1, 요소2, 요소3, ..., 요소n}
```

```
>>> 집합1 = {1, 2, 3, 4, 5}
>>> print(집합1)
{1, 2, 3, 4, 5}
>>> 집합2 = {'kim', 'lee', 'han'}
>>> print(집합2)
{'kim', 'lee', 'han'}
>>> 집합3 = {'kim', 21, '컴퓨터공학과', 78.2, True}
>>> print(집합3)
{True, '컴퓨터공학과', 21, 'kim', 78.2}
```

집합은 리스트나 튜플처럼 다양한 자료를 요소로 가질 수 있다. 다른 점은 집합에는 중복된 값이 들어가지 않는다.

```
>>> 집합 = {1, 2, 3, 1, 2}
>>> print(집합)
{1, 2, 3}
```

집합은 요소들의 모임이라 요소에 순서가 없고 들어간 순서와 다른 순서로 출력한다.

```
>>> 집합 = {1, 2, 3}
>>> print(집합)
{1, 2, 3}
>>> 집합 = {3, 1, 2}
>>> print(집합)
{1, 2, 3}
>>> 이름 = {'kim', 'lee', 'han', 'cho', 'kang'}
>>> print(이름)
{'kim', 'cho', 'han', 'kang', 'lee'}
```

집합 안에 다른 집합을 넣어 이중집합을 생성할 수 있다.

```
>>> 집합1 = {1, 2, 3}
>>> 집합2 = 집합1, {4, 5, 6}
>>> print(집합2)
({1, 2, 3}, {4, 5, 6})
```

■ len() 함수

len()을 사용해 집합의 요소 개수를 반환할 수 있다.

```
>>> 집합 = {'kim', 'lee', 'han'}
>>> print(len(집합))
3
```

■ set() 함수

set()은 ( ) 안에 있는 내용을 집합으로 변경하는 함수이고 공백 집합을 만들 때 사용한다. 주의할 사항은 공백 집합을 만들 때 반드시 set()을 사용해야 한다. **집합1={ }**처럼 생성하면 공백 딕셔너리를 생성한다.

```
>>> 집합 = set([1, 2, 3])  # 리스트를 집합으로 변경
>>> print(집합)
{1, 2, 3}
>>> 집합1 = set()  # 공백 집합
>>> print(type(집합1))
<class 'set'>
>>> 집합1 = { }  # 공백 집합대신 딕셔너리 생성
>>> print(type(집합1))
<class 'dict'>
```

■ TypeError 발생

집합은 순서가 없어 인덱스로 요소를 가져올 수 없고, 인덱스를 사용하면 TypeError가 발생한다.

```
>>> 집합 = {1, 2, 3}
>>> print(집합[0])
Traceback (most recent call last):
  File "<pyshell#213>", line 1, in <module>
    print(집합[0])
TypeError: 'set' object is not subscriptable
```

집합은 순서가 없어 인덱스를 사용해 요소를 가져올 수 없지만, for 문에서 각 요소를 가져올 수 있다.

```
>>> 집합 = {1, 2, 3}
>>> for i in 집합:
        print(i, end=" ")


1 2 3
```

■ add(): 요소 추가

add()는 집합에 요소를 추가할 때 사용한다.

```
>>> 집합 = {1, 2, 3}
>>> 집합.add(5)
>>> print(집합)
{1, 2, 3, 5}
```

■ remove(): 요소 삭제

remove()는 특정 요소를 삭제할 때 사용한다.

```
>>> 집합 = {1, 2, 3}
>>> 집합.remove(2)
>>> print(집합)
{1, 3}
```

■ clear(): 모든 요소 삭제

clear()는 집합의 모든 요소를 삭제하고, 공백 집합일 경우 set()으로 출력한다.

```
>>> 집합 = {1, 2, 3}
>>> print(집합)
{1, 2, 3}
>>> 집합.clear()
>>> print(집합)
set()
```

■ KeyError 발생

KeyError는 집합에 없는 자료를 삭제하는 경우 발생한다.

```
>>> 집합 = {1, 2, 3}
>>> 집합.remove(4)
Traceback (most recent call last):
  File "<pyshell#234>", line 1, in <module>
    집합.remove(4)
KeyError: 4
```

in 연산자를 사용해 집합에 있는지 확인하고 삭제해야 KeyError를 방지할 수 있다.

```
>>> 집합 = {1, 2, 3}
>>> if 4 in 집합:
        집합.remove(4)


>>>
```

■ 집합연산: union(), intersection(), difference()

union()은 합집합의 기능을 갖는 것이고, 두 집합을 합하기 위해 | 연산자를 사용할 수도 있다.

```
>>> 집합1 = {1, 2, 3}
>>> 집합2 = {4, 5, 6}
>>> 집합1 | 집합2
{1, 2, 3, 4, 5, 6}
>>> 집합1.union(집합2)
{1, 2, 3, 4, 5, 6}
>>> 집합2.union(집합1)
{1, 2, 3, 4, 5, 6}
```

intersection()는 교집합의 기능을 갖는 것이다. 두 집합의 겹치는 부분을 구하기 위해 & 연산자를 사용할 수도 있다.

```
>>> 집합1 = {1, 2, 3}
>>> 집합2 = {3, 5, 6}
>>> 집합1 & 집합2
{3}
>>> 집합1.intersection(집합2)
{3}
>>> 집합2.intersection(집합1)
{3}
```

difference()는 차집합의 기능을 갖는 것이다. 한 집합에서 다른 집합을 빼기 위해 - 연산자를 사용할 수도 있다.

```
>>> 집합1 = {1, 2, 3}
>>> 집합2 = {3, 5, 6}
>>> 집합1 - 집합2
{1, 2}
>>> 집합1.difference(집합2)
{1, 2}
>>> 집합2.difference(집합1)
{5, 6}
```

다음 예제는 두 가지 공연에 참석한 집합을 주고서 두 공연 모두 참석한 사람을 출력하는 프로그램이다.

```
#두 공연 모두 참석한 사람을 출력하는 프로그램
공연1={"kim","lee","han","cho","park"}
공연2={"lee","han","jung","cho","choi"}

print("* 공연1 참석자:", end=" ")
for 사람 in 공연1:
    print(사람,end=" ")

print("\n* 공연2 참석자:", end=" ")
for 사람 in 공연2:
    print(사람,end=" ")

# 교집합 사용해 두 공연 모두 참석한 사람 출력
print("\n* 두 공연 모두 참석한 사람:", end=" ")
공연=공연1.intersection(공연2)
for 사람 in 공연:
    print(사람,end=" ")
```

실행 결과
```
* 공연1 참석자: cho kim lee park han
* 공연2 참석자: cho choi jung lee han
* 두 공연 모두 참석한 사람: lee cho han
```

6.4 딕셔너리

딕셔너리(dictionary)는 사전이란 의미로 사전에 단어와 단어의 뜻이 있듯이, 키(key)와 값(value)을 갖는 자료구조이다. 키와 값, 한 쌍이 하나의 대응 관계를 갖고 있다.

```
딕셔너리 = { 키1 : 값1, 키2 : 값2, ..., 키n : 값n }
```

학생과 학과이름을 저장하는 딕셔너리를 다음처럼 만들 수 있다.

```
>>> 딕셔너리={'홍길동': '컴퓨터공학과', '김길동': '컴퓨터공학과', '박길동': '소프트웨어공학과'}
```

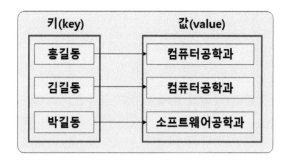

딕셔너리의 키는 학생이름이고, 값은 학과이름이 된다. 딕셔너리를 사용하면 원하는 학생의 학과이름을 바로 알 수 있다.

딕셔너리의 키로 학생이름을 넣으면 학과이름을 바로 가져올 수 있다.

```
>>> print(딕셔너리['홍길동'])
컴퓨터공학과
```

다양한 자료를 갖는 딕셔너리를 생성할 수 있다.

```
>>> 딕셔너리1={"하나":"one","소녀":"girl","사람":"person"}
>>> 딕셔너리1
{'하나': 'one', '소녀': 'girl', '사람': 'person'}
>>> 딕셔너리2={"name":"kim","나이":21,"점수":98}
>>> 딕셔너리2
{'name': 'kim', '나이': 21, '점수': 98}
>>> 딕셔너리3={1:"컴퓨터공학과",2:"소프트웨어공학과",3:"전자공학과"}
>>> 딕셔너리3
{1: '컴퓨터공학과', 2: '소프트웨어공학과', 3: '전자공학과'}
```

■ 딕셔너리의 키를 사용할 때 주의할 점

키에 숫자나 문자를 넣을 수 있고, 리스트, 집합은 넣을 수 없다.

키는 고유한 값을 갖기 때문에 중복될 수 없다. 동일한 키를 추가하면 나중에 추가된 키가 기존의 키를 덮어쓰기 해서 하나의 키만 남게 되고, 키를 사용해 값에 접근할 수 있기 때문이다.

■ dict() 함수

공백 딕셔너리를 생성할 때 dict()을 사용하거나 { }를 사용한다.

```
>>> 딕셔너리=dict()  # 공백 딕셔너리 생성
>>> 딕셔너리
{}
>>> 딕셔너리1={}     # 공백 딕셔너리 생성
>>> 딕셔너리1
{}
```

■ 딕셔너리의 요소 추가

딕셔너리[키] = 값 형태로 새로운 키와 값을 딕셔너리에 추가할 수 있다. 키는 문자나 숫자를 사용할 수 있다.

```
>>> 딕셔너리 = { }
>>> 딕셔너리['김길동'] = "컴퓨터공학과"
>>> 딕셔너리['홍길동'] = "컴퓨터공학과"
>>> print(딕셔너리)
{'김길동': '컴퓨터공학과', '홍길동': '컴퓨터공학과'}
>>> 딕셔너리 = { }
>>> 딕셔너리['박길동'] = "소프트웨어공학과"
>>> print(딕셔너리)
{'박길동': '소프트웨어공학과'}
```

딕셔너리1은 학급의 각 반별로 학생 수를 저장하는 딕셔너리이다.

```
>>> 딕셔너리1 = { }
>>> 딕셔너리1[1]=50
>>> print(딕셔너리1)
{1: 50}
>>> 딕셔너리1[2]=52
>>> print(딕셔너리1)
{1: 50, 2: 52}
>>> 딕셔너리1[3]=51
>>> print(딕셔너리1)
{1: 50, 2: 52, 3: 51}
```

■ 요소 접근

딕셔너리는 리스트와 튜플과는 달리 요소에 접근할 때 인덱스를 사용하는 것이 아니고, [] 안에 키를 사용하거나 get()을 사용해서 키에 대응하는 값을 가져올 수 있다. 사전에서 단어(키)를 찾으면 그 단어의 뜻(값)을 얻을 수 있는 것과 유사하다.

```
>>> 딕셔너리 = {'하나':'one', '소녀':'girl', '사람':'person'}
>>> print(딕셔너리)
{'하나': 'one', '소녀': 'girl', '사람': 'person'}
>>> print(딕셔너리['하나'])
one
>>> print(딕셔너리['소녀'])
girl
>>> print(딕셔너리['사람'])
person
```

■ KeyError 발생

딕셔너리[키]처럼 키를 검색할 때 해당 키가 없으면 KeyError가 발생하고, get()을 사용하면 KeyError가 발생하지 않고 None을 반환한다.

```
>>> 딕셔너리 = {'하나':'one', '소녀':'girl', '사람':'person'}
>>> print(딕셔너리.get('소년'))
None
>>> print(딕셔너리['소년'])
Traceback (most recent call last):
  File "<pyshell#277>", line 1, in <module>
    print(딕셔너리['소년'])
KeyError: '소년'
```

특정 키가 딕셔너리에 있는지 확인할 때 in 연산자를 사용한다.

```
>>> 딕셔너리 = {'하나':'one', '소녀':'girl', '사람':'person'}
>>> '소년' in 딕셔너리
False
```

KeyError를 방지하기 위해 in 연산자를 사용해 처리한다.

```
>>> if '소년' in 딕셔너리:
        print(딕셔너리['소년'])
else:
        print('소년 키가 없습니다.')


소년 키가 없습니다.
```

■ **요소의 추가와 삭제**

딕셔너리는 요소를 추가하거나 삭제할 수 있다. 딕셔너리는 요소를 추가할 때 [] 안에 추가할 키를 넣고 등호(=) 우측에 추가할 값을 지정한다.

```
>>> 딕셔너리 = {'하나':'one', '소녀':'girl', '사람':'person'}
>>> 딕셔너리['소년'] = 'boy'   # '소년': 'boy' 추가
>>> print(딕셔너리)
{'하나': 'one', '소녀': 'girl', '사람': 'person', '소년': 'boy'}
```

요소를 삭제할 때 pop()을 사용한다. ( ) 안에 삭제할 키를 넣으면 그 키를 갖는 요소를 삭제하고 키에 대응하는 값을 반환한다. del 키워드를 사용해 요소를 삭제할 수도 있다.

```
>>> 딕셔너리 = {'하나':'one', '소녀':'girl', '사람':'person'}
>>> 딕셔너리.pop('하나')
'one'
>>> print(딕셔너리)
{'소녀': 'girl', '사람': 'person'}
>>> del 딕셔너리['사람']
>>> print(딕셔너리)
{'소녀': 'girl'}
```

삭제할 때 키가 없는 경우, KeyError가 발생하므로 in 연산자를 사용해 처리한다.

```
>>> 딕셔너리 = {'하나':'one', '소녀':'girl', '사람':'person'}
>>> 딕셔너리.pop('소년')
Traceback (most recent call last):
  File "<pyshell#299>", line 1, in <module>
    딕셔너리.pop('소년')
KeyError: '소년'
>>> if '소년' in 딕셔너리:
        딕셔너리.pop('소년')


>>>
```

■ clear(): 모든 요소 삭제

clear()는 딕셔너리의 모든 요소를 삭제한다.

```
>>> 딕셔너리 = {'하나':'one', '소녀':'girl', '사람':'person'}
>>> 딕셔너리.clear()
>>> print(딕셔너리)
{}
```

■ 모든 요소 출력: items() 사용

items()를 사용해 딕셔너리의 모든 키와 값을 가져와서, (키, 값)의 형태로 표시한다.

```
>>> 딕셔너리 = {'하나':'one', '소녀':'girl', '사람':'person'}
>>> 딕셔너리.items()
dict_items([('하나', 'one'), ('소녀', 'girl'), ('사람', 'person')])
```

for 문에서 딕셔너리 요소를 가져와 출력할 수 있다.

```
>>> 딕셔너리 = {'하나':'one', '소녀':'girl', '사람':'person'}
>>> for 요소 in 딕셔너리.items():
        print(요소)


('하나', 'one')
('소녀', 'girl')
('사람', 'person')
```

다음과 같이 for 문에서 딕셔너리의 키와 값을 가져와 출력할 수 있다. 반복문에서 for 키, 값 in 딕셔너리.items():처럼 사용하면 딕셔너리의 키와 값을 따로 가져와 출력할 수 있다.

```
>>> 딕셔너리 = {'하나':'one', '소녀':'girl', '사람':'person'}
>>> for 키, 값 in 딕셔너리.items():
        print(키, ":", 값)


하나 : one
소녀 : girl
사람 : person
```

■ keys(), values() 사용

keys(), values()를 사용해서 딕셔너리의 키와 값을 따로 분리해서 가져올 수 있다.

딕셔너리의 키를 가져올 때 딕셔너리.keys()를 사용하고, 딕셔너리의 값을 가져올 때 딕셔너리.values()를 사용한다.

```
>>> 딕셔너리 = {'하나':'one', '소녀':'girl', '사람':'person'}
>>> sorted(딕셔너리.keys())
['사람', '소녀', '하나']
>>> sorted(딕셔너리.values())
['girl', 'one', 'person']
```

for 문을 사용해 딕셔너리의 키를 가져와 키와 값을 출력할 수 있다.

```
>>> 딕셔너리 = {'하나':'one', '소녀':'girl', '사람':'person'}
>>> for 키 in 딕셔너리.keys():
        print(키, ":", 딕셔너리[키])


하나 : one
소녀 : girl
사람 : person
```

■ **요소 정렬: sorted() 함수**

sorted() 함수를 사용해 딕셔너리의 키나 값을 정렬할 수 있다.

딕셔너리의 모든 항목을 출력할 때 sorted() 함수를 적용해 딕셔너리의 키 크기순으로 정렬해서 출력할 수 있다.

```
>>> 딕셔너리 = {'하나':'one', '소녀':'girl', '사람':'person'}
>>> for 키 in sorted(딕셔너리.keys()):
        print(키, ":", 딕셔너리[키])


사람 : person
소녀 : girl
하나 : one
```

다음 예제는 1~3 사이의 학과 코드를 입력받고 학과이름을 출력하는 프로그램이다. 학과코드가 0일 경우 반복문을 종료한다.

예제 codeDic.py

```python
#학과 코드를 입력받고 학과이름을 출력하는 프로그램
딕셔너리={1:"컴퓨터공학과", 2:"소프트웨어공학과", 3:"전자공학과"}

while True:
    code=int(input("학과 코드를 입력하세요 (1-3), 끝낼경우(0) --> "))
    if code==0:          # 반복문을 끝냄
        break
    elif 1<= code <= 3:  #1-3일 경우만 학과이름 출력
        print("학과 코드 : %d, 학과이름 : %s" %(code, 딕셔너리[code]))
    else:                # 1-3이 아닌 경우
        print("올바른 학과 코드를 입력하세요")
```

실행 결과

```
학과 코드를 입력하세요 (1-3), 끝낼경우(0) --> 1
학과 코드 : 1, 학과이름 : 컴퓨터공학과
학과 코드를 입력하세요 (1-3), 끝낼경우(0) --> 3
학과 코드 : 3, 학과이름 : 전자공학과
학과 코드를 입력하세요 (1-3), 끝낼경우(0) --> 5
올바른 학과 코드를 입력하세요
학과 코드를 입력하세요 (1-3), 끝낼경우(0) --> 2
학과 코드 : 2, 학과이름 : 소프트웨어공학과
학과 코드를 입력하세요 (1-3), 끝낼경우(0) --> 0
```

다음 예제는 딕셔너리를 사용해 각 학점의 개수를 카운트하여 저장하고 학점의 개수를 출력하는 프로그램이다.

예제 gradeCountDic.py

```python
# 각 학점의 개수를 출력하는 프로그램
학점=['B+','C','A+','B','A+','B+','A']
등급={}      # 카운트 등급 딕셔너리
학점.sort() # 학점 오름차순으로 정렬

print("* 학점 리스트:",학점)
print("* 학점 카운트")
```

```
for gr in 학점: # 학점 리스트의 각 요소에 대해 반복
    if gr not in 등급:
        등급[gr]= 학점.count(gr) # 등급 딕셔너리에 값(카운트) 추가
        print(" %-3s: %d" %(gr,등급[gr]))

print("* 등급 딕셔너리:",등급)
```

실행 결과

```
* 학점 리스트: ['A', 'A+', 'A+', 'B', 'B+', 'B+', 'C']
* 학점 카운트
 A  : 1
 A+ : 2
 B  : 1
 B+ : 2
 C  : 1
* 등급 딕셔너리: {'A': 1, 'A+': 2, 'B': 1, 'B+': 2, 'C': 1}
```

다음 예제는 딕셔너리를 사용해 한영사전을 만들어 단어를 입력받고 뜻을 출력하는 프로그램이다.

예제 dictEx.py

```
# 한영사전을 만들어 출력하는 프로그램
dict = {"하나":"one" , "소녀":"girl" , "사람":"person" ,
        "소년":"boy" , "단어":"word", "사과":"apple" }

print("* 사전 목록") # 사전에 들어 있는 단어 출력하기
for 키  in dict.keys():
    print(키)
print()

while True:
    word=input("단어를 입력하세요 --> 끝낼 때(s, S) ")
    if word=="s" or word=="S":  # 반복문을 끝냄
        break
    elif word in dict.keys():      # 사전에 있는 경우 뜻 출력
        print(dict[word])
    else:                          # 사전에 없는 단어일 경우
        print("목록에 있는 단어를 입력하세요.")
```

＊사전 목록
하나
소녀
사람
소년
단어
사과

단어를 입력하세요 --> 끝낼 때(s, S) 하나
one
단어를 입력하세요 --> 끝낼 때(s, S) 사람
person
단어를 입력하세요 --> 끝낼 때(s, S) w
목록에 있는 단어를 입력하세요.
단어를 입력하세요 --> 끝낼 때(s, S) 소년
boy
단어를 입력하세요 --> 끝낼 때(s, S) 소
목록에 있는 단어를 입력하세요.
단어를 입력하세요 --> 끝낼 때(s, S) 사과
apple
단어를 입력하세요 --> 끝낼 때(s, S) s

다음 예제는 고사성어 사전을 딕셔너리로 만들고, 고사성어를 입력받아 고사성어의 뜻을 출력하는
프로그램이다.

예제 dictAncieEx.py

```
# 고사성어 사전을 만들어 출력하는 프로그램
dict = {"가화만사성":" 家和萬事成 가정이 화목하면 모든 일이 잘 이루어 짐.",
        "갑론을박":"甲論乙駁 자기의 주장을 세우고 남의 주장을 반박함.",
        "과대망상":"誇大妄想 턱없이 과장하여 그것을 믿는 망령된 생각",
        "대서특필":"大書特筆 특히 드러나게 큰 글자로 적어 표시함.",
        "동병상련":"同病相憐 같은 처지에 있는 사람끼리 서로 동정함.",
        "외유내강":"外柔內剛 겉으로 보기에는 부드러우나 속은 꿋꿋하고 강함." }

print("＊ 고사성어  목록") # 사전에 들어 있는 고사성어 출력하기
for 키  in dict.keys():
    print(키)
print()
```

```
while True:
    gosa=input("고사성어를 입력하세요 --> 끝낼 때(s, S) ")
    if gosa=="s" or gosa=="S":   # 반복문을 끝냄
        break
    elif gosa in dict.keys():    # 사전에 있는 경우 뜻 출력
        print(dict[gosa])
    else:                        # 사전에 없는 고사성어일 경우
        print("목록에 있는 고사성어를 입력하세요.")
```

실행 결과

```
* 고사성어 목록
가화만사성
갑론을박
과대망상
대서특필
동병상련
외유내강

고사성어를 입력하세요 --> 끝낼 때(s, S) 갑론을박
甲論乙駁 자기의 주장을 세우고 남의 주장을 반박함.
고사성어를 입력하세요 --> 끝낼 때(s, S) 외유내강
外柔內剛 겉으로 보기에는 부드러우나 속은 꿋꿋하고 강함.
고사성어를 입력하세요 --> 끝낼 때(s, S) 강
목록에 있는 고사성어를 입력하세요.
고사성어를 입력하세요 --> 끝낼 때(s, S) 동병상련
同病相憐 같은 처지에 있는 사람끼리 서로 동정함.
고사성어를 입력하세요 --> 끝낼 때(s, S) s
```

■ 파이썬에서는 **리스트(list)**, **튜플(tuple)**, **집합(set)**, **딕셔너리(dictionary)** 자료구조를 제공한다.

	사용법	특징
리스트	list1 = [1,2,3,4,5,6]	중복 가능, 순서 있음
튜플	tuple1 = (1,2,3,4,5,6)	속도가 빠른 리스트, 자료 값 수정과 삭제 불가
집합	set1 = {1,2,3,4,5,6}	중복 불가, 순서 없음
딕셔너리	dic1 = {'han':23, 'lee':21}	**키:값** 형태, 키의 중복 불가

■ **리스트**는 순서를 갖는 자료의 모음으로 **대괄호 []**를 사용하며, 각 자료는 **요소**라 하고 요소는 콤마(,)로 서로 구분한다. 리스트는 각 요소를 수정하고 변경할 수 있어 많이 활용하는 자료구조이다.

■ 리스트에 요소를 추가할 때 **리스트이름.append(자료)**를 사용해 리스트 끝에 자료를 추가할 수 있다.

■ **리스트이름.insert(인덱스, 자료)**는 인덱스 위치에 자료를 삽입하는 것이다.

■ 리스트의 요소를 삭제할 때 **리스트이름.remove(), del, 리스트이름.pop()**을 사용한다.

■ **튜플**은 리스트와 유사하게 여러 종류의 자료들을 요소로 갖지만 자료 값은 변경할 수 없고 **소괄호 ()**를 사용한다. 튜플은 리스트에 비해 접근 속도가 빠른 장점이 있다.

■ **집합(set)**은 수학의 집합처럼 중복된 자료들을 갖지 않는 자료구조로 요소에 순서가 없고 들어간 순서와 다른 순서로 출력한다.

■ **딕셔너리(dictionary)**는 사전이란 의미로 사전에 단어와 단어의 뜻이 있듯이, **키(key)**와 **값(value)**을 갖는 자료구조이다. 키와 **값**, 한 쌍이 하나의 대응 관계를 갖고 있다.

딕셔너리 = { 키1 : 값1, 키2 : 값2, ..., 키n : 값n }

1. 성적이 0일 때까지 반복해서 입력받아 리스트에 저장하고 성적의 합계와 평균을 계산해서 출력하는 프로그램을 작성하시오.

```
Hint    slist = []
        total = 0
        while True:
            num= int(input("정수를 입력하세오: --> "))
            if num==0:
                ...

        for i in slist:
            ...

        print("* 평균= %.1f" %avg)
```

```
정수를 입력하세오: --> 77
정수를 입력하세오: --> 83
정수를 입력하세오: --> 97
정수를 입력하세오: --> 85
정수를 입력하세오: --> 73
정수를 입력하세오: --> 67
정수를 입력하세오: --> 98
정수를 입력하세오: --> 0
* 성적 리스트 : [77, 83, 97, 85, 73, 67, 98]
* 합계= 580
* 평균= 82.9
```

2. random의 randint(1, 6)를 사용해 난수로 주사위의 값(1,2,3,4,5,6)을 100번 생성해 각 값들의 빈도수를 계산해서 출력하는 프로그램을 작성하시오.

> Hint
> ```python
> import random as r
> counter = [0, 0, 0, 0, 0, 0]
>
> for i in range(100):
>     ...
>     counter[value-1] = counter[value-1] + 1
> ```

> ```
> 주사위 1 인 경우 : 12 번
> 주사위 2 인 경우 : 16 번
> 주사위 3 인 경우 : 22 번
> 주사위 4 인 경우 : 18 번
> 주사위 5 인 경우 : 15 번
> 주사위 6 인 경우 : 17 번
> ```

3. 2번 문제의 주사위 숫자의 빈도 수를, 딕셔너리를 사용해 저장하고 출력하는 프로그램을 작성하시오.

> Hint
> ```python
> import random as r
> counter = {1:0,2:0,3:0,4:0,5:0,6:0}
>
> for i in range(100):
>     ...
>     counter[value] = counter[value] + 1
>
> for i in counter.keys() :
>     ...
> ```

```
주사위 1 인 경우 :  14 번
주사위 2 인 경우 :  16 번
주사위 3 인 경우 :  20 번
주사위 4 인 경우 :  11 번
주사위 5 인 경우 :  22 번
주사위 6 인 경우 :  17 번
```

4. 다음과 같이 책의 재고를 관리할 때 원하는 물품을 구매하고 부족한 물품을 보충하는 작업을 실행하는 프로그램을 작성하시오.

   ① 물품 목록 출력

   ② 구매, 보충, 종료(quit) 세 메뉴 중 하나 선택

   ③ 원하는 물품이 없는 경우 "물품이 없습니다." 출력

   ④ 재고량보다 큰 수량을 구매할 경우, 재고 수량만 구매 가능하고 구매한 수량을 출력, 수정된 물품 목록 다시 출력

   ⑤ 보충의 경우 물품을 보충한 후 수정된 물품 목록 출력

```
Hint     items = { "자바": 5, "파이썬": 6, "C++": 2,  "C": 1 }

         def item_print():
          print("==================")
          print("   물품 목록")
          print("==================")
          for key in sorted(items.keys()):
            print("  "+key,":",items[key])
          print("==================")
          ...
```

```
while True:
 item_print()
 while True:
   print("책 목록 구매나 보충 선택 --> 구매 :1, 보충:2, quit:0 ")
   choice=input("원하는 번호를 선택하세요 --> ")
  ...
 n=int(choice)
 if n==1:
   ...
   if items[item] >= no:
      print (item," --> ",no,"개구매함...")
      ...
   else:
      ...

 elif n==2:
   item = input("보충할 책 이름을 입력하시오: ");
   ...
   no=input("보충 수량을 입력하세요 ")
   ...
```

```
==================
  물품 목록
==================
 C : 1
 C++ : 2
 자바 : 5
 파이썬 : 6
==================
책 목록 구매나 보충 선택 --> 구매 :1, 보충:2, quit:0
원하는 번호를 선택하세요 --> 1
구매할 책 이름을 입력하세요: 파이썬
구매 수량을 입력하세요 7
파이썬  --> 재고량이 부족해서 6 개만 구매함...
==================
  물품 목록
==================
 C : 1
 C++ : 2
 자바 : 5
 파이썬 : 0
==================
책 목록 구매나 보충 선택 --> 구매 :1, 보충:2, quit:0
원하는 번호를 선택하세요 --> 2
보충할 책 이름을 입력하시오: 파이썬
보충 수량을 입력하세요 7
==================
  물품 목록
==================
 C : 1
 C++ : 2
 자바 : 5
 파이썬 : 7
==================
책 목록 구매나 보충 선택 --> 구매 :1, 보충:2, quit:0
원하는 번호를 선택하세요 --> 1
구매할 책 이름을 입력하세요: 자바
구매 수량을 입력하세요 4
자바  -->  4 개구매함...
==================
  물품 목록
==================
 C : 1
 C++ : 2
 자바 : 1
 파이썬 : 7
==================
책 목록 구매나 보충 선택 --> 구매 :1, 보충:2, quit:0
원하는 번호를 선택하세요 --> 0
종료합니다...
```

5. 색상을 리스트에 저장하고 random 모듈의 r.choice()를 사용해 하나의 색상을 선택하고, 별을 그리는 위치와 크기는 난수를 생성해 20개의 별을 그리는데, 별을 그리는 함수를 사용해 프로그램을 작성하시오.

Hint
```python
import turtle as t
import random as r

def drawStar(t, colour, x, y):
    t.color(colour)
    t.begin_fill()
    ...
    t.goto(x, y)
    ...
    for i in range(5):
        ...
        t.right(144)
    t.end_fill()

for i in range(20):
    color = r.choice(['pink', 'yellow', 'orange', 'green', 'skyblue', 'blue'])
    length = r.randint(10, 100)
    x = r.randint(-200, 200)
    ...
```

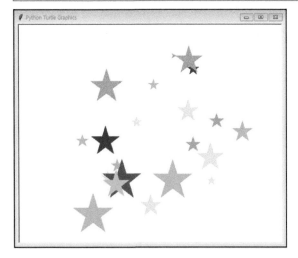

tkinter

tkinter는 파이썬에서 GUI(graphical user interface)를 작성하기 위한 표준 인터페이스이고 윈도우를 생성할 수 있다. tkinter는 Tk interface의 약자로 유닉스 계열 컴퓨터에서 많이 사용했던 플랫폼 독립적인 GUI 라이브러리이다. 그래픽 관련 프로그램을 개발할 때 tkinter를 활용하고 있다.

7.1 tkinter란?

tkinter는 GUI 프로그램을 작성할 때 활용하는 표준 라이브러리이다. turtle 모듈을 사용하면 그림을 다양하게 그리기 힘들고 속도가 느린 단점이 있지만, tkinter를 사용하면 키보드로부터 입력받아 이벤트를 처리하거나 마우스 동작 관련 다양한 이벤트 처리도 가능하고 속도도 빠른 장점이 있다.

tkinter는 다른 GUI 프레임워크에 비해 지원하는 위젯들이 많지 않고 사용자 인터페이스도 세련미는 부족하지만, 파이썬을 설치하면 기본적으로 내장되어 있는 표준 라이브러리라서 별도로 설치할 필요가 없고 쉽고 간단한 GUI 프로그램을 만들 때 활용할 수 있다. 위젯에는 라벨, 엔트리, 버튼 등이 있고 다양한 위젯을 사용하려면 PyQt6를 활용해 GUI 프로그램을 작성할 수 있다.

PyQt6는 Qt6 어플리케이션 프레임워크에 대한 파이썬 버전이고, Qt는 플랫폼에 관계없이 다양한 기능을 포함하는 C++ 라이브러리 개발 도구로 GUI 프로그램을 작성할 수 있다. PyQt6에는 1,000여개의 클래스들을 포함하는 파이썬 모듈이 있고, 윈도우, 리눅스, macOS, 안드로이드, iOS 등 다양한 운영체제를 지원한다. PyQt6는 외부 패키지라 "pip install PyQt6"를 사용해 PyQt6를 설치해서 아나콘다에서 사용할 수 있다. 외부 패키지를 설치하는 방법은 10장에 자세하게 나와 있다.

이 책에서는 tkinter를 사용해 GUI 프로그램을 작성한다. tkinter를 사용하는 방법은 세 가지가 있다.

```
import tkinter
import tkinter as tk        # tkinter 모듈을 tk로 사용
from tkinter import *       # tkinter 모듈의 메서드 호출시 메서드이름으로 호출
```

import 문을 사용하여 GUI 모듈을 포함시키면 모듈에 있는 모든 기능을 사용할 수 있다.

■ 윈도우 생성

tkinter.Tk()를 사용해 윈도우를 표시할 수 있고 윈도우 이름을 지정해 사용한다.

```
import tkinter
윈도우이름 = tkinter.Tk()          # 최상위 레벨의 윈도우를 생성
```

윈도우이름 = tkinter.Tk()를 사용하여 최상위 레벨의 윈도우를 생성할 수 있다. Tk 클래스의 객체 (윈도우이름)를 생성하고, mainloop() 메서드를 호출한다. **윈도우이름.mainloop()**를 사용하여 윈도우가 종료될 때까지 실행시킨다.

프로그램을 실행하면 다음과 같이 가장 기본적인 윈도우가 나타난다.

IDLE 쉘에서 다른 방법으로 윈도우를 만들어 보자.

```
>>> from tkinter import *
>>> window=Tk()
```

from **tkinter** import * 처럼 사용하면 모듈에 있는 모든 기능을 사용할 때 tkinter.Tk()대신 Tk()처럼 객체 이름(tkinter)을 생략하고 더 간단히 사용할 수 있고, 동일한 윈도우를 생성한다.

7.2 윈도우 설정과 위젯

파이썬에서는 윈도우와 관련된 다양한 기능을 제공하여 윈도우 크기를 조절하거나 컴퓨터 화면에 좌표를 넣어 윈도우가 표시될 위치를 지정할 수 있다.

위젯은 GUI를 구성하는데 필요한 도구이고 윈도우 안에 위젯을 표시한다. 위젯에는 라벨, 엔트리, 버튼 등이 있다. 라벨은 윈도우에 텍스트나 이미지를 표시하는 것이고, 엔트리는 텍스트를 입력받거나 그 안에 메시지를 표시하기 위한 한 라인 텍스트 입력 박스이고, 버튼은 마우스로 클릭할 수 있는 위젯이다.

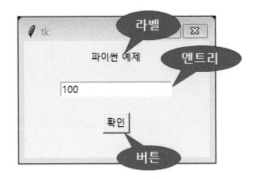

- title(): 제목 표시

title()의 ( ) 안에 윈도우 제목을 넣어주면 윈도우 상단에 제목이 나타난다. 다음과 같이 윈도우의 제목을 설정할 수 있다.

윈도우이름.title("제목")

윈도우 이름은 "window"이고, 윈도우 제목을 "TK GUI 예제"로 넣을 경우, window.title("TK GUI 예제")처럼 사용해 윈도우 제목을 넣어준다.

- geometry(): 윈도우 크기와 화면 표시 위치 지정

geometry()를 사용해 윈도우의 너비와 높이, 컴퓨터 화면에서 윈도우를 표시할 위치의 x 좌표와 y 좌표를 설정할 수 있다.

윈도우이름.geometry("너비x높이+x좌표+y좌표")

---

window.geometry("350x300+100+100")는 윈도우 크기는 350×300이고, 컴퓨터 화면 좌측 상단을 기준으로 (100, 100) 지점에 윈도우를 표시한다. 컴퓨터 화면 좌측 최상단이 (0, 0)이다.

- resizable(): 윈도우 크기 변경 가능 여부 설정

resizable(가로, 세로)를 사용하여 윈도우의 가로와 세로 크기를 변경 가능한 지 설정할 수 있고, True로 설정하는 경우 윈도우의 가로 · 세로 크기를 변경할 수 있다.

윈도우이름.resizable(가로, 세로)

---

resizable()을 적용할 때, True=1, False=0을 의미하여 1이나 0같은 상수를 대신 사용해도 된다. 윈도우 크기 변경이 불가능하도록 설정하는 경우 window.resizable(False, False)로 지정한다.

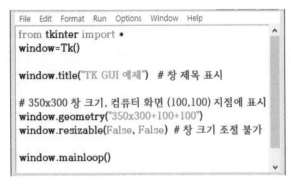

이 책에서는 from **tkinter** import * 문장을 사용해 tkinter를 포함시켜 사용한다.

■ tkinter 위젯

위젯은 GUI를 구성하는데 필요한 도구이다. 버튼이나 엔트리, 라벨 등이 있다. 다음과 같이 tkinter 에서 GUI를 구성할 때 사용하는 핵심 위젯들을 제공하고 있다.

위젯	설명
Button	버튼
Label	텍스트나 이미지 표시
Checkbutton	체크박스
Entry	한 라인 텍스트 입력 박스
Listbox	리스트 박스
Radiobutton	라디오 옵션 버튼
Message	Label과 비슷하게 텍스트 표시, Label과 달리 자동 래핑(글자 크기 조절) 기능이 있다.
Scale	숫자 값 조정하는 슬라이더 바
Scrollbar	스크롤 바
Text	멀티 라인 텍스트 입력 창, height와 width로 창 크기 조절
Menu	메뉴 Pane, 메뉴 생성
Toplevel	새 윈도우를 생성할 때 사용, Tk()는 윈도우를 자동으로 생성하지만 추가로 새 윈도우나 대화상자를 만들 경우 Toplevel을 사용
Frame	컨테이너 위젯, 다른 위젯들을 그룹화할 때 사용
PanedWindow	컨테이너 위젯, 다른 컨테이너 위젯 안에서 위젯들을 그룹화할 때 사용
Canvas	그래프와 점들로 그림을 그릴 수 있다.

■ 위젯 종류

위젯에는 **단순 위젯**과 **컨테이너 위젯**이 있다.

단순 위젯은 라벨, 엔트리, 버튼, 라디오버튼 등이고, 컨테이너 위젯은 다른 위젯을 포함할 수 있는 위젯으로 Frame, Toplevel, PanedWindow 등이 있다.

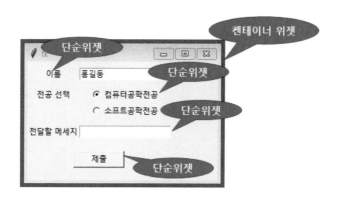

■ 위젯 생성

위젯을 생성하려면 위젯 객체를 생성하고, 생성한 위젯을 **pack()**을 사용해 윈도우에 배치해야 위젯을 윈도우에 표시한다. pack()은 위젯을 윈도우에 표시하는 가장 간단한 방법이다. 윈도우의 크기를 별도로 지정하지 않은 경우, pack()은 위젯의 크기만큼 압축해 표시한다.

Label 위젯을 윈도우에 배치하여 보자.

Label은 윈도우에 텍스트나 이미지를 표시하는 것이다. Label을 사용하여 특정 위젯에 이름표를 달아 위젯의 의미를 파악할 수 있고, 삽입한 이미지나 도표, 그림 등에 설명글을 넣을 수 있다.

윈도우에 Label(라벨) 위젯을 생성할 때 위젯의 속성을 설정할 수 있다. **text**는 라벨에 표시할 내용을 지정하는 것이다. **pack()**을 사용하여 윈도우에 위젯을 배치한다.

```
위젯이름 = Label(윈도우이름, text="내용")
위젯이름.pack()
```

350×300 크기를 갖는 윈도우 안에 "파이썬 라벨"이라는 위젯을 표시한다. 컴퓨터 화면에서 윈도우를 표시하는 위치는 (100, 100)이고, 컴퓨터 화면 좌측 최상단이 (0, 0)이다.

```
>>> from tkinter import *
>>> window=Tk()
>>> window.title("TK GUI 예제")
''
>>> window.geometry("350x300+100+100")
''
>>> label=Label(window, text="파이썬 라벨")
>>> label.pack()
```

■ 윈도우 기본 크기 사용

윈도우 크기를 지정하지 않고 pack()을 사용해 위젯을 배치하여 보자.

```
>>> from tkinter import *
>>> window=Tk()
>>> label=Label(window, text="파이썬 라벨")
>>> label.pack()
```

윈도우 크기를 별도로 지정하지 않고 pack()을 사용하면 위젯의 크기만큼 윈도우 크기를 자동으로 조절한 후 다음과 같이 위젯을 표시한다.

윈도우에 엔트리와 라벨을 같이 배치하여 보자.

```
>>> from tkinter import *
>>> window=Tk()
>>> window.geometry("200x200")
''
>>> label=Label(window, text="이름: ")
>>> entry=Entry(window)
>>> label.pack(pady=10)
>>> entry.pack(pady=10)
```

pack()으로 배치할 때 **padx**와 **pady**를 사용해 위젯 간에 좌우 · 상하 여백을 조절할 수 있다. pack()을 사용하면 윈도우를 자동으로 축소하는데, **geometry()**를 사용해 윈도우 크기를 지정하면 축소하지 않는다.

window.geometry("200x200")를 사용해 윈도우 크기를 200×200으로 지정한다.

■ 위젯 속성 지정

위젯을 생성할 때 속성을 넣어 위젯의 크기나 배경색, 글자색, 여백 등을 설정할 수 있다. 원하는 속성 값을 지정하여 다양한 형태의 위젯을 윈도우에 생성할 수 있다.

다음과 같은 위젯 속성이 있고 속성을 설정해 위젯을 표시한다.

위젯 속성	설 명
text	위젯에 표시할 문자열 지정
width	위젯의 너비
height	위젯의 높이, 엔트리에는 사용불가
relief	위젯의 테두리 모양, solid, groove 등 사용
background, bg	위젯의 배경 색상
foreground, fg	위젯의 문자열 색상
padx	위젯의 테두리와 내용 사이의 가로 여백 지정, 버튼이나 라벨에 사용
pady	위젯의 테두리와 내용 사이의 세로 여백 지정, 버튼이나 라벨에 사용

■ Label(라벨)

Label을 이용하여 윈도우에 텍스트를 표시하는데, 다른 위젯에 이름표를 달아주거나 삽입한 이미지나 도표, 그림 등에 설명글을 넣어 줄 수 있다.

```
라벨이름 = Label(윈도우이름, 속성1, 속성2, 속성3, ...)
라벨이름.pack()
```

라벨 객체를 생성하면서 해당 윈도우에 표시할 라벨의 속성을 설정할 수 있다. 여기서 width와 height를 사용해 가로·세로 라벨의 크기를 지정할 수 있다. fg는 라벨의 글자색을 지정하는 것이고, relief는 라벨의 테두리 선을 만드는 것으로 "solid"는 실선으로 테두리를 표시한다. padx나 pady를 사용해 라벨 텍스트와 테두리 사이의 안쪽 여백을 지정할 수도 있다.

라벨이름.pack()을 사용해야 윈도우에 라벨을 표시한다. pack()으로 라벨을 표시할 때, 위젯간의 간격(바깥 여백)을 조절해 윈도우에 표시할 수 있다. padx를 사용해 라벨 위젯의 바깥쪽 좌우 여백을 지정할 수 있고, pady를 사용해 라벨 위젯의 바깥쪽 상하 여백을 지정할 수 있다.

```
>>> from tkinter import *
>>> window=Tk()
>>> label=Label(window, text="파이썬", width=7, height=2, fg="red", relief="solid")
>>> label.pack(pady=10)  # 라벨 바깥쪽 상하 여백 지정
```

■ Entry(엔트리)

Entry는 한 라인 텍스트 입력 박스로, 그 안에 새로운 텍스트를 입력하거나 특정 텍스트를 표시하기 위한 한 줄의 입력 박스이다.

```
엔트리이름 = Entry(윈도우이름, 속성1, 속성2, 속성3, …)
엔트리이름.pack()
```

해당 윈도우에 표시할 엔트리의 속성을 설정하면서 엔트리 객체를 생성한다. Entry의 경우, width를 사용해 입력 박스 크기는 조정할 수 있지만, padx나 pady를 사용해 입력 박스 안쪽 여백을 지정할 수 없다. width를 생략하면 기본 입력 박스 크기인 20으로 표시해 20개의 문자를 표시하는 크기이고, 입력할 수 있는 문자는 20개 이상도 가능하다.

엔트리이름.pack()을 사용해야 윈도우에 엔트리를 표시한다. pack()으로 엔트리를 표시할 때 padx나 pady를 사용하여 엔트리 위젯 바깥쪽 좌우·상하 여백을 지정해 위젯간의 간격을 조절할 수 있다.

```
>>> from tkinter import *
>>> window=Tk()
>>> entry=Entry(window, fg="blue", relief="solid")
>>> entry2=Entry(window, fg="blue", relief="solid", width=20)
>>> entry.pack(padx=10, pady=10)
>>> entry2.pack(padx=10, pady=10)
```

■ Button(버튼)

Button을 사용하여 함수나 메서드 등을 실행시키기 위한 **버튼**을 생성할 수 있다.

> **버튼이름 = Button**(윈도우이름, 속성1, 속성2, 속성3, …)
> **버튼이름.**pack()

버튼 객체를 생성하면서 해당 윈도우에 표시할 버튼의 속성을 설정할 수 있다.

Button(window, text="확인")은 [확인] 버튼을 만드는 것이고 **버튼이름**.pack()을 사용해 윈도우에
표시한다.

```
>>> from tkinter import *
>>> window=Tk()
>>> but1=Button(window, text="확인")
>>> but2=Button(window, text="취소")
>>> but1.pack(pady=10)
>>> but2.pack(pady=10)
```

■ 이미지 표시

윈도우에 이미지를 표시하는 간단한 방법은 라벨의 image 속성을 사용해 이미지를 표시하는 것이다. 라벨에 텍스트를 표시할 때 text 속성을 사용하고, 이미지를 표시할 때는 image 속성을 사용한다.

PhotoImage()를 사용해 이미지 파일을 이미지 객체로 먼저 생성한 후 이미지 라벨을 생성하고 이미지를 표시한다.

■ PhotoImage(): 이미지 객체 생성

PhotoImage()는 이미지 파일을 받아 이미지 객체를 생성할 때 사용한다.

```
photo = PhotoImage(file = path)          # photo = PhotoImage(file = "test.gif")
imageLabel = Label(윈도우이름, image=photo)
```

photo = PhotoImage(file="test.gif")처럼 "test.gif"를 이미지 객체로 생성해 photo에 저장한다. 여기서, 이미지 파일과 이미지를 사용하는 파이썬 파일은 같은 폴더에 위치해야 하고, 위치가 다른 경우 이미지 파일의 경로를 file="d:/image/test.gif"처럼 넣어준다. 이미지 파일의 경로를 표시할 때 /나 \를 사용할 수 있고, \를 사용할 때는 \\로 나타내어 file="d:\\image\\test.gif"처럼 사용해야 한다. \가 이스케이프 문자이므로 \\로 나타낸다.

이미지 라벨을 생성할 때 imageLabel = Label(윈도우이름, image=photo)처럼 사용해 image 속성에 photo를 넣어 이미지 라벨을 만든다.

다음 예제는 라벨을 사용해 텍스트와 이미지를 표시하는 프로그램이다. 라벨에 텍스트를 표시할 때 label = Label(window, text="fruit.gif 파일", font=("돋음체", 14, "bold"), fg="blue")처럼 font 속성을 사용해 글꼴, 글자크기, 스타일("bold"나 "italic")을 지정할 수 있다.

```
from tkinter import *

window = Tk()

# "fruit.gif" 파일을 photo에 가져옴
photo = PhotoImage(file="fruit.gif")
imageLabel = Label(window, image=photo)
imageLabel.pack()

# font 사용해 글꼴, 글자크기, 스타일("bold", "italic") 지정
label = Label(window, text="fruit.gif 파일", font=("돋음체", 14,"bold"), fg="blue")
label.pack()

window.mainloop()
```

실행 결과

■ 라벨 이미지 변경

라벨의 텍스트를 변경할 때 **라벨이름["text"]="변경할 내용"**처럼 작성해서 텍스트를 변경하는데, 라벨의 이미지를 변경할 때는 다른 방법을 사용한다. 단순히 텍스트를 변경하는 것이 아니라 이미지 파일을 바꿔 새로운 이미지를 표시해야하기 때문에 더 복잡하다.

다음과 같이 imageLabel.configure()를 사용하고 imageLabel.image에 다른 이미지객체를 대입해 이미지를 변경한다. imageLabel은 이미지를 표시하는 라벨이다.

```
img = PhotoImage(file = path)        # img = PhotoImage(file = "test.gif")
imageLabel.configure(image = img)
imageLabel.image = img
```

PhotoImage()를 사용해 이미지 객체를 생성할 때, 파이썬 파일과 이미지 파일이 같은 폴더에 있는 경우 file="test.gif"처럼 파일이름을 넣고, 경로가 다른 경우 이미지 파일의 경로를 file="d:/image/test.gif"처럼 넣어준다.

■ 버튼 이벤트 처리

버튼을 클릭했을 때 특정한 이벤트가 작동되도록 처리하려면 command를 사용해 이벤트를 처리할 함수이름을 지정한다. 이벤트를 처리할 함수를 먼저 작성한 후, 버튼을 만들고 command를 사용해 이벤트를 처리할 함수이름을 지정한다.

```
button = Button(윈도우이름, text="클릭", command=함수이름)
```

다음 예제는 버튼을 처음 한번 클릭했을 때 라벨의 이미지를 다른 이미지로 변경해 표시하는 프로그램이다. 버튼을 클릭했을 때 changeImage 함수를 호출하도록 지정하려면 command=changeImage처럼 command에 함수 이름을 대입하고, 버튼을 생성할 때 속성으로 넣어준다. 버튼 이벤트를 처리하는 방법은 7.4절에 자세하게 나와 있다.

예제 imageChangEx.py

```python
from tkinter import *

def changeImage():
    img = PhotoImage(file = "test2.gif") # "test2.gif" 이미지 객체 생성
    imageLabel.configure(image = img)
    imageLabel.image = img  # 라벨 이미지 변경
    photo=img
window = Tk()
```

```python
photo = PhotoImage(file="test1.gif")  # "test1.gif" 이미지  객체 생성
imageLabel = Label(window, image=photo)
imageLabel.pack(padx=10, pady=10)  # 좌우 상하 간격 조정

# 버튼을 누르면 라벨의 이미지 변경
button = Button(window, text='이미지변경', command=changeImage)
button.pack( pady=10)  # 상하 간격 조정

window.mainloop()
```

실행 결과

다음 예제는 버튼을 클릭할 때마다 라벨의 두 이미지를 교대로 표시하는 프로그램이다.

예제 imageChangEx2.py

```python
from tkinter import *

def changeImage():
    global photo
    if photo["file"]=="test1.gif":  # test1.gif인 경우 test2.gif로 변경
        path="test2.gif"
    else:                           # test2.gif인 경우 test1.gif로 변경
        path="test1.gif"
    img = PhotoImage(file = path)  # 변경된 이미지  객체 생성
    imageLabel.configure(image = img)
    imageLabel.image = img  # 라벨 이미지 변경
    photo=img
window = Tk()
```

```
photo = PhotoImage(file="test1.gif")  # "test1.gif" 이미지 객체 생성
imageLabel = Label(window, image=photo)
imageLabel.pack(padx=10, pady=10)  # 좌우 상하 간격 조정

# 버튼을 누르면 라벨의 다른 이미지로 변경
button = Button(window, text='이미지변경', command=changeImage)
button.pack( pady=10)  # 상하 간격 조정

window.mainloop()
```

실행 결과

■ 배경색과 글자색 사용

위젯을 만들 때 특정한 배경색을 넣거나 글자색을 지정하여 표시할 수 있다. 텍스트를 표시할 때 text를 사용했듯이 배경색은 bg, 글자색은 fg를 사용한다.

배경색과 글자색을 넣어 여러 가지 위젯을 만들어 보자. 배경색을 파란색으로 넣을 경우 다음처럼 bg="blue"라고 작성한다.

```
>>> from tkinter import *
>>> window=Tk()
>>> window.geometry("200x200")
''
>>> label=Label(window, text="이름: ", fg="blue")
>>> entry=Entry(window,bg="pink" )
>>> but1=Button(window, text="확인", bg="blue", fg="white")
```

```
>>> but2=Button(window, text="취소", bg="blue", fg="white")
>>> label.pack(pady=10)
>>> entry.pack(pady=10)
>>> but1.pack(pady=10)
>>> but2.pack(pady=10)
```

[확인]과 [취소] 버튼을 같은 줄에 표시하거나, 원하는 위치에 표시하려면 다른 배치 방법을 사용해야한다. 파이썬에서는 위젯의 크기와 위치를 관리하는 **배치 관리자**를 제공하고, pack()이 아닌 다른 배치 관리자를 사용하면 위젯을 다양하게 배치할 수 있다.

7.3 배치 관리자

배치 관리자는 위젯의 크기와 위치를 관리하는 객체이다. 위젯을 배치할 때 원하는 위치에 배치하거나 라벨과 엔트리를 같은 라인에 배치할 수 있다. 엔트리 앞에 이름표를 다는 것처럼 라벨을 붙이면 사용자가 엔트리의 의미를 파악해 엔트리에 적절한 자료를 입력할 수 있다. 배치 관리자를 사용해 위젯을 배치하면 위젯을 원하는 위치에 배치할 수 있다.

위젯을 배치하는 방법은 세 가지가 있다.

• 압축(pack) 배치 관리자
• 격자(grid) 배치 관리자
• 위치(place) 배치 관리자

압축 배치 관리자는 pack()을 사용하고, 윈도우의 크기 지정이 없는 경우 위젯의 크기만큼 윈도우를 압축하는 것이다.

격자(grid) 배치 관리자는 grid()를 사용하고, 행과 열을 지정해서 격자를 나타내고 격자 안에 위젯을 배치하는 것이다.

위치(place) 배치 관리자는 place()를 사용해 x, y 좌표를 지정한 후 이 위치에 위젯을 배치하는 것이다.

■ 격자(grid) 배치 관리자

격자(grid) 배치 관리자를 사용하면 행과 열을 지정한 후 격자 안에 위젯을 배치할 수 있다.

위젯이름.grid(row=n1, column=n2)   # n1, n2는 행과 열이고, 0부터 시작함.

위젯을 생성한 후 격자(grid) 배치 관리자를 사용해, 행과 열을 지정한 후 위젯을 배치하여 보자.

위젯이름.grid(row=0, column=0)처럼 위젯을 배치하면 0행 0열에 위젯을 배치하는 것이다. row는 반드시 들어가고, column이 0일 경우 column은 생략가능하다.

window.mainloop()은 윈도우를 닫으면 실행을 끝낸다.

```
>>> from tkinter import *
>>> window = Tk()
>>> window.geometry("230x150") # 창 크기 230x150
''
>>> lab1=Label (window, text = "이름")
>>> lab2=Label (window, text = "학번")
>>> name = Entry(window)
>>> name.insert(0, "홍길동") # name 입력창에 "홍길동" 표시
>>> stNo = Entry(window)
>>> lab1.grid(row=0,padx=10,pady=10)
>>> lab2.grid(row=1,padx=10,pady=10)
>>> name.grid(row=0, column=1)
>>> stNo.grid(row=1, column=1)
>>> window.mainloop()
```

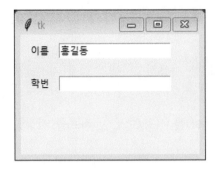

■ columnspan: 열 병합

여러 개의 열에 하나의 위젯만 표시해야 하는 경우가 있다. columnspan 속성을 사용하면 여러 개의 열을 병합해 위젯을 표시할 수 있다.

```
>>> from tkinter import *
>>> window=Tk()
>>> entry=Entry(window)
>>> entry.grid(row=0, columnspan=3, padx=10,pady=10)
>>> bt1=Button(window, text="확인")
>>> bt2=Button(window, text="취소")
>>> bt3=Button(window, text="경고")
>>> bt1.grid(row=1)
>>> bt2.grid(row=1,column=1)
>>> bt3.grid(row=1,column=2,pady=10)
```

entry.grid(row=0, columnspan=3, padx=10, pady=10)을 사용하면 세 개의 열을 병합해 하나의 엔트리를 표시한다. 0행에는 엔트리 하나만 표시하고 1행에는 세 개의 버튼을 표시한다.

■ 위치(place) 배치 관리자

위치 배치 관리자는 x, y 좌표를 주고 이 위치에 위젯을 배치하는 것이다.

위젯이름.place(x=n1, y=n2)를 사용해 x 좌표와 y 좌표를 지정해 배치한다.

윈도우 왼쪽 최상단이 (0, 0)이고, x는 오른쪽 방향으로 증가하고 y는 아래쪽으로 증가한다.

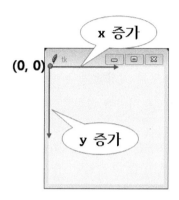

```
>>> from tkinter import *
>>> window = Tk()
>>> lab1=Label (window, text = "위치1", bg="yellow")
>>> lab1.place(x=0, y=0)
>>> lab2=Label (window, text = "위치2", bg="blue", fg="white")
>>> lab2.place(x=20, y=20)
>>> lab3=Label (window, text = "위치3", bg="pink")
>>> lab3.place(x=80, y=100)
>>> window.mainloop()
```

7.4 이벤트 처리

버튼을 클릭할 때, 라벨의 내용을 변경하거나, 엔트리에 입력한 내용을 가져오거나, 엔트리에 다른 내용을 표시하거나, 마우스의 특정 동작에 대해 이벤트를 처리하는 다양한 응용 프로그램을 작성할 수 있다.

7.4.1 버튼 이벤트

버튼을 클릭했을 때 이벤트를 처리하도록 지정할 경우 이벤트를 처리할 함수를 먼저 만든 후 버튼 이벤트를 처리하도록 작성한다. 이벤트를 처리할 함수를 먼저 작성한 후, 버튼을 만들면서 command를 사용해 이벤트를 처리할 함수이름을 지정한다.

[클릭] 버튼을 클릭했을 때 지정한 함수를 호출한다. 주의할 사항은 버튼을 생성하기 전에 이벤트를 처리할 함수는 미리 작성해야 한다.

```
def 함수이름():
    print("버튼을 클릭했어요~")
    …
    …
button = Button(윈도우이름, text="클릭", command=함수이름)
```

버튼을 생성할 때 button = Button(윈도우이름, text="클릭", command=함수이름)처럼 작성하고, 이벤트를 처리할 함수이름을 command=함수이름으로 지정한다.

버튼을 생성하면서 command를 사용해 함수를 지정하면 함수를 실행시켜 이벤트를 처리할 수 있다. 버튼을 클릭했을 때 특정 함수를 호출하여 이벤트를 처리하는데, 버튼을 클릭했을 때 처리할 내용을 함수로 작성해 이벤트를 처리한다.

다음은 버튼을 클릭하면 "버튼을 클릭했어요~"를 출력하고 윈도우 안에 라벨도 "버튼을 클릭했어요~"로 변경하는 예제이다. 버튼을 세 번 클릭한 결과이다.

```
>>> from tkinter import *
>>> window = Tk()
>>> def click():  # 버튼 이벤트 처리 함수
        print("버튼을 클릭했어요~")
        lab["text"]="버튼을 클릭했어요~"  # 라벨의 텍스트를 변경


>>> button = Button(window, text="클릭", command=click)
>>> lab=Label(window, text="버튼을 클릭하세요~")
>>> button.pack(padx=10, pady=10) # 위젯간 상하 좌우 간격 조정
>>> lab.pack(padx=10, pady=10)     # 위젯간 상하 좌우 간격 조정
>>> window.mainloop()
버튼을 클릭했어요~
버튼을 클릭했어요~
버튼을 클릭했어요~
```

버튼을 클릭하기 전 초기 윈도우이고, 라벨은 "버튼을 클릭하세요~"이다.

버튼을 클릭하면 라벨이 "버튼을 클릭했어요~"로 변경되고, 버튼을 클릭할 때마다 "클릭했어요~"를 출력한다.

다음과 같이 IDLE에서 작성하고 buttonEvt.py로 저장하여 실행할 수 있다.

```
File  Edit  Format  Run  Options  Window  Help
from tkinter import *

def click():   # 버튼 이벤트 처리 함수
        print("버튼을 클릭했어요~")
        # 라벨의 텍스트를 변경
        lab["text"]="버튼을 클릭했어요~"

window = Tk()

button = Button(window, text="클릭", command=click)
lab=Label(window, text="버튼을 클릭하세요~")

# 위젯간 상하,좌우간격 조정
button.pack(padx=10, pady=10)
lab.pack(padx=10, pady=10)

window.mainloop()
```

■ **라벨 속성 변경**

이벤트를 처리하여 라벨의 속성을 다른 내용으로 변경할 수 있다.

텍스트를 변경할 때 **라벨이름["text"]="변경할 내용"**으로 작성하면 "변경할 내용"으로 라벨의 텍스트를 변경할 수 있다. 배경색과 글자색을 변경할 때도 동일한 방법을 사용해 변경한다.

라벨이름["text"]="변경할 내용"	# 라벨을 "변경할 내용"으로 변경
라벨이름["bg"]="blue"	# 라벨 배경색상을 파란색으로 변경
라벨이름["fg"]="white"	# 라벨 글자색을 흰색으로 변경

7.4.2 엔트리 활용 이벤트

엔트리를 활용해 다양한 이벤트를 처리할 수 있다. 사용자가 엔트리에 입력한 값을 가져올 수 있고, 엔트리에 다른 텍스트를 표시해 변경할 수 있다.

■ **입력 값 가져오기: 엔트리이름.get()**

엔트리에 입력한 값을 가져올 때 **엔트리이름.get()**을 사용한다. 엔트리에서 가져온 값은 모두 문자열이고, 숫자가 들어 있어도 문자열로 가져온다. 엔트리에 입력한 값을 사용해 계산할 경우, int() 나 float()를 사용해 자료형을 수치 자료로 변경해야 한다.

```
name = Entry(윈도우이름)
name.pack(padx=10, pady=10)
str = name.get()              # 엔트리 내용 가져와서 str에 저장
```

■ **엔트리에 내용 표시: 엔트리이름.insert()**

엔트리에 새로운 내용을 표시할 때는 **엔트리이름.insert(0, "표시할 내용")**을 사용하고 0을 넣으면 첫 칸부터 표시한다. 현재 엔트리의 내용 끝에 추가해 표시할 경우 **엔트리이름.insert(END, "표시할 내용")**을 사용한다. END를 사용하면 현재 엔트리의 끝에 내용을 추가해 표시한다. 엔트리에 들어가는 값은 문자열이므로 숫자 자료형일 경우 str()을 사용해 문자열로 변경한 후 표시해야 한다.

```
name = Entry(윈도우이름)
name.pack(padx=10, pady=10)
name.insert(0, "홍길동")        # name 엔트리에 "홍길동" 표시
name.insert(END, "입니다.")     # name 엔트리 끝에 "입니다." 추가해 표시
```

■ **엔트리 내용 삭제: 엔트리이름.delete()**

입력한 내용을 모두 삭제할 때 **엔트리이름.delete(0, END)**를 사용한다. 0칸부터 끝까지 모든 내용을 삭제한다.

```
name = Entry(윈도우이름)
name.pack(padx=10, pady=10)
name.insert(0, "홍길동")        # name 엔트리에 "홍길동" 표시
name.delete(0, END)            # name 엔트리의 내용 삭제
```

엔트리이름.insert()로 엔트리에 특정 문자열을 표시하고, **엔트리이름.get()**을 사용해 현재 엔트리 내용을 가져올 수 있다. 주의할 점은 엔트리는 문자열만 처리하므로, 숫자가 들어가 있어도 문자열로 가져온다.

name.insert(0, "홍길동")으로 엔트리에 "홍길동"을 표시하고 str = name.get()으로 str에 "홍길동"을 저장한다.

```
>>> from tkinter import *
>>> window = Tk()
>>> name = Entry(window)
>>> name.pack(padx=10, pady=10)
>>> name.insert(0, "홍길동")    # name 입력창에 "홍길동" 표시
>>> str=name.get() # 엔트리 내용 가져와서 str에 저장
>>> print(str)
홍길동
```

특히, 엔트리 내용을 가져와서 계산할 경우, int()나 float() 함수를 사용해 문자열을 정수나 실수로 변환한 후 사용해야 한다.

```
>>> from tkinter import *
>>> window=Tk()
>>> x=Entry(window)
>>> x.pack(padx=10, pady=10)
>>> num=int(x.get())
>>> print("num =",num, ", num + 10 =", num+10)
num = 10 , num + 10 = 20
```

만일 엔트리에서 입력받은 값을 정수로 변환하지 않고 바로 수식에 사용할 경우 자료형이 맞지 않아 TypeError가 발생한다.

```
>>> from tkinter import *
>>> window=Tk()
>>> x=Entry(window)
>>> x.pack(padx=10, pady=10)
>>> num=x.get()
>>> num +=10
Traceback (most recent call last):
  File "<pyshell#33>", line 1, in <module>
    num +=10
TypeError: can only concatenate str (not "int") to str
```

다음과 같이 정수 값을 갖는 변수 num 값을 엔트리에 표시할 때도 str() 함수를 사용해 문자열로 변환해서 넣어야 한다. 엔트리에 현재 내용이 아닌 다른 새로운 내용을 표시할 때, 먼저 x.delete(0, END)를 사용해 현재 있는 내용을 삭제하고 새로운 내용을 표시해야 한다. 만일 현재 내용을 삭제하지 않으면 현재 내용 앞에 새로운 내용을 추가해 표시한다.

```
>>> from tkinter import *
>>> window=Tk()
>>> x=Entry( window)
>>> x.pack(padx=10, pady=10)
>>> num = 10
>>> x.delete(0,END)
>>> x.insert(0, str(num))
```

다음 예제는 [확인] 버튼을 클릭했을 때 엔트리에 입력한 내용을 라벨에 표시하도록 이벤트를 처리하는 프로그램이다.

```
from tkinter import *  # tkinter 포함시키기

def click():
    # 입력한 이름과 학번 가져와서 하나의 문자열로 연결하기
    str="이름: "+name.get()+", 학번: "+stNo.get()
    lab3["text"]=str # 연결한 문자열을 lab3에 넣음

window = Tk()
window.geometry("220x200") # 창 크기 220x200
lab1=Label (window, text = "이름")
lab2=Label (window, text = "학번")
name = Entry(window)
name.insert(0, "홍길동") # name 입력창에 "홍길동" 표시
stNo = Entry(window)
lab1.grid(row=0,padx=10,pady=10)
lab2.grid(row=1,padx=10,pady=10)
name.grid(row=0, column=1)
stNo.grid(row=1, column=1)
bt=Button(window, text="확인", bg="blue", fg="white", command=click)
# 버튼을 표시할 두 열 병합, 중간에 표시
bt.grid(row=2,padx=10,pady=10,columnspan=2)
lab3=Label (window, text = " ")
# 라벨을 표시할 두 열 병합, 중간에 표시
lab3.grid(row=3,padx=10,pady=10,columnspan=2)
```

실행 결과

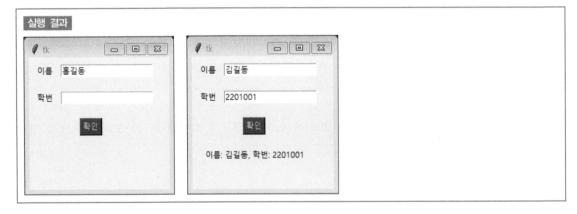

다음 예제는 센티미터를 인치로, 인치를 센티미터로 변환하는 버튼을 클릭했을 때 단위를 변환해서 엔트리에 표시하는 프로그램이다.

```python
from tkinter import *

def inchCalculate():  # cm-> inches
    cm = float(cmE.get())   # 가져온 문자를 실수로 변환
    inches = 0.394*cm
    incheE.insert(0, str(inches)) # 숫자를 문자열로 변환해 넣음

def cmCalculate():   # inches ->  cm
    cm = float(incheE.get())/0.394
    cmE.insert(0, str(cm))

def clear_t():          # 두 엔트리 입력 창 내용 삭제
    cmE.delete(0,END)
    incheE.delete(0,END)


window  = Tk()
lab1 = Label(window , text="센티미터", font=("돋음체", 14))
lab2 = Label(window, text="인치", font=("돋음체", 14))
lab1.grid(row=0)  # 0행 0열
lab2.grid(row=1)  # 1행 0열


cmE = Entry(window, bg="pink", fg="black")
incheE = Entry(window, bg="pink", fg="black")
cmE.grid(row=0, column=1,padx=10,pady=5)     # 0행 1열
incheE.grid(row=1, column=1,padx=10,pady=5) # 1행 1열

# command 사용해 단위 변환 함수 지정
b1 = Button(window, text="cm->inches", command=inchCalculate)
b2 = Button(window, text="inches->cm", command=cmCalculate)
b3 = Button(window, text="clear", command=clear_t)


b1.grid(row=2, padx=10,pady=5)               # 2행 0열
b2.grid(row=2, column=1,padx=10,pady=5) # 2행 1열
b3.grid(row=3, columnspan=2, pady=10)    # 3행 두열 병합
window.mainloop()
```

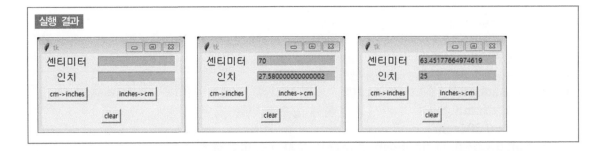

다음 예제는 이미지 라벨을 표시하고 [조회] 버튼을 누를 때 마다 조회 수를 하나씩 증가시켜 라벨에 표시하는 프로그램이다.

예제 countEvtEX.py

```python
from tkinter import *

window=Tk()
window.title("카운트")
window.geometry("250x300+100+100")

count=0

def countUp():
    global count
    count +=1
    label2.config(text=str(count))

photo = PhotoImage(file="test.gif")  # "test.gif" 이미지 객체 생성
imageLabel = Label(window, image=photo)

# 이미지 라벨 두 칼럼 병합, 좌우, 상하 간격 조정
imageLabel.grid(row=0, columnspan=2, padx=20, pady=20)

# 글꼴과 클자크기 굵은 글씨 지정
label1=Label(window, text="그림 조회수: ",font=("돋음체",12,"bold"))
label1.grid(row=1, column=0, padx=10, pady=10)

label2 = Label(window, text="0",font=("돋음체",12,"bold"))
label2.grid(row=1, column=1, pady=10)    # 상하 간격 조정
```

```
button = Button(window, text="조회", width=15, command=countUp)
button.grid(row=2, columnspan=2, padx=10, pady=10)

window.mainloop()
```

실행 결과

7.5 bind() 이벤트 처리

버튼의 경우 객체를 생성하면서 **command** 속성을 사용해 이벤트를 처리할 함수를 지정해 이벤트를 처리한다. 단순히 버튼을 클릭하는 것 외에 마우스의 여러 동작이나 특정 키를 눌렀을 때 이벤트를 처리할 경우 bind()를 사용한다.

엔트리이름.bind()를 사용해 특정 키를 누르거나 마우스의 다양한 동작에 대해 이벤트를 처리한다. bind()의 ( ) 안에 이벤트 종류와 함수이름이나 메서드이름을 넣어서 다양한 이벤트를 처리한다.

```
엔트리이름.bind("이벤트", 함수이름)          # 이벤트가 발생하면 함수 호출
엔트리이름.bind("〈Return〉", calculate)      # 엔티 키를 누르면 calculate 함수 호출
# 마우스 왼쪽 버튼 클릭할 때 calculate2 함수 호출
엔트리이름.bind("〈Button-1〉", calculate2)
```

■ bind() 이벤트 종류

bind()에 사용가능한 이벤트는 마우스와 관련된 이벤트와 특정 키를 눌렀을 때 작동하는 이벤트가 있다.

마우스와 관련된 이벤트에는 마우스 버튼(Button), 마우스 이동(Motion), 마우스 떼는 동작(Release), 마우스 더블클릭(Double Click)과 관련된 이벤트가 있다. 마우스 이벤트를 처리할 때 ⟨Button⟩, ⟨ButtonRelease⟩, ⟨Double-Button⟩처럼 사용해 특정한 마우스 버튼번호를 지정하지 않는 경우 모든 마우스 버튼에 이벤트를 적용할 수 있다.

■ 마우스 버튼 이벤트

이름	의미
⟨Button-1⟩, ⟨1⟩	마우스 왼쪽 버튼 클릭
⟨Button-2⟩, ⟨2⟩	마우스 휠 버튼 클릭
⟨Button-3⟩, ⟨3⟩	마우스 오른쪽 버튼 클릭
⟨ButtonPress⟩	마우스 버튼 누르는 동작

■ 마우스 이동 이벤트

이름	의미
⟨Motion⟩	마우스 이동
⟨B1-Motion⟩	마우스 왼쪽 버튼 누르면서 이동(드래그)
⟨B2-Motion⟩	마우스 휠 버튼 누르면서 이동
⟨B3-Motion⟩	마우스 오른쪽 버튼 누르면서 이동

■ 마우스 떼는 동작 이벤트

이름	의미
⟨ButtonRelease-1⟩	마우스 왼쪽 버튼 떼는 동작
⟨ButtonRelease-2⟩	마우스 휠 버튼 떼는 동작
⟨ButtonRelease-3⟩	마우스 오른쪽 버튼 떼는 동작

■ 마우스 더블클릭 이벤트

이름	의미
〈Double-Button-1〉	마우스 왼쪽 버튼 더블 클릭
〈Double-Button-2〉	마우스 휠 버튼 더블 클릭
〈Double-Button-3〉	마우스 오른쪽 버튼 더블 클릭

■ 키 이벤트

이름	의미
〈Key〉	특정 키 입력
〈Return〉	엔터 키 입력
〈BackSpace〉	백스페이스 키 입력
〈Caps_Lock〉	캡스 락 키 입력
〈Insert〉	Insert 키 입력
〈Delete〉	Delete 키 입력
〈Up〉	위쪽 화살표 키 입력
〈Down〉	아래쪽 화살표 키 입력
〈Right〉	오른쪽 화살표 키 입력
〈Left〉	왼쪽 화살표 키 입력

다음 예제는 수식을 입력하고 엔터키를 누르면 수식을 계산한 결과를 라벨에 표시하는 프로그램이다. eval() 함수를 사용하면 ( ) 안의 수식을 계산하고 계산 결과를 숫자로 반환한다. 숫자를 문자열로 변환하기 위해 str() 함수를 사용한다.

라벨의 텍스트를 변경할 때 **label2.config(text="계산 결과 = "+str(eval(entry.get())))** 처럼 작성해도 실행 결과는 같다.

예제 calExpEX.py

```python
from tkinter import *

window=Tk()
window.title("계산기")
window.geometry("320x110+100+100")

def calcute(event):
    #label2.config(text="계산 결과 = "+str(eval(entry.get())))
    label2["text"]="계산 결과 = "+str(eval(entry.get()))

# 글꼴과 글자크기 굵은 글씨 지정
label1=Label(window, text="수식 (ex. 2*4-3)",font=("돋음체",12,"bold"))
label1.grid(row=0, column=0, padx=10, pady=10)

entry=Entry(window)
entry.bind("<Return>", calcute)  # 엔터키를 누르면 calcute 호출
entry.grid(row=0, column=1, padx=10, pady=10)

# 글꼴과 글자크기 굵은 글씨 지정
label2=Label(window, fg="blue", font=("돋음체",14,"bold"))
label2.grid(row=1, columnspan=2, pady=10)

window.mainloop()
```

실행 결과

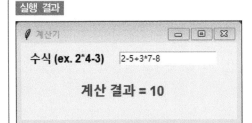

7.6 그래픽 이벤트 처리

터틀 모듈은 단순한 그래픽 기능을 제공한다. 터틀 모듈보다 다양한 형태의 그래픽 기능이 필요한 경우 Canvas를 사용해 선, 사각형, 원, 다각형 등 다양한 형태의 도형을 그릴 수 있다.

```
window = Tk()
canvas = Canvas(window, width=n1, height=n2)   # n1, n2는 가로, 세로 크기
```

■ 선 그리기: create_line()

캔버스이름.create_line()은 선을 그리는 것으로, 캔버스이름.create_line(x1, y1, x2, y2)처럼 두 개의 좌표 (x1, y1), (x2, y2)를 주면 두 점을 연결하는 직선을 그리고, 여러 개의 좌표를 주면 각 좌표를 연결하는 다각형을 그린다.

두 개의 좌표를 주면 두 점을 연결하여 직선을 그리고, 파란색 선으로 선을 그릴 경우 fill="blue"를 넣어준다. (50, 50)에서 (200, 150)까지 직선을 그린다.

```
>>> from tkinter import *
>>> window=Tk()
>>> canvas = Canvas(window, width=300, height=200)
>>> canvas.pack()
>>> canvas.create_line(50,50, 200,150, fill="blue")
```

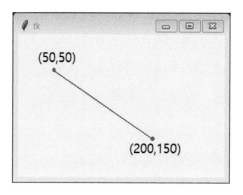

네 개의 좌표 (50, 50), (150, 50), (100, 150), (50, 50)을 연결하여 역삼각형을 그린다.

```
>>> from tkinter import *
>>> window=Tk()
>>> canvas = Canvas(window, width=300, height=200)
>>> canvas.pack()
>>> canvas.create_line(50, 50, 150, 50, 100,150, 50, 50, fill="blue")
```

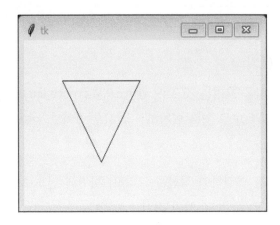

create_polygon(x1, y1, x2, y2, ⋯ , xn, yn, option)을 사용하면 다각형을 그릴 수 있다.

캔버스에 도형을 그릴 때 option이 들어 갈 수 있고, 그리기 유형에 따라 서로 다른 option을 지정한다. 예로서, 선을 그릴 때는 fill을 사용하고, outline을 사용하면 오류가 발생한다.

- fill : 배경 색상
- outline : 테두리 색상
- width : 가로 폭
- anchor : 위치 지정

■ 타원 그리기: create_oval()

캔버스이름.create_oval(x1, y1, x2, y2)를 사용하면, 두 좌표 (x1, y1), (x2, y2)를 대각선 꼭짓점으로 갖는 사각영역 안에 타원을 그린다. 파란색 테두리를 갖는 타원을 그릴 경우 outline="blue"

를 넣어주고, 파란 색상으로 채울 경우 fill="blue"를 같이 넣어준다.

```
>>> from tkinter import *
>>> window=Tk()
>>> canvas = Canvas(window, width=300, height=200)
>>> canvas.pack()
>>> canvas.create_oval(50, 50, 150, 150, outline="blue")
```

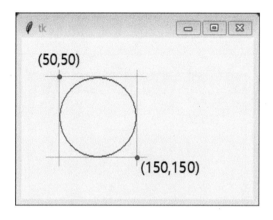

두 좌표의 사각 영역의 가로 폭과 세로 높이가 같으면 원을 그린다. 노란색으로 채워서 그릴 경우 fill="yellow"를 넣어준다.

```
>>> canvas.create_oval(50, 50, 150, 150, outline="blue", fill="yellow")
```

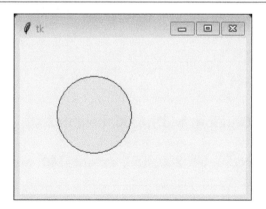

■ 사각형 그리기: create_rectangle()

캔버스이름.create_rectangle(x1, y1, x2, y2, option)을 사용하면, 타원을 그릴 때처럼 (x1, y1), (x2, y2) 두 좌표를 대각선 꼭짓점으로 갖는 사각형을 그린다.

```
>>> from tkinter import *
>>> window=Tk()
>>> canvas = Canvas(window, width=300, height=200)
>>> canvas.pack()
>>> canvas.create_rectangle(50, 50, 200, 150, outline="blue", fill="pink")
```

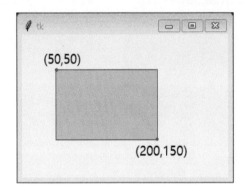

■ 호 그리기: create_arc()

캔버스이름.create_arc(x1, y1, x2, y2, extent=n, option)을 사용하면, 타원을 그릴 때처럼 (x1, y1), (x2, y2) 두 좌표의 대각선 꼭짓점 사각 영역 안에서 0도부터 n도까지 호를 그린다. extent=n을 사용해 그릴 각도 n을 표시한다. 0도부터 140도까지 파란색으로 호를 그린다.

```
>>> from tkinter import *
>>> window=Tk()
>>> canvas = Canvas(window, width=300, height=200)
>>> canvas.pack()
>>> canvas.create_arc(50, 50, 200, 150, extent=140, outline="blue")
```

■ 텍스트 넣기: create_text()

캔버스이름.create_text(x, y, text="텍스트", option)을 사용해 "텍스트"를 표시하는데, (x, y)는 "텍스트"의 중앙 위치를 나타낸다. font="돋움체 14 bold"를 사용해 글꼴과 글자 크기, 스타일을 지정한다.

```
>>> from tkinter import *
>>> window=Tk()
>>> canvas = Canvas(window, width=300, height=200)
>>> canvas.pack()
>>> canvas.create_text(150,50,text="텍스트 표시!",fill="blue",font="돋움체 14 bold")
```

(150, 50)은 표시된 텍스트의 중앙 위치를 나타낸다.

■ 이미지 넣기: create_image()

캔버스이름.create_image(x, y, image = 이미지객체이름, anchor=NW, option)은 이미지의 왼쪽 상단을 기준점으로 삼아 이미지의 왼쪽 상단이 (x, y)에 위치하도록 이미지를 표시한다. NW는 North West(왼쪽 상단)를 나타내는 것이다.

PhotoImage()로 이미지 객체를 생성한 후 create_image()를 사용해 캔버스에 이미지를 표시한다. 이미지 파일의 경로 "d:/test.png"를 표시할 때 /나 \를 사용할 수 있고, \를 사용할 때는 "d:\\test.png"처럼 사용해야 한다. \가 이스케이프 문자라서 \\로 나타낸다.

```
photo = PhotoImage(file="test.png")      # photo = PhotoImage(file="d:/test.png")
canvas.create_image(50, 50, anchor = NW, image=photo)
```

anchor = NW는 이미지의 왼쪽 상단을 기준점으로 사용해서 (50, 50)에 이미지를 표시한다. NW는 North West(왼쪽 상단)를 나타내는 것이다.

다음 예제는 왼쪽 마우스버튼을 누른 상태에서 마우스를 움직여서 초록색으로 그림을 그리고, [파랑색] 버튼을 클릭하면 파랑색으로 그림을 그리고, 마우스를 눌렀다 떼면 점이 찍히는 프로그램이다. can.bind('<ButtonRelease>', up)처럼 작성해서 왼쪽 마우스버튼뿐만 아니라 휠마우스, 오른쪽 마우스버튼을 눌렀다 떼도 점이 찍힌다.

```python
from tkinter import *

def draw(event): # 누른채로 드래그할 경우 그림이 그려짐.
    global x,y
    can.create_line(x,y,event.x,event.y, fill=mycolor)
    x,y=event.x,event.y

# 그림을 다시 그릴 경우 그 지점을 새로 지정하는 함수
def down(event):
    global x,y
    x,y=event.x,event.y

def up(event):  # 제자리를 찍고 뗄 경우 점 찍기
    global x,y
    if (x,y)==(event.x,event.y):
        can.create_line(x,y,x+1,y+1,fill=mycolor)

def change_b():
    global mycolor
    mycolor="blue"

w = Tk()
can=Canvas(w, width=500,height=500)
mycolor="green"
can.bind('<B1-Motion>', draw) # 움직이면 draw 호출
can.bind('<ButtonPress>', down) # 마우스 누르면 down 호출
can.bind('<ButtonRelease>', up) # 마우스 떼면 up 호출
can.pack()
bt=Button(w, text="파랑색", command=change_b)
bt.pack(pady=10)
w.mainloop()
```

실행 결과

- 색상 선택 팔레트

tkinter.colorchooser 모듈은 색상을 선택하는 대화상자 인터페이스이다. 색상을 선택할 수 있는 팔레트를 사용해 원하는 색상을 선택할 수 있다. tkinter.colorchooser 모듈을 import해서 사용한다.

```
from tkinter.colorchooser import *
```

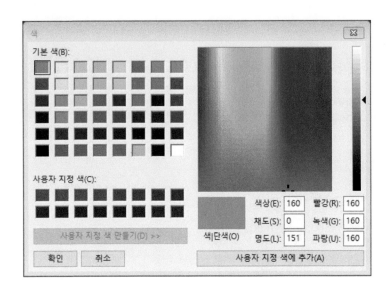

- askcolor()

askcolor()를 사용해 색상 선택 대화상자를 열 수 있다. 선택한 색상을 반환할 때 **튜플**로 반환하고 튜플의 인덱스 1에 색상 값이 들어 있다.

```
>>> from tkinter.colorchooser import *
>>> color=askcolor()
>>> color
((128, 255, 128), '#80ff80')
>>> color[1]
'#80ff80'
```

color=askcolor() 를 입력하면 색상 선택 대화상자가 열리고 그 중 원하는 색을 선택한 후, [확인] 버튼을 누를 경우 사용자가 선택한 색상은 color 튜플에 들어간다. color는 ((128, 255, 128), '#80ff80')이고, 선택한 색상 '#80ff80'은 color[1]에 들어 있다. 색상을 표시할 때 # 다음에 R(red), G(green), B(blue) 값으로 색상을 나타내고, R(red), G(green), B(blue)는 각각 두 자리씩 16진수를 사용해 다양한 색상을 나타낸다.

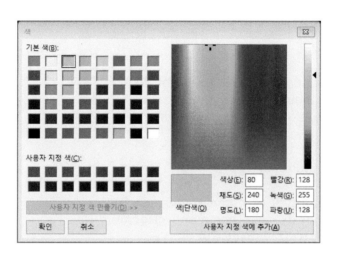

다음 예제는 [Color] 버튼을 눌렀을 때 색상 선택 대화상자를 열어서 색상을 선택하고, 마우스로 드래그해서 원하는 크기의 사각형을 그리는 프로그램이다. [clear] 버튼을 누르면 모든 그림이 지워진다.

예제 RectDrawEvt.py

```python
from tkinter import *
from tkinter.colorchooser import*
def mouseClick(event) :  # 사각형의 시작 지점 저장
    global x1, y1
    x1 = event.x
    y1 = event.y
def drawRect(event):  # 끝지점까지 사각형 그리기
    global x1, y1, x2, y2, penColor
    x2 = event.x
    y2 = event.y
    canvas.create_rectangle(x1, y1, x2, y2, outline = penColor)
```

```
def colorSetting():
    global penColor
    color = askcolor()
    penColor = color[1]  # 인덱스 1이 색상임.
def clearAll():
    canvas.delete("all")  # 모든 그림 지우기

x1, y1, x2, y2 = None, None, None, None
penColor = 'blue'  # 기본 색은 파란색

window = Tk()
window.title("사각형 그리기")
canvas = Canvas(window, width=300, height=400)
canvas.bind('<1>', mouseClick)
canvas.bind('<ButtonRelease-1>', drawRect)
canvas.pack()

p=PanedWindow(window)  # 패널에 두개의  버튼 넣음.
p.pack()
btColor = Button(p, text="Color",command=colorSetting)
btClear = Button(p, text="clear",command=clearAll)
btColor.grid(row=0 ,padx=7, pady=10)
btClear.grid(row=0,column=1,pady=10)
window.mainloop()
```

실행 결과

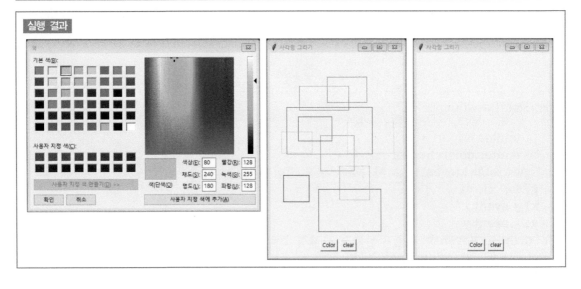

- **tkinter**는 GUI(graphical user interface)의 표준 파이썬 인터페이스이고 윈도우를 생성할 수 있다.

- tkinter는 다른 GUI 프레임워크에 비해 위젯들이 많지 않지만, 파이썬을 설치하면 기본적으로 내장되어 있는 표준 라이브러리이다.

- tkinter를 사용하는 방법은 세 가지가 있다.

```
import tkinter
import tkinter as tk
from tkinter import *
```

- 세 번째 방법 from tkinter import *를 사용하면, **윈도우이름 = Tk()**로 최상위 레벨의 윈도우를 생성한다.

- **윈도우이름.mainloop()**를 사용하여 윈도우가 종료될 때까지 실행시킨다.

- **위젯**은 윈도우 안에 표시할 GUI를 구성하는데 필요한 도구이다. 라벨, 엔트리, 버튼 등이 있다.

- 위젯에는 **단순 위젯**과 **컨테이너 위젯**이 있다.

- **단순 위젯**은 라벨, 엔트리, 버튼, 라디오버튼 등이고, **컨테이너 위젯**은 다른 위젯을 포함할 수 있는 위젯으로 Frame, Toplevel, PanedWindow 등이 있다.

- **Label**은 윈도우에 텍스트나 이미지를 표시하는 것이다. **위젯이름 = Label(윈도우이름, text="내용")**을 사용하여 윈도우에 텍스트 Label 위젯을 생성한다.

- **Entry**를 이용하여 텍스트를 입력받거나 텍스트를 표시하기 위한 한 라인 입력 박스를 생성한다.

- **엔트리이름 = Entry(윈도우이름, 속성1, 속성2, 속성3, …)**처럼 엔트리 객체를 생성한다.

- **Button**을 이용하여 함수(메서드)를 실행시키기 위한 버튼을 생성할 수 있다.

- **버튼이름 = Button(윈도우이름, 속성1, 속성2, 속성3, …)**처럼 버튼 객체를 생성한다.

■ PhotoImage()는 이미지 파일을 받아 이미지 객체를 생성할 때 사용한다.

■ 이미지 라벨을 생성할 때 imageLabel = Label(윈도우이름, image=photo)처럼 작성해 image에 photo 이미지 객체를 넣어 이미지 라벨을 만든다.

■ 위젯을 배치하는 방법은 압축(pack) 배치 관리자, 격자(grid) 배치 관리자, 위치(place) 배치 관리자가 있다.

■ **압축 배치 관리자**는 pack()을 사용해 위젯의 크기만큼 압축하는 것인데, 만일 윈도우 크기를 지정한 경우 압축하지 않는다.

■ **격자(grid) 배치 관리자**는 grid()를 사용해 행과 열을 지정해 격자 안에 위젯을 배치하는 것이다.

■ **위치(place) 배치 관리자**는 place()를 사용해 x, y 좌표를 지정한 후 이 위치에 위젯을 배치하는 것이다.

■ 버튼 이벤트를 처리하려면 button = Button(윈도우이름, text="클릭", command=함수이름)처럼 작성해 이벤트를 처리할 함수이름을 command=함수이름으로 지정한다.

■ **엔트리이름.get()**은 엔트리에 입력한 값을 가져오는 것이고, **엔트리이름.insert(0, "내용")**은 엔트리 안에 "내용"으로 변경해 표시하는 것이다.

■ 엔트리에 입력한 내용을 모두 삭제할 때 **엔트리이름.delete(0, END)**를 사용한다. 0칸부터 끝까지 모든 내용을 삭제한다.

■ **엔트리이름.bind()**를 사용해 특정 키를 누르거나 마우스의 다양한 동작에 대해 이벤트를 처리한다. bind()의 ( ) 안에 이벤트 종류와 함수이름이나 메서드이름을 넣어서 다양한 이벤트를 처리한다.

연습 문제

1. 다음과 같이 이름과 학과의 초깃값을 표시하고 이름과 학과를 다르게 변경해서 [확인] 버튼을 클릭했을 때 입력한 이름과 학과를 라벨에 표시하도록 이벤트 프로그램을 작성하시오.

```
Hint    def click():
            # 입력한 이름과 학과 가져와서 하나의 문자열로 연결하기
            str="이름: "+name.get()+", 학과: "+stDept.get()
            lab3["text"]=str # 연결한 문자열을 lab3에 넣음
            ...
        name.insert(0, "홍길동") # name 입력창에 "홍길동" 표시
        bt=Button(window, text="확인", bg="blue", fg="white", command=click)
```

2. 화씨를 섭씨로, 섭씨를 화씨로 바꾸고, [clear] 버튼을 누르면 엔트리의 내용을 삭제하는 프로그램을 작성하시오.

```
Hint    def process():
            temperature = float(e1.get()) # 화씨를 가져와 실수로 변환
            ...
            e2.insert(0, str(mytemp)) # 계산한 섭씨를 엔트리에 표시
        ...
        def clear_t():
            e1.delete(0,END) # 엔트리 내용 삭제
        ...
        b1 = Button(window, text="화씨->섭씨", fg="blue",command=process)
```

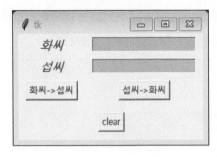 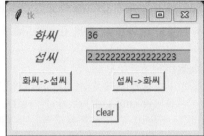

3. 엔트리에 숫자를 입력해 [더하기]와 [빼기] 버튼을 누르면 입력한 값을 합계에서 더하거나 빼는 계산을 해서 합계를 라벨에 다시 표시하고, [clear] 버튼을 누르면 합계가 0에서 다시 시작하는 프로그램을 작성하시오.

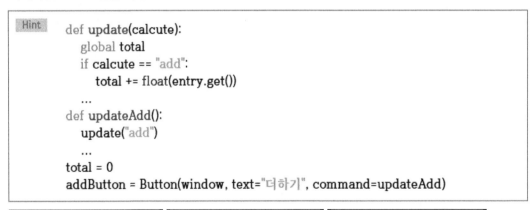

```
Hint    def update(calcute):
            global total
            if calcute == "add":
                total += float(entry.get())
            ...
        def updateAdd():
            update("add")
            ...
        total = 0
        addButton = Button(window, text="더하기", command=updateAdd)
```

4. 다음과 같이 색상 팔레트를 사용해 색상을 선택한 후 자유롭게 그림을 그리고, 선과 사각형을 그리는 프로그램을 작성하시오.

① [색상 선택] 버튼을 누르면 색상 팔레트를 열어 원하는 색상을 선택한다.

② [paint] 버튼을 누르면 마우스를 드래스하면서 자유롭게 그림을 그리고, 초기 설정 값은 "paint"이다.

③ [선그리기], [사각그리기]를 누르면 마우스로 드래스해서 직선과 사각형을 그리고, [사각채우기] 버튼을 누르면 마우스로 드래스해서 사각형을 그린 후 색으로 채운다.

④ [clear] 버튼을 누르면 모든 그림이 지워진다.

Hint
```python
def drawPaint():
    global shape
    shape = "paint"

def paint(event):
    global x1, y1, penColor, shape
    if shape == "paint":
        canvas.create_line(x1, y1, event.x, event.y, fill = penColor)
        x1, y1 = event.x, event.y

def mouseRelease(event):
    global x1, y1, x2, y2, penColor, shape
    x2 = event.x
    y2 = event.y
    if shape == "line":
        canvas.create_line(x1, y1, x2, y2, fill = penColor)
    ...

shape = "paint"
canvas.bind('<1>', mouseClick) # 마우스 왼쪽 버튼 클릭시 이벤트 처리
canvas.bind('<ButtonRelease>', mouseRelease) # 마우스 뗄때 선이나 사각형 그림
canvas.bind('<B1-Motion>', paint) # 마우스 움직일 때 자유롭게 그림.
...
```

> **Hint**
>
> p=PanedWindow(window) # 패널에 여섯개의 버튼 넣음.
> p.pack()
> …
> btPaint = Button(p, text="paint",command=drawPaint)
> btPaint.grid(row=0 , column=1)
> …

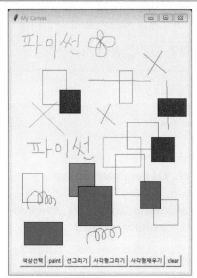

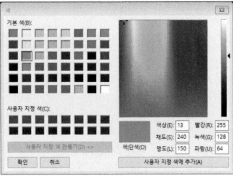

CHAPTER 8

파일

파일은 의미 있는 정보나 자료를 저장한 논리적인 단위이다. 컴퓨터를 종료했을 때 저장하지 않은 자료는 모두 사라지므로, 프로그램에서 필요한 자료를 파일에 저장해 필요할 때마다 열어서 사용할 수 있다.

파일에는 **텍스트 파일**과 **이진 파일**(binary file)이 있다. 텍스트 파일은 일반 문자열이 들어가는 파일이고, 이진 파일은 이진 형식으로 인코딩된 자료로 포맷 텍스트를 포함한다. 포맷 텍스트를 포함하는 컴퓨터 문서 파일로 hwp나 doc 등이 있다.

8.1 파일 읽기

소프트웨어를 개발할 때 자료를 파일에 저장한 후 파일에서 읽어오거나 파일에 결과를 저장해서 자료를 처리하는 경우가 있다. 파일에 자료를 저장한 다음 파일에서 자료를 읽어서 처리할 수 있는데, 메모장에서 텍스트 파일을 만들 수 있다.

메모장에서 다음과 같이 작성한 후 저장하면 텍스트 파일(.txt)을 생성할 수 있다.

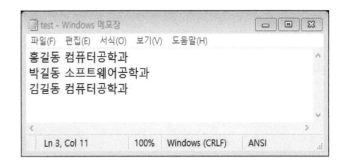

test.txt 파일에서 작성한 파일 내용을 파이썬 프로그램에서 읽을 수 있고, 먼저 파일을 열어야 파일 내용을 읽어서 활용할 수 있다.

■ 파일 열기

파이썬에서 파일을 열기 위해 **open()** 함수를 사용하고 파일경로와 파일모드를 넣어준다. open 함수는 파이썬 기본 내장함수이다. 파일을 읽고 사용한 후 **close()** 함수를 사용해 닫아야 한다.

```
파일객체 = open(파일경로, 파일모드)
...
파일객체.close()
```

```
>>> file=open("d:/test.txt","r")
>>> file.close()
```

파일을 처리하는 파이썬 py 파일과 test.txt가 같은 폴더에 있는 경우는 파일 이름 **"test.txt"**만 넣어서 파일을 연다.

파일을 열 때 사용하는 모드는 **"r"**, **"w"**, **"a"**, **"r+"**가 있고, 텍스트 파일을 여는 모드이다.

모드	설명
"r"	읽기 모드로 파일의 처음부터 읽는다.
"w"	쓰기 모드로 파일의 처음부터 쓰고 기존 파일이 있으면 덮어쓰기 한다.
"a"	추가 모드로 파일의 끝부분에 내용을 추가하고, 파일이 없는 경우 새로 생성한다.
"r+"	읽기 쓰기 모드로 파일을 읽고 쓸 수 있고, 파일 위치를 이동할 때 **파일객체이름.seek()**를 사용한다. 파일의 처음으로 이동할 때는 **seek(0)**를 사용하고, 파일 끝으로 이동할 때는 **seek(0, 2)**를 사용한다.

파일을 읽기 모드로 열면 파일의 내용을 읽을 수 있다.

■ 파일 자료 읽기

파일에서 자료를 읽을 때 파일 내용 전체를 한꺼번에 읽을 수 있고 라인별로 읽을 수도 있다. 파일 전체를 읽을 때 **파일객체이름.read()**나 **파일객체이름.readlines()**를 사용한다. **파일객체이름.readlines()**를 사용해 파일 내용을 읽으면 파일 내용을 **리스트**에 저장한다.

```
>>> file=open("d:/test.txt","r")
>>> texts=file.read()
>>> print(texts)
홍길동 컴퓨터공학과
박길동 소프트웨어공학과
김길동 컴퓨터공학과
>>> file.close()
```

파일 읽기 작업을 완료한 후 close()를 사용해 파일을 닫아야 한다.

```
>>> file=open("d:/test.txt","r")
>>> texts=file.readlines()
>>> print(texts)
['홍길동 컴퓨터공학과\n', '박길동 소프트웨어공학과 \n', '김길동 컴퓨터공학과']
>>> file.close()
```

각 라인마다 줄바꿈 기호(개행 문자)인 \n이 들어가 있고 이런 특수 기호를 제거하려면 strip()를 사용한다.

for 문을 사용하면 파일을 라인 단위로 가져와서 출력할 수 있다.

```
>>> file=open("d:/test.txt","r")
>>> for line in file:
        line=line.strip()  # \n 제거
        print(line)


홍길동 컴퓨터공학과
박길동 소프트웨어공학과
김길동 컴퓨터공학과
>>> file.close()
```

■ 한 라인씩 읽기: readline()

파일객체이름.readline()을 사용해 파일 내용을 한 라인씩 읽을 수 있다.

```
>>> file=open("d:/test.txt","r")
```

```
>>> while True:
        sentence=file.readline()
        if sentence:
                print(sentence)
        else:
                break


홍길동 컴퓨터공학과

박길동 소프트웨어공학과

김길동 컴퓨터공학과
```

파일 내용과는 달리 한 라인씩 빈 줄이 들어간 이유는 파일의 각 라인마다 \n이 들어가 있어 줄을 바꾸기 때문이다.

파일의 각 라인을 읽어 sentence에 저장하고 **sentence.strip()**를 사용해 \n을 제거하면 빈 줄이 들어가지 않는다. 빈칸(공백)이나 \n(줄바꿈)이나 \t(탭)같은 문자를 제거할 때 strip()를 사용한다.

```
>>> file=open("d:/test.txt","r")
>>> while True:
        sentence=file.readline()
        sentence=sentence.strip()
        if sentence:
                print(sentence)
        else:
                break


홍길동 컴퓨터공학과
박길동 소프트웨어공학과
김길동 컴퓨터공학과
```

8.2 파일 쓰기와 자료 추가

파일에 자료를 쓰려면 write()나 writelines()를 사용하고, 먼저 쓰기 모드로 파일을 연후 사용해야
한다. write()의 ( ) 안에 파일 내용으로 들어갈 텍스트를 넣어 쓰기 작업을 수행한다.

```
>>> file=open("d:/test1.txt","w")
>>> file.write("홍길동 컴퓨터공학과")
10
>>> file.write("박길동 소프트웨어공학과")
12
>>> file.write("김길동 컴퓨터공학과")
10
>>> file.close()
```

쓰기 작업할 때 파일을 반드시 **close()**해야 해당 파일을 생성할 수 있다.

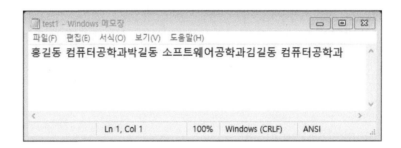

파일에 자료를 쓰기 작업할 때 개행 문자(\n)를 넣지 않아 모두 같은 줄에 들어가 있다. 줄을 바꿔
서 파일쓰기 작업을 하려면 각 라인마다 개행 문자(\n)를 넣어야 한다. 파일에 쓰기 작업할 때 다
음과 같이 개행 문자나 탭(\t) 등은 직접 입력해야 한다.

```
>>> file=open("d:/test1.txt","w")
>>> file.write("홍길동 컴퓨터공학과\n")
11
>>> file.write("박길동 소프트웨어공학과\n")
13
```

```
>>> file.write("김길동 컴퓨터공학과\n")
11
>>> file.close()
```

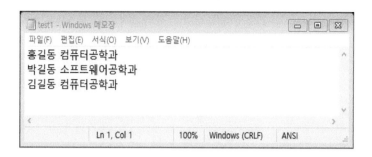

writelines()는 문자열 리스트를 자료로 받아 파일 쓰기 작업을 수행한다. 기존의 파일 끝에 내용을 추가해서 쓰기 작업할 때 **추가 모드("a")**로 파일을 열어 사용한다. 추가 모드("a")일 경우 파일 끝에 ["이길동 컴퓨터공학과\n", "조길동 소프트웨어공학과\n"] 리스트를 추가한다.

```
>>> file=open("d:/test1.txt","a")
>>> file.writelines(["이길동 컴퓨터공학과\n","조길동 소프트웨어공학과\n"])
>>> file.close()
```

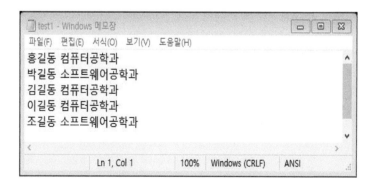

■ 파일 자동 닫기

with를 사용해 파일을 열면 close()를 작성하지 않아도 자동으로 파일을 닫아준다. 파일을 열 때 as를 사용해 파일객체이름을 명시한다. 만일 파일이 없으면 파일을 새로 만들어 쓰기 작업하고, 파일이 있으면 기존 파일에 새로운 내용을 덮어쓰기 한다.

```
>>> with open("d:/test2.txt","w") as file:
        file.write("파이썬 파일 예제\n파일 생성합니다.\n")
```

생성한 파일을 열어서 파일 내용을 출력하여 보자.

```
>>> with open("d:/test2.txt","r") as file:
        texts=file.read()


>>> print(texts)
파이썬 파일 예제
파일 생성합니다.
```

■ join() 함수

join() 함수는 리스트를 문자열로 변환하는 것으로 특정 문자를 문자열 사이에 넣어서 변환할 수 있다.

```
>>> alpaList=['a','b','c','d','f']
>>> print(' '.join(alpaList))
a b c d f
>>> print(','.join(alpaList))
a,b,c,d,f
>>> print('\t'.join(alpaList))
a        b        c        d        f
>>>
>>> print('\n'.join(alpaList))
a
b
c
d
f
```

writelines()의 ( )안에 join()을 사용해 문자열로 바꿀 때 자동으로 개행 문자를 넣어서 파일에 쓸 수 있다. 'python'과 'file'과 'write' 사이에 \n을 자동으로 넣어주고 세 문자열을 연결한다. \n이 들어가면 각 단어를 파일에 쓰면서 줄을 바꿔서 내용을 저장한다.

```
>>> with open("d:/test4.txt","w") as file:
        file.writelines('\n'.join(['python', 'file', 'write']))

>>> with open("d:/test4.txt","r") as file:
        texts=file.read()
        print(texts)


python
file
write
```

■ 모드 변경 r+ 사용

모드를 "r+"로 지정하면 파일을 읽고 쓸 수 있다. 파일을 열면 파일의 시작 위치에서 작업을 수행하고, 읽기 작업을 하면 파일 위치가 아래로 내려가면서 각 라인을 읽게 되고 파일 내용을 모두 읽으면 파일 끝에 위치한다. 현재 파일 위치를 변경할 때 **파일객체이름.seek()**를 사용하고, 파일 위치를 원하는 위치로 새롭게 지정한다. **seek(0)**는 파일의 시작 위치로 이동하는 것이고, 파일의 끝으로 이동할 때 **seek(0, 2)**를 사용한다.

다음은 "r+" 모드로 파일을 열어서 파일을 읽고 출력한 후 파일 끝에 "모드 변경 테스트" 내용을 추가하는 작업이다. 파일 읽기 작업 후 파일 작업 위치가 파일 끝으로 이동된 상태이고 파일 끝에 내용을 추가할 경우에는 굳이 seek()를 사용할 필요 없이 바로 쓰기 작업을 수행할 수 있다.

```
>>> with open("d:/test3.txt","r+") as file:
        texts=file.read()
        print(texts)
        file.write("모드 변경 테스트") # 파일 끝에 내용 추가


홍길동 컴퓨터공학과
박길동 소프트웨어공학과
김길동 컴퓨터공학과
이길동 컴퓨터공학과
조길동 소프트웨어공학과
```

파일에 쓰기 작업한 내용이 추가됐는지 확인하기 위해 파일을 읽기 모드 "r"로 열어서 읽은 후 출력하면 다음처럼 파일 끝에 "모드 변경 테스트"를 출력하는 것을 알 수 있다.

```
>>> with open("d:/test3.txt","r") as file:
        texts=file.read()
        print(texts)


홍길동 컴퓨터공학과
박길동 소프트웨어공학과
김길동 컴퓨터공학과
이길동 컴퓨터공학과
조길동 소프트웨어공학과
모드 변경 테스트
```

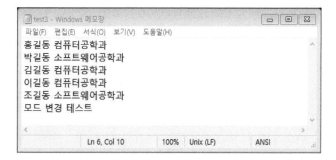

파일에서 읽고 파일 끝에 내용을 추가한 후 파일 내용을 출력하는 작업을 다음과 같이 한꺼번에 진행할 수 있다. file.seek(0)를 사용해 파일 시작 위치로 이동한 후 파일 내용을 읽는다.

```
>>> with open("d:/test3.txt",'r+') as file:
        texts=file.read()
        print("* 파일 내용 *")
        print(texts)
        file.write("모드 변경 테스트") # 파일 끝에 내용 추가
        file.seek(0) # 파일 시작 위치로 이동
        texts=file.read()
        print("* 추가된 파일 내용 *")
        print(texts)
```

```
* 파일 내용 *
홍길동 컴퓨터공학과
박길동 소프트웨어공학과
김길동 컴퓨터공학과
이길동 컴퓨터공학과
조길동 소프트웨어공학과

9
0
* 추가된 파일 내용 *
홍길동 컴퓨터공학과
박길동 소프트웨어공학과
김길동 컴퓨터공학과
이길동 컴퓨터공학과
조길동 소프트웨어공학과
모드 변경 테스트
```

8.3 파일 활용

파일을 활용해 다양한 응용 프로그램을 작성할 수 있다. 각 단어를 분리해 단어 수를 카운트할 수 있고, 각 단어 종류별로 리스트에 저장할 수 있고, 파일의 각 라인을 문자열로 받아 단어로 분리할 수도 있다. 문자열에 있는 각 단어를 분리할 때 split()를 사용한다.

■ split(): 문자열 분리 후 리스트 생성

split()를 사용하면 문자열을 각 단어별로 분리하여 리스트를 만들 수 있다. split()의 ( )안에 특정 문자를 넣어 그 문자를 기준으로 분리하는데, 문자를 생략한 경우 **빈칸**으로 분리한다.

```
>>> name="Hong gil dong"
>>> nameList=name.split()
>>> print(nameList)
['Hong', 'gil', 'dong']
```

다음과 같이 문자열에 있는 특정 문자(,)로 각 단어를 분리할 수 있다.

```
>>> name="Hong,gil,dong"
>>> nameList=name.split(',')
>>> print(nameList)
['Hong', 'gil', 'dong']
```

다음에서 볼 수 있듯이 name에 빈칸이 들어가 있는 경우 name.split(',')를 하면 ' gil', ' dong' 처럼 리스트 요소에 빈칸이 들어가므로, 빈칸을 제거하기 위해 strip()를 사용한다.

```
>>> name="Hong, gil, dong"
>>> nameList=name.split(',')
>>> print(nameList)
['Hong', ' gil', ' dong']
>>> for name in nameList:
        print(name.strip())  # 빈칸 제거


Hong
gil
dong
```

다음 예제는 파일에서 각 라인을 읽어서 단어로 분리하고 단어를 출력하는 프로그램이다. word-FileEx.py와 exam.txt가 같은 폴더에 있는 경우 파일 이름(exam.txt)만 넣어서 파일을 연다.

```
# 파일 자료를 라인별로 단어로 분리해 출력하기
file=open("exam.txt","r")
sentences=file.readlines()
line=1
for sent in sentences:
    sent=sent.strip() # \n 제거
    words=sent.split() # 각 단어를  분리시킴
    print(line,":",words) # 각 라인의 자료를 출력
    for w in words:
        print(w)
    line += 1 #  라인 1 증가
file.close()
```

실행 결과

```
1 : ['Python', 'is', 'an', 'interpreted', 'high-level', 'programming', 'language.']
Python
is
an
interpreted
high-level
programming
language.
2 : ['Its', 'design', 'philosophy', 'emphasizes', 'code', 'readability']
Its
design
philosophy
emphasizes
code
readability
3 : ['Its', 'language', 'constructs', 'its', 'object-oriented', 'approach', 'aim.']
Its
language
constructs
its
object-oriented
approach
aim.
```

다음 예제는 이름과 학과가 들어가 있는 test.txt 파일에서 라인별로 자료를 읽어 딕셔너리를 만드는데, 딕셔너리의 키는 이름이고, 딕셔너리의 값은 학과를 갖는 딕셔너리를 만들어 이름과 학과를 출력하는 프로그램이다.

예제 dictFileEx.py

```python
# 파일 자료 딕셔너리로 만들기
file=open("d:/test.txt","r")
deptDic={ }
print("* 라인별 파일 내용 *")
while True:
    sentence=file.readline()
    sentence=sentence.strip() # \n 제거
    if sentence:
        word=sentence.split() # 이름과 학과를 분리시킴
        # word[0]는 이름, word[1]은 학과
        deptDic[word[0]]=word[1] # 딕셔너리의 키는 이름, 값은 학과
        print(word) # 각 라인의 자료를 출력
    else:
        break
print("-"*25)
print("이름\t학과 ")
for name in deptDic.keys():
    print("%s \t%s"%(name, deptDic[name]))
file.close()
```

실행 결과

```
* 라인별 파일 내용 *
['홍길동', '컴퓨터공학과']
['박길동', '소프트웨어공학과']
['김길동', '컴퓨터공학과']
-------------------------
이름      학과
홍길동     컴퓨터공학과
박길동     소프트웨어공학과
김길동     컴퓨터공학과
```

■ 파일 복사

파일 내용을 다른 파일에 복사하려면, 복사할 소스 파일과 복사될 타겟(target) 파일을 열어서 소스 파일을 읽은 다음, 타겟 파일에 쓰기 작업하면 파일 내용을 복사할 수 있다.

```
>>> with  open("test.txt", "r") as sourceFile:
        texts = sourceFile.read() # 파일 전체 내용 읽기
        print(texts)


홍길동 컴퓨터공학과
박길동 소프트웨어공학과
김길동 컴퓨터공학과
>>> with open("testCopy.txt", "w") as targetFile:
    targetFile.write(texts)      # 읽은 내용 파일에 쓰기
```

파일이 제대로 복사됐는지 확인해 보자. 타겟 파일을 읽어서 출력해보면 복사된 것을 확인할 수 있다.

```
>>> with  open("testCopy.txt", "r") as sourceFile:
        texts = sourceFile.read() # 파일 전체 내용 읽기
        print(texts)


홍길동 컴퓨터공학과
박길동 소프트웨어공학과
김길동 컴퓨터공학과
```

■ shutil 모듈

파일을 복사하는 가장 간단한 방법은 shutil 모듈을 포함시켜서 copy()를 사용하는 방법이다.

```
>>> import shutil as sh
>>> sh.copy("test.txt", "testCopy2.txt")
'testCopy2.txt'
>>> with open("testCopy2.txt", "r") as sourceFile:
        texts = sourceFile.read()  # 파일 전체 내용 읽기
        print(texts)


홍길동 컴퓨터공학과
박길동 소프트웨어공학과
김길동 컴퓨터공학과
```

이미지 파일도 copy()를 사용해 복사할 수 있다.

다음 test.gif 그림파일을 testtcopy2.gif로 복사할 수 있다.

```
>>> import shutil as sh
>>> sh.copy("test.gif", "testtcopy2.gif")
'testtcopy2.gif'
```

testtcopy2

tkinter 모듈의 경우 다양한 종류의 이미지 파일을 처리할 수 없지만 PIL(Pillow) 라이브러리를 활용하면 다양한 영상 포맷을 지원한다. PIL은 외부 모듈이라 pip를 사용해 설치해야한다. 10장에 외부 모듈을 설치하는 방법이 자세하게 나와 있다.

다음 예제는 두 개의 파일이름을 입력받아서 첫 번째 파일을 다른 파일에 복사해서 출력하는 프로그램이다.

예제 *copyFileEx.py*

```python
# 파일 복사 프로그램
# 소스 파일과 타겟 파일이름 입력 받기
sourceFileName = input("소스 파일 이름 입력 --> ")
targetFileName = input("타겟 파일 이름 입력 --> ")

print("* 소스 파일 내용 *")
with  open(sourceFileName, "r") as sourceFile:
      texts = sourceFile.read()  # 파일 전체 내용 읽기
      print(texts)               # 파일 전체 내용 출력

print("-"*80)
print("* 타겟 파일 내용 *")
with open(targetFileName, "r+") as targetFile:
      targetFile.write(texts)       # 읽은 내용 파일에 쓰기
      targetFile.seek(0)            # 파일 위치 맨앞으로 이동
      texts = targetFile.read()  # 타겟 파일 전체 내용 읽기
      print(texts)                  # 파일 전체 내용 출력

# with로 열면 자동으로 파일 닫기함.
```

실행 결과

```
소스 파일 이름 입력 --> exam.txt
타겟 파일 이름 입력 --> copyExm.txt
* 소스 파일 내용 *
Python is an interpreted high-level general-purpose programming language.
Its design philosophy emphasizes code readability with its use of significant indentation.
Its language constructs its object-oriented approach aim.
--------------------------------------------------------------------------------
* 타겟 파일 내용 *
Python is an interpreted high-level general-purpose programming language.
Its design philosophy emphasizes code readability with its use of significant indentation.
Its language constructs its object-oriented approach aim.
```

8.4 이진 파일

이진 파일(binary file)은 이진 형식으로 인코딩된 자료로, 포맷 텍스트를 포함하는 컴퓨터 파일이다. 포맷 텍스트를 포함하는 컴퓨터 문서 파일에는 hwp, doc 등이 있다. 파이썬에서 딕셔너리나 리스트 같은 객체는 텍스트 파일로 처리하지 않고 이진 파일로 처리한다.

pickle 모듈의 dump()와 load()를 사용해 이진 파일을 처리할 수 있다.

학과 코드를 나타내는 딕셔너리={1:"컴퓨터공학과", 2:"소프트웨어공학과", 3:"전자공학과"}를 파일에 쓰기 작업한 후 파일에서 읽는 작업을 수행하여 보자.

■ dump()

dump()를 사용해 이진 파일에 딕셔너리 쓰기 작업을 수행한다. pickle 모듈을 포함시킨 다음 dump()를 사용한다.

pickle 모듈을 포함시켜서 pk로 사용하고, 이진 파일은 "text.dic"로 지정하고 딕셔너리를 파일에 쓰기 작업한다. 이진 파일의 확장자는 임의로 지정 가능하고, 이진파일의 쓰기 모드는 "wb"를 사용한다. 텍스트 파일 모드의 끝에 "b"를 붙이면 이진파일 모드가 된다.

```
>>> import pickle as pk
>>> 딕셔너리={1:"컴퓨터공학과", 2:"소프트웨어공학과", 3:"전자공학과"}
>>> file=open("text.dic","wb") # "wb"는 이진 파일 쓰기
>>> pk.dump(딕셔너리, file)
```

■ load()

이진 파일의 내용을 읽을 때 load()를 사용한다. pickle 모듈을 포함시켜 load()를 사용한다.

"text.dic"에서 읽어서 출력하는 과정은 다음과 같다. 이진 파일의 읽기모드는 "rb"를 사용한다.

```
>>> import pickle as pk
>>> file=open("text.dic","rb")  # "rb"는 이진 파일 읽기
>>> dic=pk.load(file)
>>> print(dic)
{1: '컴퓨터공학과', 2: '소프트웨어공학과', 3: '전자공학과'}
```

■ **파일 대화상자: filedialog**

윈도우에서 파일을 열 때 tkinter의 파일 열기 대화상자를 사용하면 파일 열기 대화상자에서 원하는 파일을 선택해 파일을 열 수 있다.

file = askopenfilename()을 사용해 파일 열기 대화상자를 열수 있다. 원하는 파일을 클릭하면 선택한 파일이 파일 객체에 들어간다.

```
from tkinter.filedialog import askopenfilename
file = askopenfilename()
```

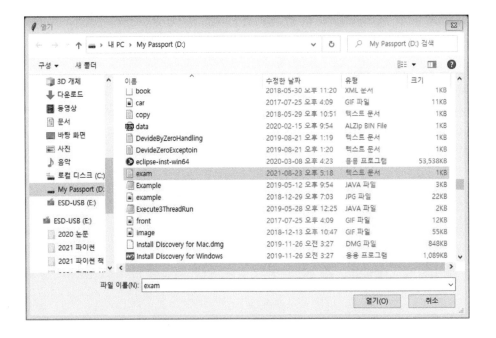

file이 None이 아니면 열어서 파일을 읽고, sents에 파일 내용이 들어간다.

```
if (file != None):
    inf=open(file,"r")
sents=inf.read()
```

파일 내용을 저장할 때 file = asksaveasfilename()처럼 사용해 파일 저장하기 대화상자를 열 수 있다. 파일 객체 file이 None이 아니면 쓰기 모드로 열어서 저장한다.

```
from tkinter.filedialog import asksaveasfilename
file = asksaveasfilename()
if (file != None):
    outf=open(file,"w")
```

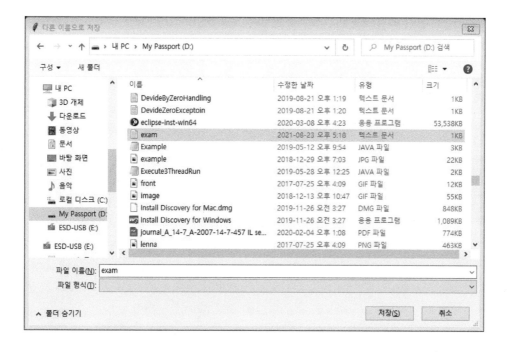

다음 예제는 파일 대화상자에서 파일을 선택하여 파일을 읽은 후 Text 위젯에 표시하는 프로그램이다. 파일내용을 Text 위젯에 표시할 때 **text.insert(1.0, sents)**를 사용하고, 여기서 **1.0**은 삽입할 인덱스(위치)를 나타내는 것으로 1번째 행의 0번째 위치를 나타낸다. Text 위젯의 끝에 표시할 경우 인덱스로 **END**를 사용한다.

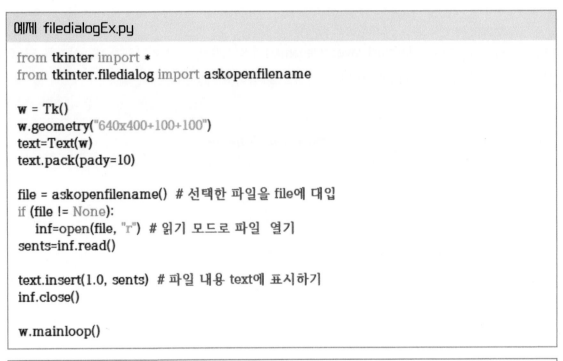

```
예제 filedialogEx.py

from tkinter import *
from tkinter.filedialog import askopenfilename

w = Tk()
w.geometry("640x400+100+100")
text=Text(w)
text.pack(pady=10)

file = askopenfilename()  # 선택한 파일을 file에 대입
if (file != None):
    inf=open(file, "r")  # 읽기 모드로 파일 열기
sents=inf.read()

text.insert(1.0, sents)  # 파일 내용 text에 표시하기
inf.close()

w.mainloop()
```

실행 결과

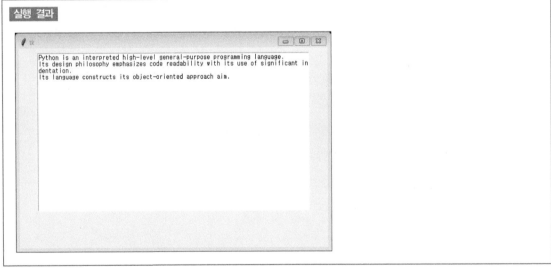

- 파일에는 일반 텍스트를 포함하는 **텍스트 파일**과 **이진 파일**(binary file)이 있다.

- **텍스트 파일**은 일반 문자열이 들어가는 파일이고, **이진 파일**은 이진 형식으로 인코딩된 자료로 포맷 텍스트를 포함한다. 포맷 텍스트를 포함하는 컴퓨터 문서 파일로 hwp나 doc 등이 있다.

- 파이썬에서 파일을 처리하기 위해서 **open()** 함수를 사용하고 파일경로와 파일모드를 넣어준다. open 함수는 파이썬 기본 내장함수이고, 다음과 같이 텍스트 파일을 열 수 있다.

```
file = open("test.txt", 파일모드)    # 파일모드에는 r, w, a, r+ 등이 있다.
 ...
file.close()
```

- 파일 전체 내용을 읽을 때 **파일객체이름.read()**나 **파일객체이름.readlines()**를 사용한다.

- **readlines()**를 사용해 파일 내용을 읽으면 **리스트**에 파일 내용을 표시한다.

- **파일객체이름.readline()**을 사용해 파일의 한 라인씩 읽을 수 있다.

- 파일에 자료를 쓰기 작업하려면 **write()**나 **writelines()**를 사용한다. 먼저 쓰기 모드('w')로 파일을 연후 사용해야 한다.

- 파일에 자료를 쓰기 작업할 때 라인을 바꿔서 쓰기 작업하려면 각 라인마다 개행 문자(\n)를 넣어줘야 한다.

- **with**를 사용해 파일을 오픈하면 **close()**를 작성해 닫지 않아도 자동으로 닫아주고, 파일을 열 때 **as**를 사용해 파일객체이름을 명시한다.

```
with open("d:/test2.txt","w") as file:
    file.write("파이썬 파일 예제\n파일 생성합니다.\n")
```

- join() 함수는 리스트를 문자열로 변환하는 것으로 특정 문자를 문자열 사이에 넣어서 변환할 수 있다.

- 모드를 "r+"로 지정하면 파일을 읽고 쓸 수 있다. seek()를 사용해 원하는 파일 위치를 새로 지정한 후 사용한다. seek(0)는 파일의 시작 위치로 가는 것이고, 파일의 끝으로 이동할 때 seek(0, 2)를 사용하고, **파일객체이름**.seek()로 작성한다.

- **문자열**.split()를 사용하면 문자열을 각 단어별로 분리하여 리스트를 만들 수 있다.

- **문자열**.strip()를 사용하면 문자열에서 빈칸이나 개행 문자(\n), 탭(\t) 등을 제거할 수 있다.

1. 사용자가 입력한 파일을 열어서 각 문자의 빈도수를 계산하는 프로그램을 작성하시오.

> **Hint**
>
> ```
> file = open(filename, "r")  # 읽기 모드로 파일을 연다.
> for line in file:  # 파일의 각 라인별로 반복수행
>     ...
>     if ch.isalpha():  # 영문자나 한글일 경우 참이 됨.
> ```

> ```
> 파일 이름 입력하시요 --> exam.txt
> * 파일 내용 *
> Python is an interpreted high-level general-purpose programming language.
> Its design philosophy emphasizes code readability with its use of significant indentation.
> Its language constructs its object-oriented approach aim.
>
> * 문자 빈도 수 *
> {'P': 1, 'y': 3, 't': 16, 'h': 8, 'o': 12, 'n': 15, 'i': 19, 's': 14, 'a': 15, 'e': 20, 'r': 10, 'p': 9, 'd'
> : 6, 'g': 10, 'l': 7, 'v': 1, 'u': 5, 'm': 4, 'I': 2, 'z': 1, 'c': 6, 'b': 2, 'w': 1, 'f': 2, 'j': 1}
> ```

2. 사용자가 입력한 파일을 열어서 문자의 총 계수를 계산하는 프로그램을 작성하시오.

> **Hint**
>
> ```
> for line in file:
>     line=line.strip()
>     ...
>     for ch in line:
> ```

> ```
> 파일 이름을 입력하세요 --> test.txt
> * 파일 내용 *
> 홍길동 컴퓨터공학과
> 박길동 소프트웨어공학과
> 김길동 컴퓨터공학과
>
> * 파일에는 총  32 개의 문자가 있습니다.
> ```

3. 한 줄에 실수가 하나씩 저장된 텍스트 파일(number.txt)을 만들어 파일을 읽고 합계와 평균을 계산해 result.txt에 저장하고 파일을 읽어 계산 결과를 출력하는 프로그램을 작성하시오.

```
Hint        inf = open(infName, "r")
            outf = open(outfName, "w+")  # 쓰기 모드 후 읽기 모드로 사용
            ...
            line = inf.readline()
            while line != "" :
              value = float(line)  # 실수로 변환
              ...
            outf.write("합계="+ str(total)+"\n")
            outf.write("평균="+ str(avg)+"\n")
            ...
            outf.seek(0)
            line = outf.read()  # 계산 결과 파일 읽기
```

```
12.5
45.7
98.5
79.5
75.7
93.2
67.8
```

```
파일 이름을 입력하세요 --> number.txt
계산 결과 파일 이름을 입력하세요 --> result.txt
* 계산 결과 파일 내용 *
합계=472.9
평균=67.55714285714285
```

## CHAPTER 9

클래스와 객체

클래스는 속성(변수)과 함수를 모아놓은 것으로 클래스 안에 정의한 함수를 **메서드**라 부른다. **객체**는 특정 클래스타입을 갖는 객체변수이고 클래스 안에 정의된 속성이나 메서드를 사용할 수 있다. 객체지향 프로그래밍(Object Oriented Programming)은 클래스를 정의하고 정의한 클래스 타입의 객체를 생성해 프로그래밍하는 것이다.

9.1 객체지향 프로그래밍

객체지향 프로그래밍은 문제를 해결할 때 여러 개의 객체 단위로 나눠 작업하는 방식을 말한다. 객체를 생성하려면 객체를 정의하는 설계도(틀)가 있어야 하고 **클래스**를 사용해 객체를 정의한다. 정의한 클래스 타입을 갖는 객체를 생성하면서 프로그래밍하는 것이 객체지향 프로그래밍이다.

객체는 물리적으로 존재하는 실세계의 사물이나 생물인 자동차, 핸드폰, 학생 등이고, 추상적인 것으로 학교, 날짜 등이 있고, 각 객체는 속성(변수)과 동작(메서드)을 가지게 된다.

함수는 특정 기능을 수행하도록 만들어 놓은 문장들의 모음이고, 클래스 안에 정의한 함수를 **메서드**라 부른다. **클래스**는 속성과 메서드를 모아놓은 것이다. 클래스를 정의하면 실수나 문자열같은 자료형처럼 그 클래스 타입을 갖는 여러 객체를 생성할 수 있다. 객체는 클래스에서 정의한 속성과 메서드를 사용할 수 있다.

예를 들면 학생 객체의 속성으로는 이름, 학번, 학과, 전화번호 등이 있고 동작으로는 강의 듣는 것, 운동하는 것 등이 있다.

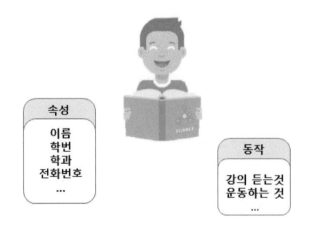

학생과 관련된 프로그램을 작성할 때 학생(Student) 클래스를 만들 수 있다. 학생들의 속성(이름, 학번, 학과)과 동작을 클래스에 정의한다. 일반적으로 클래스 이름은 대문자로 시작하고, 객체 이름은 소문자로 시작한다.

Student 클래스를 만들면 다음과 같이 여러 객체를 생성할 수 있다.

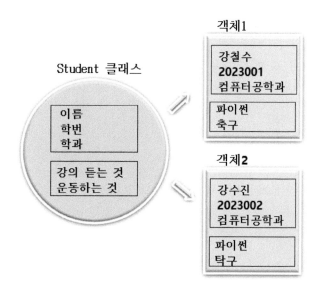

객체지향 프로그래밍에서는 클래스를 여러 개 정의하고 각 클래스 타입을 갖는 객체를 생성하고 객체와 객체 사이는 메시지를 보내 서로 상호작용한다. 메시지를 보낸다는 것은 다른 객체의 메서드를 호출해서 그 기능을 수행하는 것이고, 객체를 생성하면 객체의 메서드를 호출해 메서드를 수행할 수 있다.

학생과 핸드폰과 컴퓨터가 서로 메시지를 보내 상호작용하면서 필요한 기능을 수행할 수 있다.

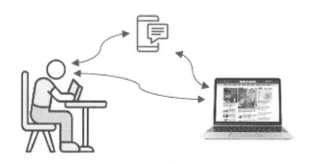

파이썬에는 이미 만들어진 클래스가 많이 있다. 특정 클래스 타입을 갖는 객체를 생성하면 그 클래스 안에 정의한 메서드를 사용할 수 있다. 터틀 모듈에서 그래픽 기능을 갖는 터틀이 객체이고, 딕셔너리, 리스트 등도 객체다.

```
>>> import turtle
>>> t=turtle.Turtle()  # 터틀 객체 t 생성
>>> t.color("blue")
>>> t.shape("turtle")  # 펜 모양을 거북이로 변경
>>> for i in range(4):
        t.fd(100)
        t.lt(90)
```

turtle 모듈에는 Turtle 클래스가 있고 t = turtle.Turtle()을 사용해 터틀 객체 t를 생성하고, **객체이름.메서드이름()**으로 메서드를 호출해 색상을 변경하고, 펜 모양을 터틀로 바꾸고, 선을 그리고, 각도를 조절해 사각형을 그릴 수 있다.

대형 소프트웨어 프로젝트를 개발할 때, 객체지향 프로그래밍에서는 독립적인 클래스 단위로 분리해서 작업할 수 있기 때문에 개발자들이 서로 협업해 규모가 큰 프로젝트를 진행할 수 있으며 소프트웨어를 유지하고 보수하는 측면에서도 매우 효율적이다.

9.2 객체 생성

Turtle 클래스처럼 객체를 생성해 프로그램에서 활용했듯이 사용자가 새로운 클래스를 정의하고 객체를 생성할 수 있다.

객체를 생성하려면 객체의 설계도인 클래스를 먼저 작성해야 한다.

클래스는 class 키워드를 사용해 다음과 같이 작성한다. 클래스 안에서 일반 함수를 정의하듯이 함수를 만들면 메서드가 된다. 클래스 안에 정의한 함수를 메서드라 한다.

```
class 클래스이름:
    def 메서드이름(self):
        self.변수이름 = 값
    ...
```

클래스이름은 대문자로 만들고 속성은 변수로 나타낸다. 클래스 안에서 객체의 여러 가지 속성을 나타낼 수 있는데 속성을 나타낼 때 self.변수이름으로 표현한다. 메서드를 만들 때 첫 번째 매개변수는 self가 반드시 들어가고, self에는 호출한 객체이름이 자동으로 들어간다.

Student 클래스의 속성으로 이름, 학번, 수강과목을 갖고, studying() 메서드를 갖도록 클래스를 작성하여 보자.

```
>>> class Student:
        def studying(self):  # 수강과목 지정하고 출력하는 함수
                self.subject =["파이썬","자바","영어"]
                print("수강과목 :", ", ".join(self.subject))  # 수강과목 출력


>>> st1 = Student()  # Student 타입의  st1 객체 생성
>>> st1.name="강철수"  # st1의 name 속성에 "강철수" 저장
>>> st1.no=20231001  # 학번 속성 지정
>>> print("* 학생 이름 : %s , 학번 : %d" %(st1.name, st1.no))
* 학생 이름 : 강철수 , 학번 : 20231001
```

객체의 속성을 나타낼 때 객체이름.변수이름 st1.name으로 사용하고, 클래스 안에서 속성을 사용할 때는 self를 붙여서 self.변수이름 self.subject로 사용한다.

메서드를 호출할 때도 객체이름.메서드이름()으로 호출하고, st1 객체의 메서드 studying()을 호출할 때 st1.studying()으로 호출한다.

```
>>> st1.studying()
수강과목 : 파이썬, 자바, 영어
```

studying()의 첫 번째 매개변수인 self의 경우, 호출한 객체 st1을 self에 자동으로 전달하므로, st1.studying(st1)으로 호출하면 **TypeError**가 발생한다. self에 호출한 객체 st1을 자동으로 전달하므로 st1을 넣으면 매개변수 개수가 맞지 않아서 TypeError가 발생한다.

```
>>> st1.studying(st1)
Traceback (most recent call last):
  File "<pyshell#304>", line 1, in <module>
    st1.studying(st1)
TypeError: studying() takes 1 positional argument but 2 were given
```

다른 객체 st2도 동일한 방법으로 생성해 속성 값을 지정하고 studying()을 호출할 수 있다.

```
>>> st2 = Student()  # Student 타입의 st2 객체 생성
>>> st2.name="강수진"  # st2의 name 속성에 "강수진" 저장
>>> st2.no=20231002  # 학번 속성 지정수강과목 : 파이썬, 자바, 영어
>>> print("* 학생 이름 : %s , 학번 : %d" %(st2.name, st2.no))
* 학생 이름 : 강수진 , 학번 : 20231002
>>> st2.studying()
수강과목 : 파이썬, 자바, 영어
```

수강하는 과목이 다를 경우 수강과목을 매개변수로 넘겨줘서 다르게 설정할 수 있다. studying() 메서드에서 수강과목(subject)을 출력할 때 join()을 사용해 subject 리스트를 하나의 문자열로 변환한다. ", ".join(self.subject)처럼 사용해 리스트의 각 요소를 콤마(,)로 구분한 후 하나의 문자열로 연결해서 "파이썬, 자바, 영어"를 출력한다.

```
>>> class Student:
        def studying(self, subj):  # 수강과목 지정하고 출력하는 함수
                self.subject =subj
                print("수강과목 :", ", ".join(self.subject))  # 수강과목 출력
```

```
>>> st1 = Student()  # Student 타입의 st1 객체 생성
>>> st1.name="강철수"  # st1의 name 속성에 "강철수" 저장
>>> st1.no=20231001  # 학번 속성 지정
>>> st1.studying(["파이썬","자바","영어"])
수강과목 : 파이썬, 자바, 영어
>>> st2 = Student()  # Student 타입의 st2 객체 생성
>>> st2.studying(["파이썬","자바","기독교개론"])
수강과목 : 파이썬, 자바, 기독교개론
```

studying(self, subj) 메서드에 수강과목 매개변수를 넣어 호출할 때 **st1.studying(["파이썬","자바",** **"영어"])**처럼 호출하면 st1객체의 subject 속성에는 ["파이썬","자바","영어"]가 들어간다. **st2.studying** (["파이썬","자바","기독교개론"])처럼 호출하면 st2 객체의 subject 속성에는 ["파이썬","자바"," 기독교개론"]이 들어간다.

■ **self의 의미**

Student 클래스의 studying() 메서드에 self를 사용했는데 self는 호출한 객체를 의미한다.

```
class Student:
    def studying(self, subj):  # 수강과목 지정하고 출력하는 함수
        self.subject = subj  # 수강 과목 속성 변경
        print("수강과목 :", ", ".join(self.subject))  # 수강과목 출력

...

st1.studying(["파이썬","자바","영어"])
```

st1 객체가 studying() 메서드를 호출했으므로 self는 st1이다. **self.subject = subj** 문장은 st1의 속성 subject에 subj를 대입하는 것이다.

self가 붙은 변수는 **인스턴스 변수**이고, 객체마다 별도로 만들어서 각 객체의 속성을 나타낸다.

■ **클래스 변수**

클래스 변수는 클래스의 메서드 밖에 선언해서 생성한 변수이다. 클래스 변수는 클래스 단위로 하나만 만들어지고 각 객체가 공유하는 변수이다. 클래스 변수는 일반적으로 **클래스이름.클래스변수이름**으로 사용한다.

Student 클래스의 **code**는 **클래스 변수**이고 Student 클래스 타입의 모든 객체가 공유하는 변수이다. 반면 subject는 self가 붙어 **인스턴스 변수**이고, 객체마다 별도로 만들어서 각 객체의 속성을 나타낸다.

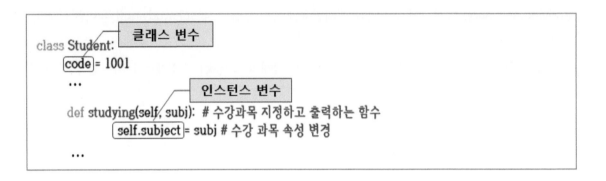

만일 어떤 학교의 학생들에 대한 정보를 나타낼 경우, 학생의 학교 코드는 모두 같으므로 객체마다 속성 값을 따로 지정할 필요가 없이 하나만 만들어도 되어 클래스 변수로 만들고 모든 객체가 공유해서 사용할 수 있다.

Student 클래스에는 code라는 **클래스 변수**가 있고 클래스 외부에서 클래스 변수를 사용할 때 Student.code로 사용한다.

```
>>> class Student:
        code = 1001
        def studying(self, subj): # 수강과목 지정하고 출력하는 함수
                self.subject = subj # 수강 과목 속성 변경
                print("수강과목 :", ", ".join(self.subject)) # 수강과목 출력


>>> print("학교 코드:",Student.code)
학교 코드: 1001
```

st1 객체를 생성한 후 **객체이름.code**로도 사용할 수 있다. Student 타입으로 생성된 모든 객체는 code를 사용할 수 있고 동일한 값 1001을 갖는다.

```
>>> st1=Student()
>>> print("학교 코드:",st1.code)
학교 코드: 1001
```

다음 예제는 클래스를 만들고 두 개의 객체를 생성하고 각 객체의 메서드를 호출해 객체 속성 값을 출력하는 프로그램이다.

예제 studentClassEx.py

```python
class Student:
    def studying(self, subj):  # 수강과목 지정하고 출력하는 함수
        self.subject = subj # 수강 과목 속성 변경
        print("수강과목 :", ", ".join(self.subject))  # 수강과목 출력

st1 = Student()  # Student 타입의  st1 객체 생성
st1.name="강철수"  # st1의 name 속성에 "강철수" 저장
st1.no=20231001  # 학번 속성 지정
print("* 학생 이름 : %s , 학번 : %d" %(st1.name, st1.no))
st1.studying(["파이썬","자바","영어"])

st2 = Student()  # Student 타입의  st2 객체 생성
st2.name="강수진"  # st2의 name 속성에 "강수진" 저장
st2.no=20231002  # 학번 속성 지정
print("* 학생 이름 : %s , 학번 : %d" %(st2.name, st2.no))
st2.studying(["파이썬","자바","기독교개론"])
```

실행 결과

```
* 학생 이름 : 강철수 , 학번 : 20231001
수강과목 : 파이썬, 자바, 영어
* 학생 이름 : 강수진 , 학번 : 20231002
수강과목 : 파이썬, 자바, 기독교개론
```

객체 수가 많지 않을 경우에는 두 개의 객체를 생성하고 각 객체의 속성 값을 저장해 사용했는데, 객체 수가 많을 때 각 객체의 속성 값을 하나씩 저장하면 비효율적이다.

객체의 속성 값을 바로 넣어주는 방법이 있을까요? _init_() 메서드를 사용하면 객체를 생성하면서 속성 값을 바로 지정할 수 있다.

■ __init__() 메소드

init()는 객체를 생성할 때 자동으로 호출되는 메서드이고 인스턴스 변수들에 초깃값을 넣어주는 초기화 작업을 수행한다. __init__()는 객체를 생성할 때 자동으로 호출해서 생성자(constructor) 역할을 하는 메서드이다. 객체를 생성하면서 속성 값을 바로 지정할 수 있는데, 클래스 안에 __init__() 메서드를 만들고 속성 값을 지정하도록 작성하면 된다.

```
>>> class Student:
        def __init__(self, name, no, subj):  # 속성 값 초기화
            self.name=name  # name 속성 값 지정
            self.no=no          # no속성 값 지정
            self.subject=subj # subject 속성 값 지정
        def studying(self):  # 수강과목 지정하고 출력하는 함수
            self.subject =subj
            print("수강과목 :", ", ".join(self.subject))  # 수강과목 출력


>>> st1=Student("강철수",20231001,["파이썬","자바","영어"])
>>> st2=Student("강수진",20231002,["파이썬","C","기독교개론"])
>>> st3=Student("홍길동",20231003,["파이썬","자바","C++"])
```

세 개의 객체 st1, st2, st3를 생성하면서 객체 속성 값을 바로 넣어주면 print 문을 사용해 각 객체의 속성 값을 출력할 수 있다.

```
>>> print("학생 이름: %s, 학번 :%d, 수강과목 :%s" %(st1.name,st1.no,st1.subject))
학생 이름: 강철수, 학번 :20231001, 수강과목 :['파이썬', '자바', '영어']
>>> print("학생 이름: %s, 학번 :%d, 수강과목 :%s" %(st2.name,st2.no,st2.subject))
학생 이름: 강수진, 학번 :20231002, 수강과목 :['파이썬', 'C', '기독교개론']
>>> print("학생 이름: %s, 학번 :%d, 수강과목 :%s" %(st3.name,st3.no,st3.subject))
학생 이름: 홍길동, 학번 :20231003, 수강과목 :['파이썬', '자바', 'C++']
```

많은 객체를 다룰 때 각 객체마다 print 문을 사용해 속성 값을 출력하는 것 보다 객체들로 이뤄진 리스트 즉, 리스트의 요소가 객체인 리스트를 만들면 반복문을 사용해 객체의 속성 값을 출력할 수 있다.

```
>>> st=[]
>>> st.append(Student("강철수",20231001,["파이썬","자바","영어"]))
>>> st.append(Student("강수진",20231002,["파이썬","C","기독교개론"]))
>>> st.append(Student("홍길동",20231003,["파이썬","자바","C++"]))
>>> for i in range(len(st)):
        print("학생 이름 : %s, 학번 :%d" %(st[i].name,st[i].no), end=" ")
        print(", 수강과목 :%s" %(st[i].subject))


학생 이름 : 강철수, 학번 :20231001 , 수강과목 :['파이썬', '자바', '영어']
학생 이름 : 강수진, 학번 :20231002 , 수강과목 :['파이썬', 'C', '기독교개론']
학생 이름 : 홍길동, 학번 :20231003 , 수강과목 :['파이썬', '자바', 'C++']
```

많은 객체의 속성을 출력할 때 객체의 속성들을 효과적으로 출력하는 방법이 있을까요? __str__() 메서드를 사용해 객체의 속성 값을 연결해 하나의 문자열로 만들어주는 방법이 있다.

■ __str__() 메서드

__str__()은 print 함수의 ( ) 안에 객체이름을 넣었을 때 자동으로 호출되는 메서드이고, 객체의 속성 값을 연결해 하나의 문자열로 만들어 반환하도록 작성한다. 객체 속성을 출력할 때 클래스 안에서 __str__() 메서드를 작성해 속성 값을 반환하도록 만들면 편리하게 사용할 수 있다.

__str__() 메서드가 없는 Student 객체 st1을 출력하면 다음과 같이 출력된다. st1 객체에 대한 정보를 출력하는 것이다.

```
>>> print(st1)
<__main__.Student object at 0x000001E33A710B50>
```

객체이름을 print 문에 넣어서 출력했을 때 객체에 대한 정보를 출력하지 않고 속성 값을 출력하게 하려면, __str__() 메서드를 작성해서 속성 값을 출력하게 한다. 클래스 안에 __str__() 메서드를 작성한 경우, print(st1)처럼 ( ) 안에 객체이름을 넣으면 __str__() 메서드를 호출해 객체 속성 값들을 반환해 출력하게 된다.

다음과 같이 객체 속성 값을 문자열로 반환하도록 __str__() 메서드를 작성하고, print() 문의 ( ) 안에 객체이름 st1과 st2를 각각 넣어주면 __str__() 메서드를 호출하고, 객체 속성 값을 출력하게 된다.

```
>>> class Student:
        def __init__(self, name, no, subj): # 속성 값 초기화
                self.name=name # name 속성 값 지정
                self.no=no       # no속성 값 지정
                self.subject=subj # subject 속성 값 지정
        def __str__(self):
                msgs="학생 이름 : "+self.name+", 학번 : "+str(self.no)
                msgs +="수강과목 :"+ ", ".join(self.subject)
                return msgs


>>> st1=Student("강철수",20231001,["파이썬","자바","영어"])
>>> print(st1)
학생 이름 : 강철수, 학번 : 20231001수강과목 :파이썬, 자바, 영어
>>> st2=Student("강수진",20231002,["파이썬","C","기독교개론"])
>>> print(st2)
학생 이름 : 강수진, 학번 : 20231002수강과목 :파이썬, C, 기독교개론
```

다음 예제는 클래스를 만들고 여러 객체를 요소로 갖는 리스트를 생성하고 각 객체의 메서드를 호출해서 수강과목을 추가하고 변경된 속성 값을 출력하는 프로그램이다.

예제 studentClassEx2.py

```
class Student:
    def __init__(self, name, no, subj): # 속성 값 초기화
        self.name=name # name 속성 값 지정
        self.no=no       # no속성 값 지정
        self.subject=subj # subject 속성 값 지정
```

```python
    def __str__(self):  # 속성 값 연결해 문자열로 반환
        msgs=self.name+"\t"+str(self.no)+"\t"+", ".join(self.subject)
        return msgs
    def studying(self, subj):  # 수강과목 지정하는 함수
        self.subject.append(subj) # 수강 과목 추가

st=[]
st.append(Student("강철수",20231001,["파이썬","자바","영어"]))
st.append(Student("강수진",20231002,["파이썬","C","기독교개론"]))
st.append(Student("홍길동",20231003,["파이썬","자바","C++"]))
st.append(Student("박길동",20231004,["파이썬","C","C++"]))
st.append(Student("정길동",20231005,["파이썬","자바","C++"]))

print("* 학생 리스트 *")
print("이름\t학번\t\t수강과목")
for i in range(len(st)):  # 초기 객체 속성 출력
    print(st[i])

print("\n* 수강과목 변경 후 학생 리스트 *")
print("이름\t학번\t\t수강과목")
for i in range(len(st)):  # 수강과목 속성 출력
    st[i].studying("전산수학")
    print(st[i])
```

실행 결과

```
* 학생 리스트 *
이름        학번              수강과목
강철수      20231001        파이썬, 자바, 영어
강수진      20231002        파이썬, C, 기독교개론
홍길동      20231003        파이썬, 자바, C++
박길동      20231004        파이썬, C, C++
정길동      20231005        파이썬, 자바, C++

* 수강과목 변경 후 학생 리스트 *
이름        학번              수강과목
강철수      20231001        파이썬, 자바, 영어, 전산수학
강수진      20231002        파이썬, C, 기독교개론, 전산수학
홍길동      20231003        파이썬, 자바, C++, 전산수학
박길동      20231004        파이썬, C, C++, 전산수학
정길동      20231005        파이썬, 자바, C++, 전산수학
```

다음 예제는 은행 계좌 클래스를 만들고 여러 객체를 요소로 갖는 리스트를 생성하고 계좌에서 입출금을 관리해 잔고를 출력하는 프로그램이다.

```python
class Bank:
    def __init__(self, name, no, money): # 속성 값 초기화
        self.name=name # name 속성 값 지정
        self.no=no         # no 속성 값 지정
        self.money=money # money 속성 값 지정
    def __str__(self): # 속성 값 연결해 문자열로 반환
        msgs=self.name+"\t"+str(self.no)+"\t"+str(self.money)
        return msgs
    def deposit(self, money):  # 입금하는 함수
        self.money += money # 입금 계산
        print(self.name+"고객 : "+str(money)+"원 입금처리 완료")
    def withdraw(self, money):  # 출금하는 함수
        self.money -= money # 출금 계산
        print(self.name+"고객 : "+str(money)+"원 출금처리 완료")

cs=[]
cs.append(Bank("강철수",1001,0))
cs.append(Bank("강수진",1002,10000))
cs.append(Bank("홍길동",1003,0))
cs.append(Bank("박길동",1004,11000))
cs.append(Bank("정길동",1005,0))

print("* 고객 리스트 *")
print("이름\t계좌\t잔고")
for i in range(len(cs)): # 초기 객체 속성 출력
    print(cs[i])

# 입출금 처리
print("\n* 입출금 처리 *")
cs[0].deposit(10000)
cs[1].withdraw(1000)
cs[2].deposit(20000)
cs[3].withdraw(2000)
cs[4].deposit(15000)

print("\n* 입출금 후 고객 리스트 *")
print("이름\t계좌\t잔고")
for i in range(len(cs)): # 입출금 후 출력
    print(cs[i])
```

```
* 고객 리스트 *
이름        계좌        잔고
강철수      1001        0
강수진      1002        10000
홍길동      1003        0
박길동      1004        11000
정길동      1005        0

* 입출금 처리 *
강철수고객 : 10000원 입금처리 완료
강수진고객 : 1000원 출금처리 완료
홍길동고객 : 20000원 입금처리 완료
박길동고객 : 2000원 출금처리 완료
정길동고객 : 15000원 입금처리 완료

* 입출금 후 고객 리스트 *
이름        계좌        잔고
강철수      1001        10000
강수진      1002        9000
홍길동      1003        20000
박길동      1004        9000
정길동      1005        15000
```

9.3 클래스 상속

파이썬에서 **클래스 상속**은 클래스 안에서 작성한 변수와 메서드를 상속받는 것이다. 부모의 재산을 자녀가 상속받듯이 부모 클래스 안에 정의된 모든 것을 자식 클래스에서 상속받을 수 있고, 자식 클래스에서 필요한 기능을 추가해서 새로운 클래스를 만들수 있다. **부모 클래스**를 슈퍼 클래스라고 하고, **자식 클래스**는 서브 클래스라 한다.

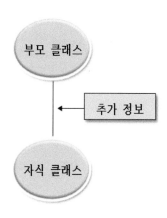

비슷한 기능을 하는 여러 가지 클래스들을 만들 때 클래스 상속을 활용하면 클래스들을 간단히 만들 수 있다. 클래스들의 공통된 특성은 부모 클래스에 정의하여 만들고 부가적인 내용만 자식 클래스에 추가해, 부모 클래스에서 정의한 멤버(인스턴스변수와 메서드)들을 자식 클래스에서 그대로 상속받으면 보다 간단하게 프로그램을 작성할 수 있다.

■ **자식 클래스 생성**

자식 클래스를 생성할 때도 class 키워드를 사용하고 ( ) 안에 **부모클래스이름**을 넣어준다.

```
class 자식클래스이름(부모클래스이름):
    def 메서드이름(self):
        self.변수이름 = 값
    ...
```

학생과 관련된 프로그램을 개발하면서 아르바이트를 하는 학생들에 대한 자료와 기능을 추가할 경우 어떻게 하면 가능할까요? 클래스 상속 기능을 활용하면 쉽게 작성할 수 있다.

Student 부모 클래스의 모든 인스턴스 변수와 모든 메서드를 상속받으면서 WorkStu 자식 클래스를 만들고 working() 메서드를 다음과 추가한다.

```
>>> class Student:
        def __init__(self, name, no, subj): # 속성 값 초기화
                self.name=name # name 속성 값 지정
                self.no=no          # no속성 값 지정
                self.subject=subj # subject 속성 값 지정
        def studying(self,subj): # 수강과목 지정하고 출력하는 함수
                self.subject =subj
                print("수강과목 :", ", ".join(self.subject)) # 수강과목 출력


>>> class WorkStu(Student):
        def working(self,kind):
                self.kind=kind
                print(self.name+" 직종 :",self.kind) # 직종 출력


>>> st1=WorkStu("강철수",20231001,["파이썬","자바","영어"])
```

st1 객체는 Student 클래스의 _init_() 메서드와 **studying()** 메서드를 사용할 수 있고 Student 클래스의 모든 인스턴스 변수 name, no, subject를 상속받아 사용하고, 추가로 kind 인스턴스 변수와 **working()** 메서드를 정의하여 사용한다. kind는 아르바이트 직종을 나타내는 변수이고, self가 붙은 변수를 인스턴스 변수라 한다.

```
>>> st1.studying("이산수학")
수강과목 : 파이썬, 자바, 영어, 이산수학
>>> st1.working("서점 알바")
직종 : 서점 알바
```

■ **super()**

super()는 부모 클래스를 나타내는 것이다. 자식 클래스를 만들 때 부모 클래스에 있는 메서드를 다시 작성하여 동일한 이름의 메서드를 만들 수 있고 매개변수 개수까지 동일하게 작성하는 것을 **메서드 재정의**라 한다. 이 경우 동일한 이름의 메서드가 두 개 생성되고, **자식클래스객체이름.메서드이름()**으로 호출하면 자식 클래스의 메서드를 호출하는 것이다. 부모 클래스의 동일한 이름의 메서드는 숨겨지는데, 이런 경우 어떻게 하면 부모 클래스의 메서드를 호출할 수 있을까요? 자식 클래스 안에서 부모 클래스의 메서드도 호출할 수 있는데, 부모 클래스의 메서드를 호출할 때 super()를 사용해 부모 클래스를 나타내고, super().메서드이름()으로 호출하면 부모 클래스의 메서드를 호출한다.

다음 예제는 부모 클래스를 상속받아 자식 클래스를 생성하고 메서드를 호출해 객체 속성 값을 출력하는 프로그램이다. __init__()와 __str__() 메서드를 자식클래스에서 재정의해 부모 클래스의 메서드를 호출할 때 super()._init_(name, no, subj)를 사용해 호출한다.

예제 workStuClassEx.py

```python
class Student:
    def __init__(self, name, no, subj): # 속성 값 초기화
        self.name=name # name 속성 값 지정
        self.no=no          # no속성 값 지정
        self.subject=subj # subject 속성 값 지정
```

```python
    def __str__(self):  # 속성 값 연결해 문자열로 반환
        msgs=self.name+"\t"+str(self.no)+"\t"+", ".join(self.subject)
        return msgs

class WorkStu(Student):
    def __init__(self, name, no, subj, kind):  # 속성 값 초기화
        super().__init__(name, no, subj)
        self.kind=kind
    def working(self,kind):
        self.kind=kind
        print(self.name+" 직종 :",self.kind)  # 직종 출력
    def __str__(self):  # 속성 값 연결해 문자열로 반환
        if self.kind==None:
            msgs=super().__str__()  # 직종 없는 초기 상태
        else:
            msgs=self.name+"\t"+str(self.no)+"\t"+self.kind+"\t"+", ".join(self.subject)
        return msgs

st=[]
st.append(WorkStu("강철수",20231001,["파이썬","자바","영어"],None))
st.append(WorkStu("강수진",20231002,["파이썬","C","기독교개론"],None))
st.append(WorkStu("홍길동",20231003,["파이썬","자바","C++"],None))
st.append(WorkStu("박길동",20231004,["파이썬","C","C++"],None))
st.append(WorkStu("정길동",20231005,["파이썬","자바","C++"],None))
print("* 학생 리스트 *")
print("이름\t학번\t\t수강과목")
for i in range(len(st)):  # 초기 객체 속성 출력
    print(st[i])
print()
# 알바 직종 값 추가
st[0].working("서점   알바")
st[2].working("편의점 알바")
st[3].working("컴퓨터수리")

print("\n* 알바 학생 리스트 *")
print("이름\t학번\t\t직종\t\t수강과목")
for i in range(len(st)):  # 알바 객체 속성 출력
    if st[i].kind != None:
        print(st[i])
```

```
* 학생 리스트 *
이름        학번                수강과목
강철수    20231001          파이썬, 자바, 영어
강수진    20231002          파이썬, C, 기독교개론
홍길동    20231003          파이썬, 자바, C++
박길동    20231004          파이썬, C, C++
정길동    20231005          파이썬, 자바, C++

강철수 직종 : 서점  알바
홍길동 직종 : 편의점 알바
박길동 직종 : 컴퓨터수리

* 알바 학생 리스트 *
이름        학번                직종                수강과목
강철수    20231001          서점   알바         파이썬, 자바, 영어
홍길동    20231003          편의점 알바         파이썬, 자바, C++
박길동    20231004          컴퓨터수리          파이썬, C, C++
```

9.4 클래스 활용

클래스 상속 기능을 활용하여 다양한 응용 프로그램을 작성할 수 있다. 터틀 모듈을 그대로 사용하면서 터틀 모듈에 없는 새로운 기능을 추가해 자식 클래스를 생성할 수 있다. 새로운 자식 클래스를 작성해 터틀 모듈의 기능을 그대로 상속받아서 사용하고 추가로 모듈에 없는 다른 기능을 수행하도록 자식 클래스를 만들 수 있다.

자식 클래스에서 부모 클래스의 메서드를 사용할 때 **self.메서드이름()**으로 호출하고, self를 메서드 앞에 붙여서 사용한다. self.goto(self.x, self.y)는 터틀이 (self.x, self.y) 위치로 이동하는 메서드이다.

```
>>> from turtle import *
>>> import random as r
```

```
>>> class Ball(Turtle):
        def move(self):
                self.shape("circle")
                self.x = r.randint(-300, 300)
                self.y = r.randint(-300, 300)
                self.goto(self.x, self.y)


>>> ball = Ball()   # Ball 객체 생성
>>> ball.move()   # 공이 임의로 움직임.
```

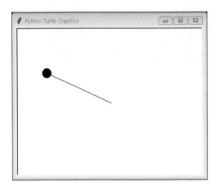

다음 예제는 터틀 모듈을 활용해 터틀의 사이즈를 확대하고 난수를 생성해 임의의 각도, 임의의 위치로 움직이게 하는 프로그램이다.

예제 turtleMoveEx.py

```
import turtle as t    # turtle 모듈에서 모든 것을 포함시키기
import random as r

class NewTurtle(t.Turtle):
    def glow(self):
        self.fillcolor("red")
        self.shapesize(2,2)  # 터틀 사이즈 가로 세로 2배 확대
        self.left(180)
```

```
    def move(self):
        for i in range(30):
            x, y, z = r.randint(-300, 300), r.randint(-300, 300), r.randint(0, 360)
            # self.up()
            self.goto(x,y) # (x, y)로 이동
            self.left(z) # 터틀 각도 조정

turtle = NewTurtle()  # NewTurtle 객체 생성
turtle.shape("turtle")
turtle.glow()  # 터틀 색상이 빨강색으로 변경되고 크기 확대
turtle.move()  # 터틀이 임의로 움직임.
```

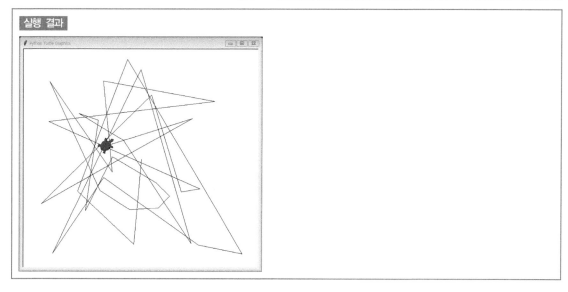

만일 move() 메서드 안에 **self.up()**을 넣어주면 터틀이 이동할 때 펜을 들어 선을 그리지 않으면서 터틀이 자유롭게 이동한다.

다음 예제는 공 모양을 갖는 Ball 클래스를 터틀의 자식클래스로 만들고 네 가지 색상 중 하나로 공의 색상을 임의로 설정하고 공을 자유롭게 움직이게 하는 프로그램이다.

```
from turtle import *
import random as r

class Ball(Turtle):
    def set(self, size):
        self.x, self.y = 0, 0 # 공 위치 (0,0)
        # 색상 리스트에서 임의로 하나 선택
        color=r.choice(["blue", "red", "green", "yellow"])
        self.color(color)    # 공의 색상
        self.shape("circle")  # 펜 모양 "circle"로 변경
        self.shapesize(size, size, 10)  # 펜 가로, 세로, 외곽선두께
    # 메소드 정의
    def move(self):
        for i in range(30):    # 공이 임의로 움직임.
            self.x = r.randint(-300, 300)
            self.y = r.randint(-300, 300)
            self.goto(self.x, self.y)

ball = Ball()  # Ball 객체 생성
ball.set(2)    # 공 크기 색상 설정
ball.move()    # 공이 임의로 움직임.
```

실행 결과

연결리스트(linked list)를 생성하는 프로그램을 작성하여보자.

연결리스트는 컴퓨터에서 많이 활용하는 자료구조 중 하나이고 리스트에 비해 자료의 추가/삽입 및 삭제가 용이한 자료 구조이다. 탐색이나 정렬을 자주 수행하면 리스트를 사용하는 것이 편리하고, 자료의 추가/삭제가 많으면 연결 리스트를 사용하는 것이 유리하다.

연결리스트는 자료와 주소를 가지고 한 줄로 연결되어 있는 방식으로 자료를 저장하는 자료 구조이다. 자료와 주소를 담고 있는 것을 **노드**라고 하고 노드들이 연결되어 있다.

연결리스트는 〈자료, 주소〉로 이뤄지고 **Node 클래스**를 정의하고, 다음 그림처럼 이름을 자료로 갖는 연결리스트를 작성할 수 있다. Node 클래스는 인스턴스 변수로 data와 link를 갖는다.

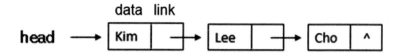

각 Node 객체의 data에는 이름이 들어가고, 첫 노드 뒤에 다음 노드를 연결해 자료를 저장한다. 첫 노드 head의 link(head.link)에 다음 노드를 연결하는데, head.link에 'lee' 자료를 갖는 노드를 대입해 head 뒤에 새로운 노드를 연결한다. 마지막 세 번째 노드의 경우 연결할 노드가 없어 link에 **None**을 넣고 ^로 표시한다.

다음 예제는 이름을 자료로 갖는 위의 연결리스트(head)를 만드는 예제 프로그램이다. __init__() 메서드는 노드에 초깃값을 지정하고, display() 메서드는 연결리스트의 각 노드에 들어있는 자료를 출력하는 메서드이다. head.link = temp1처럼 작성해 head 뒤에 temp1을 연결한다.

예제 linkedList.py

```
# 연결 리스트 프로그램
class Node:
    def __init__ (self, element, link=None): # 노드에 초깃값 지정
        self.data = element
        self.link = link
```

```python
    def display( self, msg='LinkedList:'):  # 각 노드 자료 출력
        node = self
        print(msg, end=" ")
        while node :  # while node != None :
            print(node.data, end=" ")
            node = node.link
            if node: print(" -> ", end=" ")
        print()

head = Node("Kim")  # 첫 노드
temp1 = Node("Lee") # 두번째 노드
head.link=temp1
temp2 = Node("Cho") # 세번째 노드
temp1.link=temp2
head.display(' 연결리스트 : ')
print(' 첫 노드의 자료: ', head.data)
head=head.link  # 첫 노드 삭제
head.display(' 삭제 후 연결리스트 : ')
```

실행 결과

```
연결리스트 : Kim  -> Lee  -> Cho
첫 노드의 자료:  Kim
삭제 후 연결리스트 : Lee  -> Cho
```

■ 스택

컴퓨터 분야의 자료구조 중 **스택**은 top이라는 한 쪽 끝에서만 자료를 삽입하거나 삭제하는 **선형 구조**(LIFO: Last In First Out)이다. 자료를 삽입하는 것을 push라 하고 반대로 자료를 삭제하는 것을 pop이라 하는데, 스택에서 삭제하는 자료는 가장 최근에 삽입한 자료부터 삭제하게 된다. 가장 마지막에 삽입한 값을 가장 먼저 삭제하는 것이 LIFO 구조이다.

다음 예제는 자료구조중 하나인 스택을 연결리스트로 만든 예제 프로그램이다. isEmpty( )는 스택이 공백인지 체크해 bool 값을 반환하는 메서드이다. push()는 자료를 삽입하는 메서드이고, pop()는 자료를 삭제하는 메서드이고, peek()는 top에 있는 값이 무엇인지 반환하는 것이고, size()는 스택에 있는 자료 수를 반환하는 메서드이다.

```python
class Node:
    def __init__ (self, element, link=None):
        self.data = element
        self.link = link
class LinkedStack :
    def __init__( self ):
        self.top = None
    def isEmpty( self ):                # 공백 스택인지 확인
        return self.top == None
    def push( self, item ):             # 스택에 자료를 삽입
        node = Node(item, self.top)
        self.top = node
    def pop( self ):                    # 스택의 top에 있는 자료를 삭제
        if not self.isEmpty():
            data=self.top.data          # n = self.top;  data=n.data
            self.top = self.top.link    #  self.top = n.link
            return data
        else:
            return "stack empty"
    def peek( self ):                   # 스택의 top에 있는 자료 반환
        if not self.isEmpty():
            return self.top.data
    def size( self ):                   # 스택의 자료 개수 반환
        count = 0
        if not self.isEmpty():
            node = self.top
            while node :                # while node != None :
                node = node.link
                count += 1
        return count
    def display( self, msg='LinkedStack:'): # 스택의 각 노드 자료 출력
        node = self.top
        print(msg, end=" ")
        while node != None :            #  while node :
            print(node.data, end=" ")
            node = node.link
            if node: print(" -> ", end=" ")
        print()

even = LinkedStack()
for i in range(10,-1, -2):              # 10부터 0까지 -2씩 감소
    even.push(i)
even.display('* push 후 짝수 스택 : ')
print("* 짝수 스택 pop 된 원소 :",even.pop())
even.display('* pop 후 짝수 스택 : ')
print("* 짝수 스택 원소 수 :",even.size())
```

* push 후 짝수 스택 : 0 -> 2 -> 4 -> 6 -> 8 -> 10
* 짝수 스택 pop 된 원소 : 0
* pop 후 짝수 스택 : 2 -> 4 -> 6 -> 8 -> 10
* 짝수 스택 원소 수 : 5

- **클래스**는 속성(변수)과 메서드를 모아놓은 것으로, 객체를 만드는 설계도(틀)이다. **객체**는 특정 클래스타입을 갖는 변수이고 클래스 안에 정의된 속성이나 메서드를 사용할 수 있다.

- 객체지향 프로그래밍(Object Oriented Programming)은 클래스를 정의하고 정의한 클래스 타입의 객체를 생성해 프로그래밍하는 것이다.

- 객체를 생성하기 전에 객체를 정의하는 설계도(틀)인 클래스를 작성한다.

- 객체지향 프로그래밍에서는 클래스를 여러 개 정의하고 클래스 타입을 갖는 객체를 생성하고, 객체와 객체 사이는 메시지를 보내 서로 상호작용한다. 메시지를 보낸다는 것은 다른 객체의 메서드를 호출해서 그 기능을 수행하는 것이다.

- 객체의 설계도인 **클래스**는 다음과 같이 작성한다.

```
class 클래스이름:
    def 메서드이름(self):
        self.변수이름 = 값
    ...
```

- 클래스이름은 대문자로 만들고 속성은 변수로 나타낸다. 클래스 안에서 객체 속성을 나타낼 때 **self.변수이름**으로 표현한다. 메서드를 만들 때 첫 번째 매개변수는 **self**가 반드시 들어가고 **self**는 호출할 때 자동으로 들어가는 값이고 호출한 객체이름을 전달한다.

- 객체의 속성을 나타낼 때 **객체이름.변수이름**으로 사용하고, 클래스 안에서 속성을 사용할 때는 **self.변수이름**으로 사용한다. self가 붙은 변수는 **인스턴스 변수**이다.

- 메서드 안에서 self는 호출한 객체를 의미한다.

- _init_()는 객체를 생성할 때 자동으로 호출되는 메서드이고, self가 붙은 인스턴스 변수들의 초깃값을 넣는 작업을 수행하고, 생성자(constructor) 역할을 하는 메서드이다. 생성자는 객체를 생성할 때 자동으로 호출되는 메서드이다.

■ _str_()은 print 함수의 ( ) 안에 객체이름을 넣었을 때 자동으로 호출되는 메서드이고, 객체의 속성 값을 연결해 하나의 문자열로 만들어 반환하도록 작성한다.

■ **클래스 변수**는 클래스의 메서드 밖에 선언해서 생성한 변수이다. 클래스 변수는 클래스 단위로 하나만 만들어지고 각 객체가 공유하는 변수이다. 클래스 변수는 일반적으로 **클래스이름.클래스변수이름**으로 사용한다.

■ 파이썬에서 **클래스 상속**은 클래스 안에서 작성한 멤버인 변수와 메서드를 상속받는 것이다. 부모의 재산을 자녀가 상속받듯이 부모 클래스 안에 정의된 모든 것을 자식 클래스에서 상속받을 수 있고, 자식 클래스에서 필요한 기능을 추가해서 새로운 클래스를 만들 수 있다.

■ 자식 클래스를 작성할 때 class 키워드를 사용하고 ( ) 안에 부모 클래스이름을 넣어준다.

```
class 자식클래스이름(부모클래스이름):
    def 메서드이름(self):
        self.변수이름 = 값
    ...
```

■ 상속받은 부모 클래스의 메서드를 자식 클래스 안에서 다시 작성해 **재정의**할 수 있다. 메서드를 재정의할 때 매개변수 수도 동일하게 작성한다.

■ 자식 클래스 안에서 재정의한 부모 클래스의 메서드를 자식 클래스 안에서 호출할 때 super().메서드이름처럼 사용하고, super()는 부모클래스를 나타낸다.

■ 자식 클래스에서 재정의하지 않은 부모 클래스의 메서드를 자식 클래스 안에서 호출할 때 self.메서드이름()으로 self를 메서드 앞에 붙여서 호출한다.

연습 문제

1. 학생 클래스를 만들고 다섯 명의 학생 리스트를 생성한 후 학생의 자바, 파이썬, C++ 과목의 합계와 평균을 계산해 출력하는 프로그램을 작성하시오. 클래스의 인스턴스 변수는 이름, 학번, 자바점수, 파이썬점수, C++점수이고, 메소드는 _init_(), calculate(), _str_()이다.

```
Hint    class Student:
            def __init__(self, name, no, java, phy,cplus): # 속성 값 초기화
                self.name=name   # name 속성 값 지정
                self.no=no       # no속성 값 지정
                self.java=java   # java 속성 값 지정
                self.phy=phy     #파이썬 속성 값 지정
                ...
            def calculate(self): # 합계와 평균 계산
                self.total +=self.java+self.phy+self.cplus
                ...

        st=[]
        st.append(Student("강철수",202301,97,85,86))
        st.append(Student("강수진",202302,77,82,93))
        ...
        for i in range(len(st)): # 초기 객체 속성 출력
            print(st[i])
            ...
```

```
* 학생 리스트 *
이름      학번      자바      파이썬    C++
강철수    202301    97        85        86
강수진    202302    77        82        93
홍길동    202303    95        92        93
박길동    202304    78        72        83
정길동    202305    88        83        87

* 학생 성적 리스트 *
이름      학번      합계      평균
강철수    202301    268       89.3
강수진    202302    252       84.0
홍길동    202303    280       93.3
박길동    202304    233       77.7
정길동    202305    258       86.0
```

2. 1번 학생 클래스에서 전체 학생의 과목별 평균과 각 과목별 최고점과 학생이름을 출력하는 프로그램을 작성하시오.

```
Hint    def calculate(st):  # 과목별 평균과 최고점 계산
            for i in range(len(st)):
                total[0] +=st[i].java
                ...
        st=[]
        st.append(Student("강철수",202301,97,85,86))
        ...
        subj=["자바","파이썬","C++"]
        total=[0]*3  # total=[0,0,0] 세과목 합계 0으로 초기값 지정.
        ...
        for i in range(3):  # 평균 최고점 출력
            print("%s\t%.1f\t%d"%(subj[i],avg[i],maxi[i]))
```

```
* 학생 리스트 *
이름      학번      자바      파이썬    C++
강철수    202301   97       85       86
강수진    202302   77       82       93
홍길동    202303   95       92       95
박길동    202304   78       72       83
정길동    202305   88       83       87

* 성적 리스트 *
과목      평균      최고점
자바      87.0     97
파이썬    82.8     92
C++      88.8     95
```

3. 속도와 차종을 인스턴스 변수로 갖는 Car 클래스를 만들어 속도와 차종을 하나의 문자열로 연결하는 _str_() 메서드를 작성하고, Car에서 상속받은 SportsCar 자식 클래스에 차주 인스턴스 변수를 추가하여 SportsCar 자식 클래스를 작성한다. SportsCar 자식 클래스의 객체를 생성하고 세 정보를 문자열로 연결하는 _str_() 메서드를 재정의하고 객체를 출력하는 프로그램을 작성하시오. SportsCar의 객체에 대해 속도가 가장 빠른 차주이름을 출력하는 메서드도 작성하시오.

```
Hint
class Car:
    def __init__(self, speed, model):
        self.speed = speed
        self.model = model
    def __str__(self):
        msg = str(self.speed)+ "\t"+ self.model
        return msg
    ...
class SportsCar(Car):
    # 자식 클래스 초기화전 부모 클래스 초기화
    def __init__(self, speed, model, name):
        super().__init__(speed, model)
    ...
def maxPrint(car):
    max=car[0].speed
    name=None
    for i in range(len(car)):
        if max<car[i].speed:
            ...
car=[]
car.append(SportsCar(120, "BMW","김길동"))
...
for i in range(len(car)):  # SportsCar 객체 속성 출력
    print(car[i])
maxPrint(car)
```

연습 문제

```
* SportsCar 리스트 *
이름     속도      차종
김길동    120      BMW
홍길동    150      BMW
박길동    130      Benz
이길동    170      sonata
최길동    160      Benz

속도가 가장 빠른 차주:  이길동 , speed: 170
```

## CHAPTER 10

모듈과 패키지

모듈은 여러 가지 함수나 클래스, 상수 등을 모아놓은 것으로, 이런 문장을 모아서 일반 파이썬 파일(.py)로 저장하면 모듈로 사용할 수 있다. 모듈의 기능이 필요할 경우 모듈을 프로그램에 포함시켜서 모듈의 기능을 활용할 수 있다. **패키지**는 여러 개의 모듈을 모아 놓고 폴더를 만든 것으로 폴더 이름이 패키지 이름이 되고 폴더 안에 여러 모듈과 파일을 저장한다.

10.1 파이썬의 모듈이란?

파이썬의 공식 도큐먼트에 "**모듈**이란 파이썬 정의와 문장들을 담고 있는 파일이다. 파일의 이름은 모듈 이름에 확장자인 py를 붙인다."라고 모듈에 대해 설명한다. 모듈은 여러 가지 함수나 클래스, 상수 등을 모아놓은 것으로, 파이썬 프로그램을 작성하듯이 이런 문장을 모아서 파이썬 파일로 저장하면 모듈로 사용할 수 있다. 프로그램을 작성하면서 모듈의 기능이 필요한 경우 모듈을 포함시켜 사용할 수 있도록 만들어 놓는 것이다.

모듈은 **표준 모듈**과 **외부 모듈**이 있고 파이썬에서 기본적으로 내장되어 있는 모듈은 표준 모듈이고 turtle, time, random, math 등이 표준 모듈이다. 외부 모듈은 내장된 것이 아니고 외부에서 공개한 모듈이다.

사용자가 새로운 모듈을 만들 수 있고, 사용자가 작성한 모듈을 포함시킬 때도 표준 모듈을 포함시킬 때처럼 import 문을 사용한다.

---

import 모듈이름

외부 모듈은 별도로 설치해야 사용할 수 있다. 외부 모듈을 설치하는 도구는 **pip**이고 파이썬을 설치하면 pip는 기본적으로 포함돼 있다. 파워셀이나 명령프롬프트에서 실행해서 pip 유무를 확인할 수 있다. ⊞+[R] 키를 눌러 프로그램 실행 윈도우를 열고 [cmd]를 입력하면 명령프롬프트 윈도우가 나타나고, 윈도우 10 메뉴바의 검색란에서 [cmd]를 입력해도 명령프롬프트 윈도우가 나타난다.

pip가 설치된 경우 다음과 같이 표시한다.

```
d:\>pip

Usage:
 pip <command> [options]

Commands:
  install        Install packages.
  download       Download packages.
  uninstall      Uninstall packages.
  freeze         Output installed packages in requirements format.
  list           List installed packages.
  show           Show information about installed packages.
```

참고로, 파워셸의 경우, 윈도우 10의 파일 탐색기에서 [파일]-[Windows PowerShell 열기(R)]를 클릭하면 파워셸이 바로 열린다. 관리자권한으로 파워셸을 실행할 경우 [관리자권한으로 Windows PowerShell 열기(A)]를 선택한다.

윈도우 11인 경우 탐색기에서 오른쪽 마우스버튼을 클릭한 후 나타나는 팝업 대화상자에서 [터미널에서 열기]를 누르면 된다.

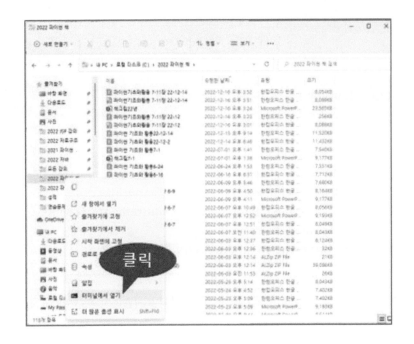

외부 모듈을 설치하려면 **pip**를 사용해 다음과 같이 입력한다.

pip install 모듈이름

pip를 사용해 외부 모듈인 beautifulsoup4를 설치할 수 있다. beautifulsoup4는 웹크롤링에 사용하는 아주 유명한 웹페이지 분석 모듈이다.

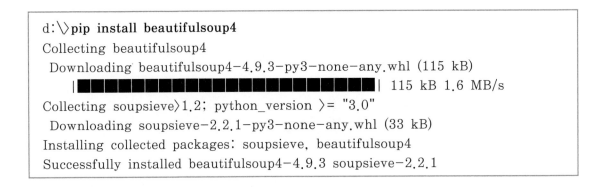

pip를 최신 버전으로 업그레이드하라는 메시지가 나오는 경우 무시해도 되지만, 외부 모듈 설치가 안 될 경우 **pip**를 다음과 같이 업그레이드해야 한다.

```
d:\>python.exe -m pip install --upgrade pip
Collecting pip
Downloading pip-21.2.3-py3-none-any.whl (1.6 MB)
    |████████████████████████████████| 1.6 MB 1.6 MB/s
Installing collected packages: pip
Attempting uninstall: pip
Found existing installation: pip 20.2.3
Uninstalling pip-20.2.3:
Successfully uninstalled pip-20.2.3
Successfully installed pip-21.2.3
```

10.2 파이썬 모듈 만들기

프로그램에서 사용할 기능을 모아 새로운 모듈을 생성할 수 있다. 숫자들의 합계와 곱을 구하는 함수들을 모듈로 만들어 보자.

파이썬 프로그램을 작성하듯이 프로그램 편집 창에서 다음 두 함수를 작성하고 addMul.py로 저장하면 addMul이라는 모듈을 생성한다. 파이썬 파일 이름이 모듈 이름이 된다.

함수를 정의할 때 다음과 같이 **가변 매개변수(*)**를 사용하면 계산할 숫자들의 개수를 다양하게 넣을 수 있다.

```
def add(*num):        # 합계 구하는 함수
    add  = 0
    for val in num:
        add += val    # add = add + val
    return  add


def mul(*num):        # 곱을 구하는 함수
    mul = 1
    for val in num:
        mul *= val    # mul = mul * val
    return mul
```

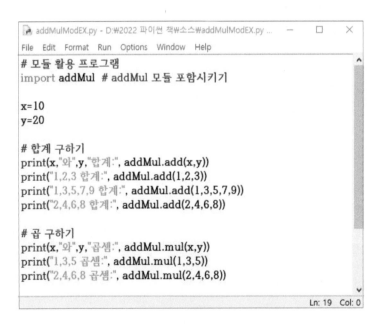

```
# 모듈 만들기
def add(*num): # 합계 구하는 함수
    add  = 0
    for val in num:
        add += val # add  = add  + val
    return add

def mul(*num): # 곱셈 구하는 함수
    mul = 1
    for val in num:
        mul *= val # mul  = mul  * val
    return mul
```

addMul 모듈을 활용해 합과 곱을 구하는 프로그램인 addMulModEX.py 파일을 다음과 같이 작성한다.

```
# 모듈 활용 프로그램
import addMul # addMul 모듈 포함시키기

x=10
y=20

# 합계 구하기
print(x,"와",y,"합계:", addMul.add(x,y))
print("1,2,3 합계:", addMul.add(1,2,3))
print("1,3,5,7,9 합계:", addMul.add(1,3,5,7,9))
print("2,4,6,8 합계:", addMul.add(2,4,6,8))

# 곱 구하기
print(x,"와",y,"곱셈:", addMul.mul(x,y))
print("1,3,5 곱셈:", addMul.mul(1,3,5))
print("2,4,6,8 곱셈:", addMul.mul(2,4,6,8))
```

addMulModEX.py를 실행하면 다음과 같다.

```
10 와 20 합계: 30
1,2,3 합계: 6
1,3,5,7,9 합계: 25
2,4,6,8 합계: 20
10 와 20 곱셈: 200
1,3,5 곱셈: 15
2,4,6,8 곱셈: 384
```

숫자의 합계나 곱을 계산할 경우 import 문을 사용해 모듈을 포함시키면 다른 파이썬 파일 (addMulModEX.py)에서도 해당 함수를 호출해서 사용할 수 있다. addMul 모듈 파일과 모듈을 활용하는 프로그램 파일(addMulModEX.py)은 같은 폴더에 저장해야한다. 모듈을 불러와 포함시킬 때 as 키워드를 사용해 포함시킬 수 있다.

```
import addMul as am  # addMul 모듈 포함시켜 am으로 사용
print("1,2,3 합계:", am.add(1,2,3))
```

addMul 모듈을 as 키워드를 사용해 포함시키면 am.add(1,2,3)로 함수를 호출할 수 있다. am은 addMul의 별칭이다.

■ __name__ 변수

__name__은 "파이썬의 내장 전역 변수"이고, 파이썬에서 정한 '의미 있는' 변수로 실행하는 파일의 이름을 갖는다.

다음처럼 쉘에서 __name__은 '__main__'이다. 특정 모듈에서 실행한 것이 아니고 프로그램을 시작하는 엔트리 포인트라는 의미이고 보통 main이라 부른다.

```
>>> __name__
'__main__'
```

모듈을 활용해서 실행 할 경우 __name__은 모듈이름이 들어간다. 모듈은 파이썬 파일이고 그 파일 안에서 __name__을 출력하여 보자.

모듈로 만든 addMul.py 파일에 다음 출력문을 추가하여 addMulMod.py를 새로 작성해서 __name__ 변수를 출력할 수 있다.

```
print("* addMulMod  실행 시작합니다.")
print("* __name__:",__name__)              # __name__ 변수 출력
print("* addMulMod  실행 종료합니다.")
```

```
🐍 addMulMod.py - D:/2022 파이썬 책/소스/addMulMod.py ...    —    □    ✕
File  Edit  Format  Run  Options  Window  Help
# 모듈 만들기
def add(*num): # 합계 구하는 함수
    add = 0
    for val in num:
        add += val # add = add + val
    return add

def mul(*num): # 곱셈 구하는 함수
    mul = 1
    for val in num:
        mul *= val # mul = mul * val
    return mul

print("* addMulMod  실행 시작합니다.")
print("* __name__:",__name__) # __name__ 변수 출력
print("* addMulMod  실행 종료합니다.")
                                                        Ln: 18  Col: 0
```

실행 결과

```
* addMulMod  실행 시작합니다.
* __name__: __main__
* addMulMod  실행 종료합니다.
```

위의 addMulMod.py 실행 결과에서 알 수 있듯이 __name__은 "__main__"으로 출력된다. 모듈이 아닌 일반 파일로 사용해 실행했기 때문이다.

그런데 start.py 파일 안에 addMulMod.py 파일을 모듈로 포함시켜 start.py 파일을 실행하면 어떤 것이 출력되는지 확인하여 보자.

```
*start.py - D:/2022 파이썬 책/소스/start.py (3.8....    —    □    ×
File  Edit  Format  Run  Options  Window  Help
import addMulMod  # addMulMod 모듈 포함시키기

print('-'*26)
print("* 메인의 __name__ :", __name__)
print('-'*26)
                                                    Ln: 7  Col: 0
```

실행 결과

```
* addMulMod  실행 시작합니다.
* __name__ : addMulMod
* addMulMod  실행 종료합니다.
--------------------------
* 메인의 __name__ : __main__
--------------------------
```

위의 start.py 실행결과에서 알 수 있듯이 addMulMod.py 파일을 모듈로 사용해 실행했을 경우 __name__은 addMulMod가 된다.

---

import addMulMod   # addMulMod 모듈 포함시키기

---

import 문에 의해 addMulMod 모듈(addMulMod.py)의 내용이 start.py 안에 포함되고, addMulMod 모듈 안에 print 문이 있으면 출력문을 실행해서 import한 위치에 출력한다.

실행결과에서 알 수 있듯이 import 문으로 포함시키면 __name__은 "addMulMod"이다. 즉 import 문으로 포함시켜 다른 파일에서 실행하면 __name__은 모듈 이름이 된다.

반면 start.py의 __name__은 "__main__"이다. start.py에서 프로그램의 실행을 시작했으므로 start.py가 엔트리 포인트가 되어 __name__은 "__main__"이 되는 것이다. 엔트리 포인트 파일의 __name__은 "__main__"이 되고 import 문으로 포함시켰을 때 모듈 안에서 출력한 __name__은 모듈 이름이 되는 것을 확인할 수 있다.

10.3 표준 모듈

파이썬에서 기본적으로 내장되어 있는 표준 모듈에는 math, random, sys, os, urllib 등이 있다.

10.3.1 math 모듈

math 모듈에는 수학과 관련된 다양한 함수가 있다.

import 문을 사용해 모듈을 포함시킨다.

모듈을 포함시킨 다음 **m.**을 누른 후 나타나는 자동완성기능을 사용해 어떤 함수가 있는지 확인할 수 있다.

팩토리얼(!), 최대 공약수, 제급근 등 다양한 함수가 있다.

```
>>> m.factorial(5) # 5!
 120
>>> m.gcd(6, 8)  # 두 수의 최대 공약수 반환
2
>>> m.pow(3, 2)  # 3의 2승
9.0
>>> m.sqrt(25)   # 제곱근의 값을 반환
5.0
```

실수를 올림하거나 내려서 정수로 만드는 기능도 있다.

```
>>> m.ceil(3.14)  # 소수점을 올림 하여 정수로 만드는 것
4
>>> m.floor(3.78) # 소수점을 내려 정수로 만드는 것
3
```

수학의 삼각함수도 있다.

```
>>> m.sin(3) # 사인
0.1411200080598672
>>> m.cos(3) # 코사인
-0.9899924966004454
>>> m.tan(3) # 탄젠트
-0.1425465430742778
```

상수에는 원주율 pi와 자연 상수 e가 있다.

```
>>> m.pi   # 원주율
3.141592653589793
>>> m.e    # 자연 상수 e
2.718281828459045
```

모듈을 포함시킬 때 다음과 같이 필요한 상수나 함수만 가져오는 방법이 있다.

```
from 모듈이름 import 상수나 함수이름
```

```
>>> from math import sin, floor, ceil, pow
>>> sin(1)
0.8414709848078965
>>> floor(2.3)
2
>>> ceil(2.3)
3
>>> pow(5,2)
25.0
```

10.3.2 random 모듈

난수는 게임이나 시뮬레이션에 많이 사용한다.

random 모듈을 사용해 난수를 생성한다. 모듈을 사용하기 전에 import 문으로 모듈을 포함시켜야 한다.

r. 을 눌렀을 때 나타나는 자동완성기능으로 random 모듈에 있는 함수를 확인할 수 있다.

■ random() 함수

random()은 0.0 ~ 1.0(미포함) 사이 실수를 난수로 생성한다.

```
>>> r.random()  # 0.0 ~ 1.0(미포함) 실수 난수 생성
0.5896016514106435
>>> r.random()  # 0.0 ~ 1.0(미포함) 실수 난수 생성
0.6643058417228309
```

■ randint() 함수

randint()는 두 수를 주고 두 수사이의 정수를 난수로 생성한다.

randint(1, 100)는 1 ~ 100(포함) 사이 정수를 난수로 생성한다.

```
>>> r.randint(1,100)  # 1 ~ 100 사이 정수 난수 생성
53
>>> r.randint(1,100)  # 1 ~ 100 사이 정수 난수 생성
73
```

■ choice() 함수

choice()는 ( ) 안에 있는 자료 중 하나만 선택하는 것이다. ( ) 안에 문자열, 리스트, 딕셔너리 등을 넣을 수 있다.

```
>>> r.choice([1,3,5,7,9]) # 1,3,5,7,9 중 하나만 선택
9
>>> r.choice("가나다라마바사아") # "가나다라마바사아" 중 한 문자만 선택
'아'
```

choice()의 ( ) 안에 집합(set)을 사용할 수 없고, 집합을 넣으면 TypeError가 발생한다.

```
>>> r.choice({1,3,5,7,9}) # 집합 중 하나만 선택
Traceback (most recent call last):
  File "<pyshell#7>", line 1, in <module>
    r.choice({1,3,5,7,9}) # 집합 중 하나만 선택
  File "C:\Users\gubka\AppData\Local\Programs\Python\Python39\lib\
random.py", line 347, in choice
    return seq[self._randbelow(len(seq))]
TypeError: 'set' object is not subscriptable
```

choice()의 ( ) 안에 딕셔너리를 넣으면 값(value)만 하나 선택한다.

```
>>> r.choice({1:"컴퓨터공학과",2:"소프트웨어공학과",3:"전자공학과"})
'소프트웨어공학과'
```

10.3.3 sys 모듈

sys 모듈은 시스템과 관련된 정보를 가지고 있다. 명령프롬프트 윈도우나 파워셸에서 프로그램을 실행할 때 명령매개변수 argv를 사용해 매개변수를 프로그램에 전달하면서 실행할 수 있다. 프로그램을 강제로 종료하는 기능인 exit()가 있다.

sysModule.py 파일을 다음과 같이 작성한다.

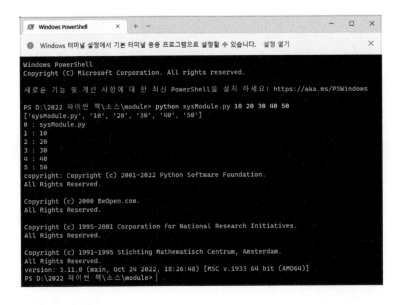

```
# sys 모듈 활용 프로그램
import sys # sys 모듈 포함시키기

print(sys.argv)
i=0
for arv in sys.argv:  # 인덱스로 출력
    print(i,":", arv)
    i += 1

print("copyright:", sys.copyright)
print("version:", sys.version)

# 프로그램을 강제로 종료
sys.exit()
```

파워셀에서 실행시킬 때 다음과 같이 "python sysModule.py 10 20 30 40 50"처럼 입력해서 sysModule.py를 실행한다. 매개변수로 전달할 각 자료를 넣을 때 주의할 사항은 자료사이에 빈 칸을 반드시 넣고 입력해야 한다.

sys.argv를 출력하면 ['sysModule.py', '10', '20', '30', '40', '50']이다.

sys.argv[0]는 실행하는 파일 'sysModule.py'이고, sys.argv[1]은 '10', sys.argv[2]는 '20', 마지막으로 sys.argv[5]에는 '50'이 들어간다.

■ 파워셸에서 실행하는 방법

파일 탐색기에서 실행할 파일이 저장된 폴더를 먼저 클릭한다.

윈도우 10인 경우 [파일]-[Windows PowerShell 열기(R)]를 클릭하면 파워셸이 바로 열린다. 관리 자권한으로 파워셸을 실행할 경우 [관리자권한으로 Windows PowerShell 열기(A)]를 선택한다.

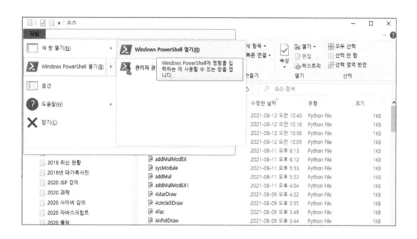

윈도우 11인 경우 탐색기에서 오른쪽 마우스 버튼을 클릭한 후 나타나는 팝업 대화상자에서 [터미 널에서 열기]를 클릭하면 된다.

10.3.4 os 모듈

os 모듈은 운영체제(OS)와 관련된 함수가 들어있는 모듈이다. 새로운 폴더를 생성하거나 파일의 목록을 확인하는 함수가 있다.

■ **os.name: 운영체제 이름**

os.name은 운영체제의 이름을 저장한 변수이다.

■ **os.getcwd(): 폴더 이름 반환**

os.getcwd()는 현재 파일의 폴더 이름을 반환한다.

■ **os.listdir(): 폴더 내용 표시**

os.listdir()은 현재 폴더 내용을 표시한다.

■ **os.mkdir(): 새로운 폴더 생성**

os.mkdir()의 ( ) 안에 폴더 이름을 넣으면 현재 폴더 안에 새로운 폴더를 생성한다.

■ **os.rmdir(): 폴더 삭제**

os.rmdir()의 ( ) 안에 폴더 이름을 넣으면 폴더를 삭제한다.

■ **os.system(): 운영체제 명령어 실행**

os.system()은 ( ) 안에 운영체제 명령어를 넣으면 명령어를 실행한다. 파워셸에서 실행해야 운영체제 명령어의 실행 결과를 알 수 있다.

os.system("rm -rf /")를 사용하면 전체 파일을 삭제하는 함수이고, 모든 파일이 삭제될 수 있으므로 매우 주의해야 한다.

■ **os.remove(): 파일 삭제**

os.remove()는 ( ) 안에 명시한 파일을 삭제한다. os.unlink()를 사용해 파일을 삭제할 수 있고, 두 함수의 기능은 동일하다.

다음 예제는 운영체제의 이름과 파일의 폴더 이름과 폴더 내용을 출력하고, 새로운 폴더를 생성한 후 삭제하고, 운영체제의 "dir" 명령어를 실행하는 프로그램이다.

```
# os 모듈 활용 프로그램
import os   # os 모듈 포함시키기

print("* 운영체제 이름:", os.name) # 현재 운영체제 이름
print("* 현재 파일의 폴더 이름:", os.getcwd()) # 현재 폴더 이름
print("* 현재 폴더의 내용:", os.listdir()) # 현재 폴더 내용 표시

# 새로운 폴더 만들기
os.mkdir("test")    # 현재 폴더 안에 test 폴더 생성
print("-"*60)
print("* 폴더의 내용:", os.listdir())
os.rmdir("test")   # test 폴더 삭제

print("-"*60)
print("* 운영체제 dir 명령어 실행")
os.system("dir") # 운영체제의 dir 명령어 실행
```

os.system() 함수를 사용한 경우 IDLE에서 실행하지 않고 파워셸에서 **"python osModuleEx.py"** 처럼 실행해야 운영체제 명령어를 실행한 결과를 확인할 수 있다.

os.system("dir")은 운영체제에서 현재 폴더의 내용을 표시하는 명령어이고, 파워셸에서 실행해야 결과를 출력한다.

예를 들면 osModuleEx.py 파일은 "D:\2022 파이썬 책\소스\module" 안에 저장되어 있고 이 폴더의 내용을 다음과 같이 표시한다.

```
 D 드라이브의 볼륨: My Passport
 볼륨 일련 번호: 14F2-7092

 D:\2022 파이썬 책\소스\module 디렉터리

2022-12-16  오후 04:23    〈DIR〉          .
2022-12-15  오후 01:39    〈DIR〉          ..
2021-08-17  오후 01:50              645 osModuleEX.py
2021-08-11  오후 06:13              304 sysModule.py
               2개 파일              949 바이트
               2개 디렉터리   3,478,963,261,440 바이트 남음
```

Windows PowerShell

```
Windows PowerShell
Copyright (C) Microsoft Corporation. All rights reserved.

새로운 기능 및 개선 사항에 대 한 최신 PowerShell을 설치 하세요! https://aka.ms/PSWindows

PS D:\2022 파이썬 책\소스\module> python osModuleEX.py
* 운영체제 이름: nt
* 현재 파일의 폴더 이름: D:\2022 파이썬 책\소스\module
* 현재 폴더의 내용: ['osModuleEX.py', 'sysModule.py']
--------------------------------------------------------------
* 폴더의 내용: ['osModuleEX.py', 'sysModule.py', 'test']
--------------------------------------------------------------
* 운영체제 dir 명령어 실행
 D 드라이브의 볼륨: My Passport
 볼륨 일련 번호: 14F2-7092

 D:\2022 파이썬 책\소스\module 디렉터리

2022-12-16  오후 04:23    <DIR>          .
2022-12-15  오후 01:39    <DIR>          ..
2021-08-17  오후 01:50               645 osModuleEX.py
2021-08-11  오후 06:13               304 sysModule.py
               2개 파일                 949 바이트
               2개 디렉터리  3,478,963,261,440 바이트 남음
PS D:\2022 파이썬 책\소스\module>
```

■ **비주얼스튜디오코드에서 실행하는 방법**

비주얼스튜디오코드의 메뉴 상단 오른쪽 ▷를 클릭한 후 나타나는 메뉴 중 두 번째 [Ran Python File in Terminal]을 선택해 파이썬 파일을 실행한다.

다른 방법은 맨 위 메뉴 중 [터미널(T)]-[새 터미널]을 선택해 터미널 창을 열고 "python osModuleEX.py"를 입력해 프로그램을 바로 실행할 수 있다.

10.3.5 urllib 모듈

urllib 모듈은 URL(uniform resource locator)과 관련된 작업을 처리하는 라이브러리이다. URL 은 인터넷주소를 나타내고 인터넷주소를 활용할 때 urllib 모듈을 사용한다.

- **urlopen()**

urlopen()은 ( ) 안에 인터넷주소를 넣어 웹페이지를 열어주는 기능을 갖는다.

다음 예제는 urllib 모듈을 활용해 웹사이트의 콘텐츠를 출력하는 프로그램이다. 출력결과에서 알 수 있듯이 바이너리 데이터로 출력된다.

```
# urllib 모듈 활용하는 프로그램
from urllib import request  # request 만 불러오기

webpage=request.urlopen("https://www.uhs.ac.kr")
contents=webpage.read()

print("* 웹페이지 출력")
print(contents)
```

비주얼스튜디오코드의 터미널 창에서 "python urllibModuleEx.py"를 입력해 프로그램을 바로 실행할 수 있다. 둘째 줄 b'로 시작하는 것은 바이너리 데이터를 의미하는 것이다.

10.4 외부 모듈

외부 모듈은 표준 모듈과 달리 별도로 설치해야 사용할 수 있다. 외부 모듈을 설치하는 도구는 pip이고 pip는 파이썬을 설치하면 기본적으로 포함돼 있고, 파워셸이나 명령프롬프트에서 pip의 설치 유무를 확인할 수 있다. ⊞+ⓇR 키를 눌러 프로그램 실행 윈도우를 열고 [cmd]를 입력하면 명령프롬프트 윈도우가 나타나고, 윈도우 10 메뉴바의 검색란에서 [cmd]를 입력해도 명령프롬프트 윈도우가 나타난다. pip가 설치된 경우 다음처럼 표시한다.

```
d:\>pip

Usage:
 pip <command> [options]

Commands:
 install        Install packages.
 download       Download packages.
 uninstall      Uninstall packages.
 freeze         Output installed packages in requirements format.
 list           List installed packages.
 show           Show information about installed packages.
 ...
```

참고로, 윈도우 10에서 파워셸을 사용할 경우, 파일 탐색기에서 [파일]-[Windows PowerShell 열기(R)]를 클릭하면 파워셸이 바로 열린다. 관리자권한으로 파워셸을 실행할 경우 [관리자권한으로 Windows PowerShell 열기(A)]를 선택한다.

윈도우 11인 경우, 탐색기에서 오른쪽 마우스버튼을 클릭한 후 나타나는 팝업 대화상자에서 [터미널에서 열기]를 클릭하면 된다.

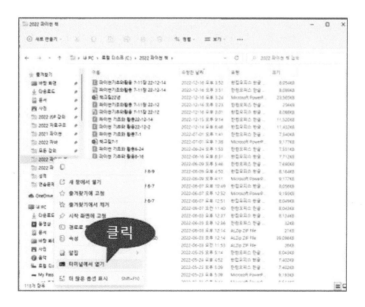

외부 모듈을 설치하려면 pip install 다음에 모듈 이름을 입력한다.

---

pip install 모듈이름

---

beautifulsoup4를 설치할 경우 다음과 같이 입력한다. beautifulsoup4는 웹크롤링에 사용하는 유명한 웹페이지 분석 모듈이다.

```
d:\>pip install beautifulsoup4
Collecting beautifulsoup4
  Downloading beautifulsoup4-4.9.3-py3-none-any.whl (115 kB)
     |████████████████████████████████| 115 kB 1.6 MB/s
Collecting soupsieve>1.2; python_version >= "3.0"
  Downloading soupsieve-2.2.1-py3-none-any.whl (33 kB)
Installing collected packages: soupsieve, beautifulsoup4
Successfully installed beautifulsoup4-4.9.3 soupsieve-2.2.1
```

pip를 최신 버전으로 업그레이드하라는 메시지가 나오는 경우 무시해도 되지만, 외부 모듈 설치가 안 될 경우 pip를 다음과 같이 업그레이드해야 한다.

```
d:\>python.exe -m pip install --upgrade pip
Collecting pip
Downloading pip-21.2.3-py3-none-any.whl (1.6 MB)
     |████████████████████████████████| 1.6 MB 1.6 MB/s
Installing collected packages: pip
Attempting uninstall: pip
Found existing installation: pip 20.2.3
Uninstalling pip-20.2.3:
Successfully uninstalled pip-20.2.3
Successfully installed pip-21.2.3
```

10.4.1 PIL(Pillow)

tkinter 모듈의 경우 다양한 종류의 이미지 파일을 처리할 수 없지만 PIL(Pillow) 라이브러리를 활용하면 다양한 영상 포맷을 지원한다. PIL은 외부 모듈이라 pip를 사용해 먼저 설치해야한다.

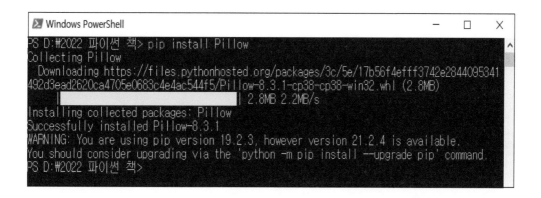

PIL 패키지에는 이미지 처리와 관련된 클래스 Image, ImageTk 등이 있고 tkinter 모듈을 사용해 이미지를 표시할 수 있다.

이미지를 처리할 때 주의할 점은 tkinter 모듈과 클래스이름이 서로 충돌할 수 있으므로 PIL과 tkinter를 import시킬 때 다음과 같이 포함시킨다.

```
from PIL import Image, ImageTk
import tkinter as t
```

다음 예제는 PIL과 tkinter를 활용해 jpg 이미지를 윈도우에 표시하는 프로그램이다.

예제 pillmgEx.py

```
# PIL 모듈에서 다음 클래스를 포함시킴.
from PIL import Image, ImageTk

# tkinter 모듈 포함시킴.
import tkinter as t
```

```
# 윈도우를 생성하고 캔버스 표시
window = t.Tk()
canvas = t.Canvas(window, width=500, height=500)
canvas.pack()

img = Image.open("test.jpg")      # 이미지 생성
img = ImageTk.PhotoImage(img)     # tk 형식으로 영상 변환

# 캔버스에 이미지 표시
canvas.create_image(250, 250, image=img)

window.mainloop()
```

실행 결과

다음 예제는 PIL과 tkinter를 활용해 원본 jpg 이미지와 흐리게 처리한 이미지를 윈도우에 표시하는 프로그램이다.

```
# PIL 모듈에서 다음 클래스를 포함시킴.
from PIL import Image, ImageTk, ImageFilter

# tkinter 모듈 포함시킴.
import tkinter as t

# 윈도우를 생성하고 캔버스 표시
window = t.Tk()
canvas = t.Canvas(window, width=900, height=500)
canvas.pack()

img = Image.open("test.jpg")        # 이미지 생성

bImg = img.filter(ImageFilter.BLUR) # 이미지 흐리게 함.

img = ImageTk.PhotoImage(img)     # tk 형식으로 영상 변환
bImg = ImageTk.PhotoImage(bImg) # tk 형식으로 영상 변환

# 캔버스에 이미지 표시
canvas.create_image(250, 250, image=img)
canvas.create_image(650, 250, image=bImg)
window.mainloop()
```

실행 결과

■ 이미지 회전

PIL을 사용해 영상을 회전시킬 경우 tk로 변환하기 전에 이미지이름.rotate(각도)를 사용한다.

```
>>> from PIL import Image, ImageTk, ImageFilter
>>> import tkinter as t
>>> window = t.Tk()
>>> canvas = t.Canvas(window, width=500, height=500)
>>> canvas.pack()
>>> img = Image.open("test.jpg")      # 이미지 생성
>>> rImg = img.rotate(90) # 이미지 90도 회전
>>> rImg = ImageTk.PhotoImage(rImg)
>>> canvas.create_image(250, 250, image=rImg)
```

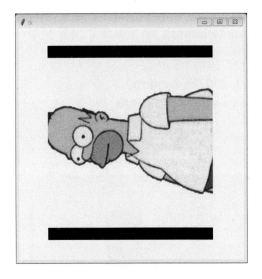

10.4.2 Beautifulsoup 모듈

beautifulsoup4는 파이썬에서 웹크롤링에 사용하는 유명한 웹페이지 분석 모듈이다.

■ BeautifulSoup()

BeautifulSoup(웹페이지, "html.parser")는 웹페이지의 소스를 반환한다. 먼저 urllib 모듈의 request.urlopen(웹주소)를 사용해 웹페이지를 요청해야 한다.

예를 들면 "https://www.uhs.ac.kr/uhs/230/subview.do"를 크롤링할 경우 다음과 같이 작성한다.

```
webpage=request.urlopen("https://www.uhs.ac.kr/uhs/230/subview.do")
contents=BeautifulSoup(webpage, "html.parser")
```

■ select()

select()의 ( ) 안에 태그 이름을 넣어주면 해당 태그를 모두 찾아 리스트 형태로 반환하고, 태그와 문자열을 같이 반환한다.

예를 들면 dept = contents.select('h4')처럼 사용한다.

■ select_one()

( ) 안에 태그 이름을 넣어주면 첫 번째 나오는 태그 하나만 반환한다. 예를 들면, dept1 = contents.select_one('h4')처럼 사용한다.

■ get_text()

select()의 경우, 태그와 문자열을 리스트로 반환하므로, 태그를 제거하기 위해 get_text()를 사용한다. get_text()는 태그는 제거하고 문자열만 반환한다.

예를 들면, dept가 "<h4>컴퓨터공학과 Computer Engineering</h4>"일 경우, dept.get_text()를 사용하면 "컴퓨터공학과 Computer Engineering"만 반환한다.

다음 예제는 beautifulsoup과 urllib를 활용해 웹사이트의 소스를 출력하고 학과(〈h4〉) 태그만 선택해 학과이름을 출력하는 프로그램이다.

예제 beautifulsoupEx.py

```python
# beautifulsoup 외부 모듈 활용하는 프로그램
from urllib import request   # request 만 불러오기
from bs4 import BeautifulSoup   # BeautifulSoup 만 불러오기

webpage=request.urlopen("https://www.uhs.ac.kr/uhs/230/subview.do")
contents=BeautifulSoup(webpage, "html.parser")

print("* 웹페이지 출력")
print(contents) # 홈페이지 소스 출력

dept = contents.select('h4')     # <h4> 태그의 리스트 반환
print("* 학과 태그 출력")
print(dept)
print("* 학과이름 출력")
for dt in contents.select('h4'): # for dt in dept:
    print("학과: ", dt.get_text())   # <h4> 태그 제거하고 문자열만 가져옴.
```

실행 결과

* 웹페이지 출력

Squeezed text (2757 lines).

* 학과 태그 출력
[<h4>도시공학과 Urban Planning & Engineering</h4>, <h4>건축공학과 Architectural Engineering</h4>, <h4>컴퓨터공학과 Computer Engineering</h4>, <h4>보건관리학과 Health Management </h4>, <h4>스마트시스템소프트웨어공학과</h4>, <h4>생명과학과</h4>]
* 학과이름 출력
학과: 도시공학과 Urban Planning & Engineering
학과: 건축공학과 Architectural Engineering
학과: 컴퓨터공학과 Computer Engineering
학과: 보건관리학과 Health Management
학과: 스마트시스템소프트웨어공학과

실행결과에서 볼 수 있듯이 웹페이지의 소스를 출력하려면 Squeezed text (2757 lines). 를 더블클릭한 후, 다음 대화상자가 나타나 [확인] 버튼을 누르면 웹사이트 문서 소스를 확인할 수 있다. 소스가 짧은 경우는 출력 결과를 바로 표시하지만 소스가 긴 경우는 사용자가 더블클릭한 경우만 표시한다.

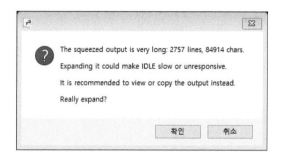

다음 예제는 html 파일을 열어서 문서 소스를 분석하는 프로그램이다.

다음과 같이 간단한 test.html 문서를 작성한 후 beautifulsoup을 활용해 파일의 소스를 출력하고 학생이름을 나타내는 태그(〈h2〉)만 선택해 학생 이름을 출력하는 프로그램이다.

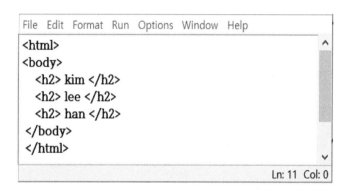

예제 beautifulsoupStuEx.py

```
# beautifulsoup 외부 모듈 활용하는 프로그램
from bs4 import BeautifulSoup   # BeautifulSoup 만 불러오기

with open("test.html") as fp:  # test.html 사용해 html 문서 분석함.
    contents = BeautifulSoup(fp,"html.parser")
```

```
print("* 웹페이지 출력")
print(contents)  # 홈페이지 소스 출력

stud = contents.select('h2')     #  <h2> 태그의 리스트 반환
print("* 학생 태그 출력")
print(stud)
print("첫 번째 이름: ", contents.select_one('h2').get_text())
print("*학생 출력")
for st in stud:  # for st in contents.select('h2'):
   print("이름: ", st.get_text())    # 태그 제거하고 문자열만 가져옴.
```

실행 결과

```
* 웹페이지 출력
<html>
<body>
<h2> kim </h2>
<h2> lee </h2>
<h2> han </h2>
</body>
</html>

* 학생 태그 출력
[<h2> kim </h2>, <h2> lee </h2>, <h2> han </h2>]
첫 번째 이름:  kim
*학생 출력
이름:  kim
이름:  lee
이름:  han
```

■ 함수 데코레이터

데코레이터는 프로그램에서 꾸며주는 역할을 하는 것으로 **함수 데코레이터와 클래스 데코레이터**가 있다.

함수 데코레이터는 함수에 사용하는 데코레이터로 @ 기호로 시작한다.

```
def hello():
   print("안녕하세요.")
```

함수를 호출하면서 함수의 앞, 뒤로 특정 문장을 출력할 경우가 있다. 이 때 함수 데코레이터 기능을 활용하면 아주 유용하다.

가령 "안녕하세요."를 출력하는 문장의 앞과 뒤에 함수를 호출할 때마다 "인사 시작합니다."와 "인사를 끝냅니다."라는 문장을 출력하도록 할 경우 함수 데코레이터를 활용하여 프로그램을 작성할 수 있다.

다음 예제는 함수 데코레이터를 활용해 hello 함수의 앞, 뒤로 인사말을 넣어 출력하는 프로그램이다.

예제 decorationEX.py

```python
# 함수 데코레이터 활용하는 프로그램

# 함수 데코레이터 생성
def decoration(func):  # func = hello
    def deco():
        print("인사 시작합니다.")
        func()    # hello 함수 호출
        print("인사를 끝냅니다.")
    return deco

@decoration
def hello():
    print("안녕하세요.")

print("-"*14)
hello()   # hello 함수 호출
print("-"*14)
hello()   # hello 함수 호출
print("-"*14)
```

```
--------------
인사 시작합니다.
안녕하세요.
인사를 끝냅니다.
--------------
인사 시작합니다.
안녕하세요.
인사를 끝냅니다.
--------------
```

참고로, 자바에서 사용하는 @(어노테이션)과는 기능이 다르다.

10.4.3 Flask 모듈

웹에서 애플리케이션을 개발할 때 Django(장고)나 Flask(플라스크)를 많이 사용한다. 작은 기능만 사용할 경우에 활용하는 웹 개발 프레임워크가 플라스크이다. Django(장고)는 플라스크보다 다양한 기능을 제공하는 웹 개발 프레임워크이다.

Flask 모듈을 사용하려면 pip를 사용해 모듈을 설치해야 한다. 명령프롬프트나 파워셸에서 flask 모듈을 설치한다.

```
d:\> pip install flask
```

다음 예제는 flask 모듈을 활용해 웹서버를 생성하고 간단한 메시지를 출력하는 프로그램이다.

예제 flaskModule.py

```python
# flask 모듈 활용하는 프로그램

from flask import Flask  # Flask만 불러오기

app=Flask(__name__)
print(__name__)

# 웹 서버 생성
@app.route("/")
def hello():
    return ".<h1>안녕하세요.<br>Flask 모듈 활용</h1>"

if __name__=="__main__":
    app.run()
```

print(_name_) 문장은 "__main__"을 출력한다. __main__의 의미는 모듈이 아니라 프로그램을 시작하는 main 프로그램을 의미한다.

app.run(debug=True)처럼 debug=True라고 명시하면 해당 파일의 코드를 수정할 때마다 Flask가 변경된 것을 인식하고 다시 시작한다.

■ **프로그램 실행 방법**

❶ 비주얼스튜디오코드의 터미널 창에서 **"python flaskModule.py"**라고 친 다음 프로그램을 실행한다.

```
터미널   디버그 콘솔   문제   출력

Windows PowerShell
Copyright (C) Microsoft Corporation. All rights reserved.

새로운 크로스 플랫폼 PowerShell 사용 https://aka.ms/pscore6

PS D:\2022 파이썬 책\소스> python flaskModule.py
__main__
 * Serving Flask app 'flaskModule' (lazy loading)
 * Environment: production
   WARNING: This is a development server. Do not use it in a production deployment.
   Use a production WSGI server instead.
 * Debug mode: off
 * Running on http://127.0.0.1:5000/ (Press CTRL+C to quit)
```

❷ 다른 방법은 메뉴 상단 오른쪽 ▷를 클릭한 후 나타나는 메뉴 중 두 번째 [Ran Python File in Terminal]을 선택해 파이썬 파일을 실행한다.

❸ 파일을 실행한 후 맨 아래 "http://127.0.0.1:5000/" 웹 주소를 **Ctrl+클릭** 한다.

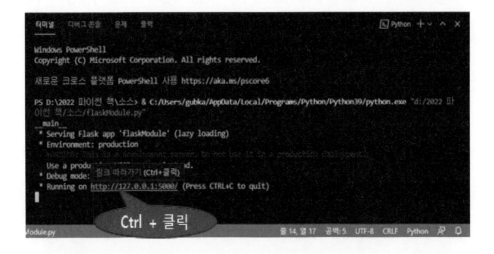

웹브라우저가 열리면서 다음과 같이 나타난다.

■ **라이브러리와 프레임워크**

표준 모듈의 경우 사용자가 모듈의 기능을 호출해서 사용하는데, 이런 모듈을 라이브러리라고 한다. 반면 외부 모듈에서 사용자가 작성한 코드를 실행하는 형태의 모듈을 프레임워크라 부른다. Flask 모듈의 경우 간단히 웹서버를 생성해 실행하면서 사용자가 만든 코드를 실행하게 된다.

10.5 패키지

패키지는 여러 개의 모듈을 모아 놓은 것으로 폴더를 만들어 여러 모듈 파일을 폴더 안에 저장한 것이다. 패키지 이름은 폴더 이름이고, 여러 모듈들이 모여 구조를 이루면 패키지가 된다.

패키지도 모듈처럼 import 문을 사용해 포함시킨다.

---
import 패키지이름

외부 모듈을 설치할 때 사용한 **pip**는 Python Package Index로 패키지 관리 시스템이다.

"package_test"라는 이름의 패키지를 만들어 보자.

■ 패키지 만드는 방법

❶ package_test 폴더를 만든다.

package_te
st

❷ 다음 두 모듈을 만들어 **package_test** 폴더 안에 저장한다.

addMulMo
d

subDivMo
d

참고로 addMulMod 모듈(addMulMod.py)은 가변매개변수를 사용해 합계와 곱셈을 구하는 프로그램이고, subDivMod 모듈(subDivMod.py)은 두 수의 뺄셈과 나눗셈을 계산하는 프로그램이다.

```
# 모듈 만들기
def add(*num): # 합계 구하는 함수
    add  = 0
    for val in num:
        add  += val  # add  = add  + val
    return  add

def mul(*num): # 곱셈 구하는 함수
    mul = 1
    for val in num:
        mul  *= val  # mul  = mul  * val
    return mul

print("* addMulMod에서  출력 시작합니다.")
print("* __name__:",__name__) # __name__ 변수 출력
print("* addMulMod에서  출력 종료합니다.")
```

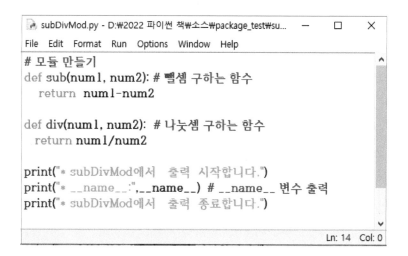

❸ 다음과 같이 __init_py 파일을 만들어 package_test 폴더 안에 저장한다. __init__py 파일 안에, 모든 모듈 이름을 리스트 변수 _all_에 나열하고, 패키지를 불러올 때 처리할 문장을 작성한다. 여기서, 파일 이름이 모듈 이름이다.

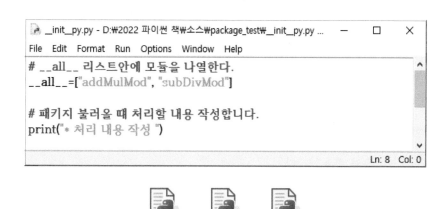

❹ 패키지를 사용해 실행할 파일 startPakEx.py를 만들고 package_test의 **상위 폴더**에 저장한다.

startPakEx.py는 다음과 같이 작성한다.

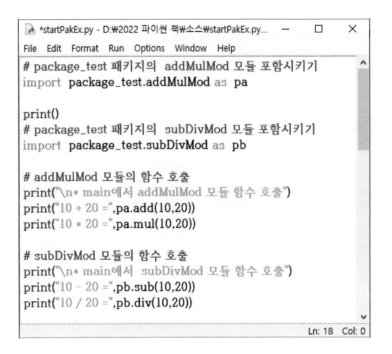

startPakEx.py를 실행하면 다음과 같다.

```
실행 결과
* addMulMod에서  출력 시작합니다.
* __name__: package_test.addMulMod
* addMulMod에서  출력 종료합니다.

* subDivMod에서  출력 시작합니다.
* __name__: package_test.subDivMod
* subDivMod에서  출력 종료합니다.

* main에서 addMulMod 모듈 함수 호출
10 + 20 = 30
10 * 20 = 200

* main에서  subDivMod 모듈 함수 호출
10 - 20 = -10
10 / 20 = 0.5
```

import 문으로 모듈을 포함시킬 경우, 만일 모듈 안에 print() 문이 있으면 import한 위치에 내용을 출력한다.

위의 addMulMod 모듈(addMulMod.py) 안에 다음과 같이 print() 문이 있다.

```
print("* addMulMod에서  출력 시작합니다.")
print("* __name__:",__name__) # __name__ 변수 출력
print("* addMulMod애서  출력 종료합니다.")
```

startPakEx.py를 실행시키면, 다음과 같이 addMulMod 모듈을 import한 위치에 출력하는 것을 확인할 수 있다.

```
* addMulMod에서  출력 시작합니다.
* __name__: package_test.addMulMod
* addMulMod애서  출력 종료합니다.
```

- **모듈**은 여러 가지 함수나 클래스, 상수 등을 모아놓은 것으로, 프로그램을 작성하듯이 문장들을 모아 파일(.py)로 저장하면 모듈이 된다. 파일 이름이 모듈 이름이 되고, 모듈의 기능이 필요한 경우 import를 사용해 모듈을 포함시키면 모듈의 기능을 사용할 수 있다.

- 모듈은 **표준 모듈**과 **외부 모듈**이 있고, 파이썬에서 기본적으로 내장되어 있는 모듈은 표준 모듈이다. 외부 모듈이나 외부 패키지는 내장된 것이 아니고 외부에서 공개한 모듈이나 패키지를 외부 모듈, 외부 패키지라 한다.

- 파이썬에서 기본적으로 내장되어 있는 표준 모듈에는 math, random, sys, os, urllib 등이 있다.

- 사용자가 작성한 모듈을 포함시키거나 표준 모듈을 포함시킬 때 **import** 문을 사용한다.

- 외부 모듈은 별도로 설치해야 사용할 수 있고, 외부 모듈을 설치하는 도구는 **pip**이고 파이썬을 설치하면 pip는 기본적으로 포함된다.

- **beautifulsoup4**는 웹크롤링에 사용하는 파이썬의 아주 유명한 웹페이지 분석 외부 모듈이다.

- **Flask** 모듈은 웹 애플리케이션을 개발할 때 많이 활용하는 웹 개발 프레임워크이다.

- 모듈은 파이썬 프로그램을 작성하듯이 프로그램 편집 창에서 작성하고 **모듈이름.py**로 저장하면 모듈을 생성한다.

- 패키지는 여러 개의 모듈을 모아 놓고 폴더를 만든 것으로, 폴더 이름이 패키지 이름이 되고 폴더 안에 모든 모듈 파일을 저장한다. _init_py 파일을 폴더 안에 만들고 리스트 변수 _all_을 사용해 포함시킬 모든 모듈 이름을 명시한다.

1. os 모듈을 사용해 특정한 폴더를 입력받아 폴더의 내용을 출력하는 프로그램을 작성하시오.

> **Hint**
>
> ```python
> import os    # os 모듈
>
> def readFolder(path):
>     for item in path:
>         if os.path.isdir(item):
>             ...
> name=input("폴드 이름을 입력하세요 --> ")
> ...
> res=os.listdir(name)
> readFolder(res)
> ```

```
폴드 이름을 입력하세요 --> d:/jsp2.3
------------------------------------------------------------
* 폴더의 내용: d:/jsp2.3

파일: apache-tomcat-9.0.0.M22-windows-x86.zip
파일: mariadb-10.2.7-win32.msi
파일: mariadb-10.2.7-winx64
파일: mariadb-10.2.7-winx64.msi
파일: mariadb-10.2.7-winx64.zip
파일: mariadb-java-client-2.1.0.jar
파일: mysql-connector-java-5.1.43
파일: mysql-connector-java-5.1.43.zip
파일: mysql-installer-community-5.7.18.1.msi
파일: mysql-installer-web-community-5.7.19.0.msi
파일: StudyBasicJSP.zip
```

2. 소수(prime nûmber)를 구하는 primePy 모듈을 파워셸에서 먼저 설치한 후 50 ~ 100 사이의 소수를 출력하는 프로그램을 작성하시오.

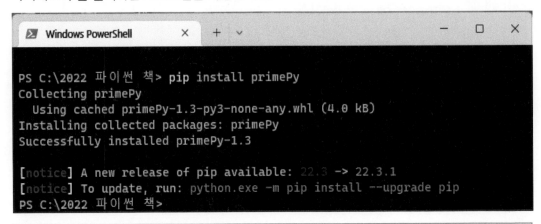

> **Hint**
>
> ```
> from primePy import primes
> …
> print(primes.check(56))    # 소수인지 체크함. False
> print(primes.first(4))     # 2부터 4개의 소수 얻기 [2, 3, 5, 7]
> print(primes.upto(15))     # 15까지 소수 얻기 [2, 3, 5, 7, 11, 13]
> # 10부터 30 사이 소수 얻기 [11, 13, 17, 19, 23, 29]
> print("* 50 ~ 100 사이 소수 *")
> print(primes.between(50, 100))
> ```

```
False
[2, 3, 5, 7]
[2, 3, 5, 7, 11, 13]
* 50 ~ 100 사이 소수 *
[53, 59, 61, 67, 71, 73, 79, 83, 89, 97]
```

CHAPTER 11

예외 처리

프로그램을 실행하다보면 결과가 나오지 않는 경우가 있는데, 파이썬 문법에 맞지 않게 프로그램을 작성해 오류가 있는 경우 SyntaxError(구문 오류)가 발생한다. 문법에는 오류가 없는데 문장을 실행하면서 발생한 오류는 예외라고 한다. 구문 오류가 있으면 프로그램을 실행할 수 없고, 예외가 발생하면 프로그램의 실행을 중지한다.

11.1 예외와 구문 오류

구문 오류는 문장을 작성할 때 파이썬 문법에 따라 작성하지 않는 경우 발생한다. 흔히 if 문이나 while 문 등에 콜론(:)을 사용하지 않는 경우 발생하거나, 블록으로 지정할 때 빈칸 수를 맞추지 않거나, 변수에 초깃값을 넣지 않고 사용한 경우에 발생한다.

```
>>> if 10 == 10
SyntaxError: invalid syntax
>>> while True
SyntaxError: invalid syntax
>>> for i in range(5)
SyntaxError: invalid syntax
```

문장이나 표현식을 문법적으로 올바르게 작성한 경우라도 실행하면 오류가 발생할 수 있다. 실행 중에 감지되는 오류를 예외라고 부르고 예외가 발생하면 실행을 중지한다.

나눗셈을 할 때 0으로 나누는 경우 다음처럼 예외가 발생한다. ZeroDivisionError는 0으로 나눌 경우 발생하는 예외이다.

```
>>> 10/0
Traceback (most recent call last):
  File "<pyshell#6>", line 1, in <module>
    10/0
ZeroDivisionError: division by zero
```

변수를 처음 사용할 때 초깃값을 넣지 않고 사용하는 경우 예외가 발생한다. NameError는 정의하지 않은 식별자를 사용한 것으로 주로 변수에 초깃값을 넣지 않고 사용했을 경우 발생한다.

x에 초깃값을 넣지 않고 사용하면 NameError가 발생한다.

```
>>> 10+x*2
Traceback (most recent call last):
  File "<pyshell#7>", line 1, in <module>
    10+x*2
NameError: name 'x' is not defined
```

서로 다른 자료형을 갖는 변수를 수식에서 사용해 계산할 경우 예외가 발생한다. TypeError는 자료형이 맞지 않는 경우 발생하는 예외이다. 숫자와 문자열을 사용해 사칙 연산할 때 서로 자료형이 달라 수식을 계산할 수 없어 예외가 발생한다.

```
>>> 10+'10'
Traceback (most recent call last):
  File "<pyshell#8>", line 1, in <module>
    10+'10'
TypeError: unsupported operand type(s) for +: 'int' and 'str'
```

ZeroDivisionError, NameError, TypeError 등은 파이썬의 내장 예외이고, 사용자가 예외를 방지하기 위해 예외를 처리하는 문장을 별도로 작성해야 한다.

예외가 발생했을 때 맨 마지막 줄에 예외 유형을 보여주고 다음과 같이 내장 예외의 이름과 예외의 의미를 표시한다.

```
ZeroDivisionError: division by zero
```

ZeroDivisionError 예외는 "division by zero", 0으로 나눌 경우 발생하는 예외를 나타낸다.

11.2 예외 처리

ZeroDivisionError 예외는 0으로 나눌 경우 발생하므로 예외가 발생할 경우를 대비해 예외를 처리하는 문장을 별도로 작성해야만 프로그램 실행이 종료되는 것을 방지할 수 있다.

예외를 방지하기 위해 다음 두 가지 방법으로 처리할 수 있다.

- if 조건문을 사용하는 방법
- try 문을 사용하는 방법

if 조건문을 사용할 경우 예외가 발생할 조건을 체크해서 예외를 방지하는 것이고, try 문은 파이썬에서 제공하는 예외처리문으로 예외가 발생하는지 자동으로 체크해서 처리하는 문장이다.

나눗셈을 할 경우, 다음과 같이 0이 아닌 경우일 때만 나눗셈을 하도록 if 조건문을 사용해 예외가 발생하지 않도록 작성할 수 있다.

```
>>> x=int(input("정수를 입력하세요 --> "))
정수를 입력하세요 --> 0
>>> res=0
>>> if x !=0 :
        res=100/x


>>> print(res)
0
```

반지름을 입력받아서 면적이나 둘레를 계산할 때, 반지름으로 숫자 대신 문자를 입력한 경우 ValueError 예외가 발생한다. 이는 문자를 입력해서 정수로 바꾸는 int() 함수를 실행할 수 없기 때문이다.

```
>>> rad=int(input("반지름을 입력하세요 --> "))
반지름을 입력하세요 --> 10
>>> rad=int(input("반지름을 입력하세요 --> "))
반지름을 입력하세요 --> r
Traceback (most recent call last):
  File "<pyshell#22>", line 1, in <module>
    rad=int(input("반지름을 입력하세요 --> "))
ValueError: invalid literal for int() with base 10: 'r'
```

ValueError를 방지하려면 문자가 아닌 숫자를 입력한 경우에만 int() 함수를 사용해 정수로 변환하도록 수정해야 한다. rad.isdigit()는 rad가 숫자 자료로 이뤄진 문자열인 경우 True를 반환하는 함수이다.

```
>>> rad=input("반지름을 입력하세요 --> ")
반지름을 입력하세요 --> 12
>>> if rad.isdigit():
    rad=int(rad)
    print("반지름 :",rad)


반지름 : 12
```

다음 예제는 반지름을 숫자로 입력한 경우만 원의 둘레와 면적을 계산해 출력하는 프로그램이다.

예제 inputExecEx.py

```
# 입력 예외 처리 예제
rad=input("반지름을 입력하세요 --> ")
if rad.isdigit():  # rad가 숫자인지 확인
    rad=int(rad)
    print("반지름 :",rad)
    leng=2*3.14*rad
    area=3.14*rad**2
    print("원의 둘레 : %.1f" %leng)
    print("원의 면적 : %.1f " %area)
else:
    print("숫자를 입력하세요~")
```

반지름을 입력하세요 --> 12
반지름 : 12
원의 둘레 : 75.4
원의 면적 : 452.2

반지름을 입력하세요 --> q
숫자를 입력하세요~

예외를 방지하기 위해 조건문을 사용할 경우 해당 조건을 체크해서 작성해야 하는데, 파이썬에서는 예외가 발생하는 경우에 자동으로 예외를 처리하는 **try** 문을 제공한다. try 문을 사용하면 예외가 발생할 조건을 별도로 체크하지 않아도 된다.

try 문은 다음과 같이 작성한다.

```
try:
    예외 발생 가능한 문장
    정상 문장
except:
    예외가 발생했을 때 처리할 예외처리 문장
다음 문장
```

■ try 문 동작 원리

try와 except 사이에 있는 문장들인 **try 구문**을 실행한다.

예외가 발생하지 않으면, **정상 문장**을 실행한 후 try 문의 실행을 종료하고 **다음 문장**을 실행한다.

try 구문을 실행하는 동안 예외가 발생하면, try 구문의 정상 문장을 건너뛰고 **except 구문**의 예외 처리 문장을 실행하고 **다음 문장**을 실행한다.

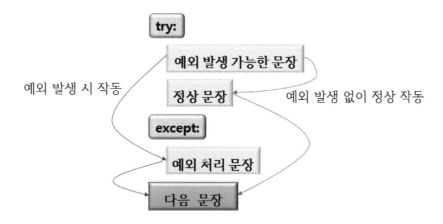

어떤 예외가 발생할 지 예외 이름을 모르는 경우는 예외를 처리할 때 "except:"를 사용한다.

```
>>> try:
        리스트=[]
        print(리스트[0])
except:
        print("예외발생")


예외발생
```

except 구문에 예외 이름을 지정할 경우 "except 예외이름:"을 사용한다. 예외이름 다음에 as를 사용할 경우에만 발생한 예외에 대해 어떤 예외인지 그 의미를 자세하게 출력할 수 있다.

```
>>> try:
        리스트=[]
        print(리스트[0])
except IndexError as id:
        print("예외발생 :", id)


예외발생 : list index out of range
```

IndexError처럼 정확한 예외 이름을 모를 경우 Exception을 사용해도 결과는 동일하다. Exception 은 파이썬에서 예외를 처리하는 클래스이다.

```
>>> try:
        리스트=[]
        print(리스트[0])
except Exception as e:
        print("예외발생 :", e)


예외발생 : list index out of range
```

다음 예제는 try 문을 사용해 반지름을 숫자로 입력한 경우만 원의 둘레와 면적을 계산해 출력하는 프로그램이다.

예제 inputTryEx.py

```python
# 입력 예외 처리 예제
try:
    rad=float(input("반지름을 입력하세요 --> "))
    print("반지름 :",rad)
    leng=2*3.14*rad
    area=3.14*rad**2
    print("원의 둘레 : %.1f" %leng)
    print("원의 면적 : %.1f " %area)
except:
    print("숫자를 입력하세요~")
```

실행 결과

```
반지름을 입력하세요 --> 12
반지름 : 12.0
원의 둘레 : 75.4
원의 면적 : 452.2

반지름을 입력하세요 --> ㅂ
숫자를 입력하세요~
```

위 예제를 수정해 사용자가 잘못 입력한 경우에는 숫자를 입력할 때까지 다시 입력받은 후 원의 면적과 둘레를 계산할 경우 반복문을 사용하면 간단히 해결할 수 있다.

다음처럼 사용자가 숫자를 제대로 입력할 때까지 반복문을 사용해 계속 입력하도록 요청하면서 예외를 처리한다.

```
>>> while True:
        try:
                rad=float(input("반지름을 입력하세요 --> "))
                break
        except:
                print("숫자를 입력하세요~")


반지름을 입력하세요 --> q
숫자를 입력하세요~
반지름을 입력하세요 --> ㄱ
숫자를 입력하세요~
반지름을 입력하세요 --> 1.5
```

다음 예제는 try 문을 사용해 반지름을 숫자로 입력할 때까지 반복적으로 입력받은 후 숫자를 입력하면 원의 둘레와 면적을 계산해 출력하는 프로그램이다.

예제 inputTryRepEx.py

```
# 반복 입력 예외 처리 예제
while True:
        try:
                rad=float(input("반지름을 입력하세요 --> "))
                break
        except:
                print("숫자를 입력하세요~")
leng=2*3.14*rad
area=3.14*rad**2
print("원의 둘레 : %.1f" %leng)
print("원의 면적 : %.1f " %area)
```

```
반지름을 입력하세요 --> q
숫자를 입력하세요~
반지름을 입력하세요 --> ㄷ
숫자를 입력하세요~
반지름을 입력하세요 --> 12
원의 둘레 : 75.4
원의 면적 : 452.2
```

■ try 구문과 pass 사용

예외가 발생하면 실행을 강제로 종료하게 되는데 강제로 종료하지 않도록 처리하는 키워드가 pass 이다.

```
try:
    예외 발생 가능한 문장
    정상 문장
except:
    pass
다음 문장
```

다음 예제는 반복문을 사용해 숫자로 입력받은 경우에만 리스트에 추가하고 리스트에 총 5개만 추가한 후 리스트를 출력하는 프로그램이다.

예제 listTryEx.py

```python
# 리스트 추가 예외 처리 예제
listN=[]
while True:
    try:
        num=float(input("숫자를 입력하세요 --> "))
        listN.append(num)
        if len(listN)==5 :
            break
```

```
    except:
        pass
print("리스트 :", listN)
```

```
숫자를 입력하세요 --> 23
숫자를 입력하세요 --> list
숫자를 입력하세요 --> 78.6
숫자를 입력하세요 --> 12.7
숫자를 입력하세요 --> 89.1
숫자를 입력하세요 --> 가나다
숫자를 입력하세요 --> q
숫자를 입력하세요 --> 72.3
리스트 : [23.0, 78.6, 12.7, 89.1, 72.3]
```

■ **멀티 예외 처리**

여러 가지 예외를 한꺼번에 처리할 경우, **except** 다음 ( ) 안에 예외이름을 나열한다.

```
try:
    예외 발생 가능한 문장
    정상 문장
except (예외이름1, 예외이름2, ... , 예외이름n):
    예외가 발생했을 때 처리할 문장
다음 문장
```

except 구문에 여러 종류의 예외 이름을 넣을 경우 그 예외들과 일치하는 예외가 발생한 경우에만 처리한다.

각기 다른 예외에 대해 각 예외를 다르게 처리하기 위해, try 문은 하나 이상의 except 구문을 가질 수 있다. except 구문은 괄호가 있는 튜플로 여러 종류의 예외를 지정해 처리할 수 있다. except 구문의 예외가 하나일 경우 괄호는 생략가능하다.

■ try except else 사용

try 구문 안에 예외가 발생하지 않았을 때 **정상 문장**을 작성해서 처리했는데, else 구문을 사용하면 예외가 발생하지 않았을 때 처리할 문장을 따로 지정해 작성할 수 있다.

else 구문을 사용해 예외가 발생하지 않았을 때 처리할 문장을 다음과 같이 작성할 수 있다.

---

try:
　　예외가 발생할 수 있는 문장
except:
　　예외가 발생했을 때 처리할 **예외처리 문장**
else:
　　예외가 발생하지 않았을 때 처리할 **정상 문장**
다음 문장

예외가 발생한 경우와 예외가 발생하지 않아 정상 작동하는 두 경우에 실행하는 문장을 표시하면 다음 그림과 같다.

예외 발생 가능한 문장에서 예외가 발생하면 except 구문의 **예외처리 문장**을 실행하고 **다음 문장**으로 가고, 예외가 발생하지 않은 경우 else 구문의 **정상 문장**을 실행하고 **다음 문장**으로 간다.

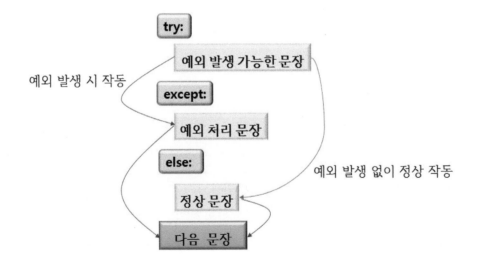

다음 예제는 try except else를 사용해 listTryEx.py를 수정하여 작성한 것으로 결과는 동일하다. 숫자로 입력받은 경우에만 리스트에 추가하고 리스트에 총 5개만 추가한 후 리스트를 출력하는 프로그램이다.

예제 listTryElseEx.py

```
# 리스트 추가 예외 처리 예제
listN=[]
while True:
    try:
        num=float(input("숫자를 입력하세요 --> "))
    except:
        print("숫자가 아닌 문자를 입력했습니다.")
    else:
        listN.append(num)
        if len(listN)==5 :
            break
print("리스트 :", listN)
```

실행 결과

```
숫자를 입력하세요 --> 23
숫자를 입력하세요 --> 가나다
숫자가 아닌 문자를 입력했습니다.
숫자를 입력하세요 --> 78.5
숫자를 입력하세요 --> 56.2
숫자를 입력하세요 --> q
숫자가 아닌 문자를 입력했습니다.
숫자를 입력하세요 --> 97.6
숫자를 입력하세요 --> 77.9
리스트 : [23.0, 78.5, 56.2, 97.6, 77.9]
```

---

else 구문을 사용하는 것이 try 구문에 정상 문장을 추가하는 것보다 좋은 방법이다.

■ **finally 구문 사용**

finally 구문은 예외 처리의 맨 마지막 구문으로 들어가고 예외 발생의 유무와 상관없이 항상 실행하는 구문이다.

```
try:
    예외가 발생할 수 있는 문장
except:
    예외가 발생했을 때 처리할 예외처리 문장
else:
    예외가 발생하지 않았을 때 처리할 정상 문장
finally:
    무조건 실행하는 문장
다음 문장
```

다음 예제는 finally 구문을 사용해 반지름을 숫자로 입력할 때까지 반복적으로 입력받은 후 숫자를 입력하면 원의 둘레와 면적을 계산해 출력하는 프로그램이다.

예제 inputTryRepFinalEx.py

```python
# 반복 입력 예외 처리 예제2

while True:
    try:
        excep = False
        rad=float(input("반지름을 입력하세요 --> "))
    except:
        print("숫자를 입력하세요~")
        excep = True
    else:
        leng=2*3.14*rad
        area=3.14*rad**2
        print("원의 둘레 : %.1f" %leng)
        print("원의 면적 : %.1f " %area)
        break
    finally:
        if excep :
            print("예외 처리 완료...")
```

```
반지름을 입력하세요 --> q
숫자를 입력하세요~
예외 처리 완료...
반지름을 입력하세요 --> 가
숫자를 입력하세요~
예외 처리 완료...
반지름을 입력하세요 --> 12
원의 둘레 : 75.4
원의 면적 : 452.2
```

11.3 raise 문

raise 문은 사용자가 특정한 예외를 지정하면 그 예외를 강제로 발생하게 만드는 것이다. raise 다음에 발생할 예외이름을 지정한다.

■ NameError 예외 발생

NameError은 주로 변수에 값을 지정하지 않고 사용할 때 발생하는 것이다. NameError를 방지하기 위해, 등호(=)를 기준으로 수식의 오른쪽에 변수를 사용하기 전에 먼저 초깃값을 넣어 준 다음 사용해야 한다.

x에 초깃값을 넣지 않고 수식의 등호(=) 오른쪽에 x를 사용하면 NameError가 발생한다.

```
>>> x=x+10
Traceback (most recent call last):
  File "<pyshell#2>", line 1, in <module>
    x=x+10
NameError: name 'x' is not defined
```

x=10 문장은 NameError 예외가 발생하진 않지만, raise NameError('x=10') 을 사용해 NameError를 강제로 발생하게 만들 수 있다.

```
>>> raise NameError('x=10')
Traceback (most recent call last):
  File "<pyshell#3>", line 1, in <module>
    raise NameError('x=10')
NameError: x=10
```

■ ValueError 예외 발생

변수의 자료형에 맞지 않는 값을 사용하면 ValueError가 발생한다.

숫자를 입력해야 하는데 문자를 입력하면 ValueError가 발생한다.

```
>>> num=float(input("숫자를 입력하세요 --> "))
숫자를 입력하세요 --> 3
>>> num=float(input("숫자를 입력하세요 --> "))
숫자를 입력하세요 --> q
Traceback (most recent call last):
  File "<pyshell#5>", line 1, in <module>
    num=float(input("숫자를 입력하세요 --> "))
ValueError: could not convert string to float: 'q'
```

ValueError를 강제로 발생하게 하려면 raise ValueError를 사용한다.

```
>>> raise ValueError('x=10')
Traceback (most recent call last):
  File "<pyshell#7>", line 1, in <module>
    raise ValueError('x=10')
ValueError: x=10
```

raise **ValueError**('x=10')를 사용해 x=10에 ValueError를 강제로 발생시킨다.

다음과 같이 파이썬, 자바, C++ 중 하나의 과목을 입력해야하는데 잘못 입력한 경우 ValueError 예외를 발생시키고 예외가 발생하면 "수강 중인 과목을 넣어세요~~"를 출력하게 한다.

```
>>> try:
        리스트=["파이썬", "자바", "C++"]
        name=input("수강 중인 과목을 입력하세요 --> ")
        if name not in 리스트:
                raise ValueError
except ValueError:
        print("수강 중인 과목을 넣어세요~~")


수강 중인 과목을 입력하세요 --> 자
수강 중인 과목을 넣어세요~~
```

- **구문 오류**는 문장을 작성할 때 파이썬 문법에 따라 작성하지 않는 경우 발생한다.

- 실행 중에 감지되는 오류들을 **예외**라고 부르고 예외가 발생하면 실행을 중지한다.

- 예외를 처리하는 방법은 **조건문**을 사용하는 것과 **try 문**을 사용하는 방법이 있다.

- 예외를 처리하는 try 문은 다음과 같다.

```
try:
    예외 발생 가능한 문장
    정상 문장
except:
    예외가 발생했을 때 처리할 예외처리 문장
다음 문장
```

- 예외가 발생하면 실행을 강제로 종료하는데 강제로 종료하지 않도록 처리하는 키워드가 pass 이다.

- 여러 가지 예외를 한꺼번에 처리할 경우 except 다음 ( ) 안에 예외이름을 나열한다.

- else 구문을 사용해서 예외가 발생하지 않았을 때 처리할 **정상 문장**을 작성할 수 있다.

```
try:
    예외가 발생할 수 있는 문장
except:
    예외가 발생했을 때 처리할 예외처리 문장
else:
    예외가 발생하지 않았을 때 처리할 정상 문장
다음 문장
```

- finally 구문은 예외 처리의 맨 마지막 구문으로 들어가고 예외 발생의 유무와 상관없이 항상 실행하는 구문이다.

- raise 문은 사용자가 지정한 예외를 강제로 발생하게 만드는 것이고, raise 다음에 발생할 예외이름을 지정한다.

연습 문제

1. 성적을 입력받아 성적이 0일 때 예외를 발생시키고, 0이 아닌 경우 반복해서 입력받아
   리스트에 저장하고 성적의 합계와 평균을 계산해서 출력하는 프로그램을 작성하시오.

   ```
   Hint    while True:
               try:
                   num= int(input("정수를 입력하세오: --> "))
                   if num==0:
                       raise ValueError
               except ValueError:
                   ...
               else:
                   ...
   ```

   ```
   정수를 입력하세오: --> 77
   정수를 입력하세오: --> 98
   정수를 입력하세오: --> 83
   정수를 입력하세오: --> 67
   정수를 입력하세오: --> 91
   정수를 입력하세오: --> 0
   * 성적 리스트 : [77, 98, 83, 67, 91]
   * 합계= 416
   * 평균= 83.2
   ```

2. 리스트 안에 있는 요소 중 숫자만 찾아서 새로운 리스트에 저장하고, 숫자가 아닌 경우 예외를 발생시키고, 숫자 리스트를 출력하는 프로그램을 작성하시오.

> **Hint**
> ```
> for n in lists:
>     try:
>         float(n)
>     except:
>         ...
>     else:
>         ...
> ```

* 처음 리스트 : [123, '파이썬', 34, 56, '자바', 77, 73.7, 'C++']
* 숫자 리스트 : [123, 34, 56, 77, 73.7]

INDEX

파이썬 기초와 활용

1판 1쇄 인쇄 2023년 02월 22일
1판 1쇄 발행 2023년 03월 02일
저   자 한정란
발 행 인 이범만
발 행 처 **21세기사** (제406-2004-00015호)
경기도 파주시 산남로 72-16 (10882)
Tel. 031-942-7861   Fax. 031-942-7864
E-mail : 21cbook@naver.com
Home-page : www.21cbook.co.kr
ISBN 979-11-6833-070-2

정가 32,000원